敬畏

帶來生命驚奇的情緒新科學

AWE

The New Science of Everyday Wonder
and How It Can Transform Your Life

達契爾·克特納 Dacher Keltner | 著　　蔡承志 | 譯

知田

達契爾・克特納的其他著作

《權力的悖論》（*The Power Paradox*）

《生而向善》（*Born to Be Good*）

獻給羅爾夫・克特納（Rolf Keltner）

玄之又玄，眾妙之門。

——老子

目錄

推薦序

二十年洞察敬畏所生高見，**嗚喔！**在每處大陸，就你所能設想的所有宗教。哇嗚。高度的個人化、顯著的集體性，而且全然的普適性，克特納有關敬畏的故事和科學，是受啟發而生的。敬畏以比自我更宏大的種種系統來與我們融合，那些系統包括自然、音樂、藝術、精神、道德、集體、生命和死亡。克特納的論述讓我們獲益匪淺。讀吧。**啊──**。

> ──蘇珊・菲斯克（Susan T. Fiske），《社會認知：從大腦到文化》（*Social Cognition: From Brains to Culture*）共同作者、《羨慕與蔑視：地位如何讓我們分裂》（*Envy Up, Scorn Down: How Status Divides Us*）作者

一位教導了我們以嶄新角度來思考慷慨和合作的研究者，現在將注意焦點轉向一種最少被充分研究的情感，那就是「敬畏」。這是一本能開拓視野並且豐富心靈的書籍。

> ──莎拉・赫迪（Sarah Blaffer Hrdy），《母性》（*Mother Nature*）與《母親及其他：相互理解的起源》（*Mothers and Others: The Origins of Mutual Understanding*）作者

我們這個紛擾的時代，我們不擇手段只求點擊率的媒體，甚至我們自己的思維習慣，讓我們的意識被生活中的負面與威脅性事件所壟罩。這本書是一股反擊力量，不僅充滿力量、博學多聞、以卓越的研究為本，同時也始終淺顯易懂，高舉生命中美

好的一面。從運動中的動態之美到一位朋友的道德勇氣，這是一部指南，它教導我們如何看待並體驗始終環繞我們身邊的奇妙事物。它平衡我們的意識。我已經很久沒有讀到這麼啟人思維的書籍了，建議各位搶先開始閱讀。你不會失望的。

——克勞德・斯蒂爾（Claude M. Steele），史丹佛大學
露西・斯特恩（Lucie Stern）心理學榮譽教授

達契爾・克特納寫出了一本深刻個人化並具有精闢科學性的論述來闡釋一種情緒，並說服我們，這是我們有必要更常在日常生活中體驗的感受。

——理查・尼斯貝特（Richard E. Nisbett），《聰明思考：大師教你100多種關於生活、財富、職場、人生的智慧推論心智工具，讓人做出正確抉擇》（*Mindware: Tools for Smart Thinking*）作者

緒論

　　我已在全世界向幾十萬人傳授快樂之道。我為什麼投身這項工作，理由並不是那麼顯而易見：在很長一段時間，我都是個非常緊繃又容易緊張的人，而且第一次上冥想課程時，我還曾被趕出教室（因為我在我們吟誦「我是個燃燒紫色火焰的生靈」時發笑）。不過生命能讓我們感到驚奇，因它賦予了我們使命：所以我幾乎每天都在不同類型的教室裡面，教導著民眾如何找到美好的生活，從幼稚園的圓形區域地毯到柏克萊的演講廳，從教堂的半圓形後殿到監獄內部，從醫院的無菌會議室到大自然的聚會場合

　　在這樣的尋覓當中，我們追求的是一個永恆問題的解答，那也是我們在成千上萬年間，以種種不同方式提出的疑難：我們該如何過上美好的生活？什麼樣的生活是由喜悅（joy）、社群和意義賦予生機，為我們帶來價值和歸屬感，同時強化我們周遭的人和自然環境？現在，在傳授快樂之道二十年之後，我有了個答案：

尋找敬畏。

敬畏是我們遇上深奧難解的神祕事物時所體驗的情緒。為什麼我建議你從一種短暫、轉瞬即逝的情緒中去尋找快樂？畢竟它是那麼捉摸不定、難以簡單描述的感覺啊？那豈不是就得仰賴意想不到的處境，任憑它引導我們朝向神祕和未知，而非篤定又容易的事項呢？

這是因為我們在任何地方都能找到敬畏之情。因為這樣做並不需要錢或燃燒化石燃料——甚至不用花上許多時間；我們的研究顯示，每天只需要幾分鐘就夠了。我們的大腦和身體先天上對敬畏就有種基本需求，只要我們花點時間、體驗驚奇，要找到敬畏是很容易的。因為我們所有人，不論背景為何，都能找出自己通往敬畏的路徑。片刻短暫的敬畏，相當於你所做任何有益於身心的舉措。

閱讀本書對你有什麼好處，就這點我的期望很簡單——那就是你會找到更多敬畏。

為達成這項目標，我會需要告訴你四則故事。

第一則是研究敬畏的新科學。最近我才開始漸漸了解，我會用科學工具來研究敬畏，與我的成長歷程息息相關。我的媽媽在一所大型公立大學教授詩歌和文學，而且她在日常生活中，也教導我關於熱情的智慧以及對權力說真話。我爸爸依循法蘭西斯科・哥雅（Francisco Goya）和法蘭西斯・培根（Francis Bacon）可怕又美麗的風格來作畫，並表明人生就是秉持初心以禪宗思想來求道。我在加州荒僻的勞雷爾峽谷（Laurel Canyon）長大，那是在一九六〇年代晚期，並與門戶樂團（Doors）以及瓊妮·密契爾（Joni Mitchell）比鄰而居；後來又搬到加州東部「鋸齒山脈」（Sierras，編按：即內華達山脈）那大半為窮困鄉野的貧瘠山麓。當時我們的餐桌談話和我們家裡牆上的海報，充斥了那個時代的昂揚思想——民權、反戰抗爭、女權、性革命和藝術革命，以及水門事件。

我小時候花了相當多時間觀賞藝術，並被灌輸小說、詩歌、畫作和電影裡面的精采場景和角色塑造。不過令人懊惱的是，早年我並沒有表現出文學分析或小說寫作等方面的天賦，就作畫或繪圖方面也同樣如此。讓我驚奇不已的反而是恐龍、自然史博物館、運動統計、籃球、披頭四、池塘和溪流中的生物，以及親近自然山川跟廣闊浩瀚、滿布星辰的天空。由於在充滿熱情的家庭和熱情昂揚的時代成長，往後我會先在威斯康辛大學麥迪遜分校（University of Wisconsin–Madison），接著轉到加州大學柏克萊分校（University of California, Berkeley），投身於運用科學去系統化地研究各種情緒，想來順理成章。

在事業生涯早期，我在一處地下實驗室裡面待了好幾百個小時，逐格分析影片來分辨尷尬和羞愧的表情——正適合我這個偏執的年輕教授。隨著兩個女兒的到來，家庭生活的歡欣充滿了我的每一天，我將轉向關注歡笑的驚奇體驗、我們如何以表情和肢體來表達愛、悲憫的口語表達和生理模式，以及我們如何能以簡單的觸碰行為來傳達感恩之情。這項工作由一個論點所推動，那就是我在拙作《生而向善：有意義的人生智慧與科學》（*Born to Be Good: The Science of a Meaningful Life*）中的結論：悲憫、感恩和愛這樣的情緒，是社會關係的黏合劑。

那麼，敬畏呢？敬畏是否是一種基本情緒，跟恐懼、憤怒或喜悅一樣是我們本質的共同核心？一個人要怎樣科學地研究敬畏？如何測量似乎無法以言語表達的感受？我們能否將湧現方式如斯神祕的敬畏，確實地帶進實驗室？

十五年前，我的博士生和我以及世界各地的其他科學家，都開始在實驗室中發現敬畏。我們以新的大腦和身體測量方式、流淚和立毛（毛囊周圍小肌肉的收縮）等身體反應、發寒顫之類的感覺，並展示敬畏如何改變我們的思維和行為方式，來描繪這種捉摸不定的情緒。我們研究了人們接近大樹還有眺望壯闊景象時，在體育賽事、龐克搖滾表演中，在蓬勃流暢的歡騰舞蹈當中，在祈禱、冥想、瑜伽的神祕體驗當中，在心靈迷幻旅程途中，還有在音樂、視覺藝術、詩歌、小說和戲劇的巔峰體驗當中……如何感到敬畏。科學發現了敬畏，於是有了我將講述的第一則關於敬畏的故事。

科學出現之前，人類是以文化形式來理解敬畏。我們會聽到的第二則故事，就是關於文化如何保存關於敬畏的紀錄。我們是如何創造音樂、視覺藝術、宗教、小說和影片來分享敬畏的經驗，我們因此得以理解，那些在我們的文化當中所共同面對的深邃謎團。敬畏讓數萬年前的原住民族的故事、典禮、儀式和視覺設計充滿生機。或許你會認為，這些是我們最早的敬畏科技。敬畏建構出傳說、神話、寺廟和宗教聖典。它從畫作、照片和影片中浮現，從哥雅到柏林街頭藝術家，乃至於宮崎駿的電影中縱躍而出。而且你可以在你體內意識到它，而且在幾乎所有音樂形式當中感受到它，包括從西非科拉琴（kora）的琴聲到印度的拉格音樂（raga）乃至於妮姬・米娜（Nicki Minaj）的歌曲聲中。

科學傾向概括類化。文化形式則追求理想化，並且往往追求某種形式上的完美。關於敬畏，我們還有第三則必須聽取的故事，那是以第一人稱敘述親身經歷的故事。當我向旁人提出底下這道問題，並聆聽他們講述的情節之時，我將更加明白敬畏：

當你遇見一種超越你所認知世界的奧祕時，你經歷了什麼樣的敬畏體驗？

有空的話，你也可以想一想你自己的敬畏故事。

我從民眾聽來的故事，揭露了敬畏的永恆真理。像是看著一位四肢癱瘓人士、一位前奧林匹克運動員，從一場毀滅性脊椎損傷中恢復過來，邁出他的第一步時的敬畏之情。或者是坐在柯川（Coltrane）的一場音樂會上的前排，看著他大放異彩的時刻。或者聽到一位中情局女性在阿布格萊布（Abu Ghraib）觀看幼發拉底河的水流之時，如何發現了屬於自己的和平主義信念。

　　這些敘述讓我動容，於是我向各色人等採集攸關個人的敬畏故事，包括醫師、參戰老兵、專業運動員、囚犯、作家、環保論者、詩人、音樂家、藝術家、攝影師、製片人、神職人員、原住民學者、靈修者、助產士和安寧照護工作者。我聽到了遭受疾病折磨的患者與之對抗的勇氣，以及大自然如何改變戰鬥創傷的故事，或是音樂如何讓我們在陌生土地上找到家園，抑或是瀕臨死亡的體驗，還有我們如何理解這般異常的經歷。這些以特殊性、隱喻、圖像和方言所表現第一人稱的個人故事，是科學完全無法掌握的，而文化形式也只能得其大概。

　　這三種關於敬畏的故事——科學的、文化的和個人的——在關於我們能如何找到敬畏的一項領悟上趨於一致。我們該在哪裡找到敬畏？在面對我所謂生命中八種驚奇時的反應之中。八種驚奇包含他人的力量、勇氣和善良；舞蹈和運動等活動的集體動作；大自然；音樂；藝術和視覺設計；神祕的遭遇；生死經驗；還有好點子或頓悟。這些驚奇全都環繞我們身邊，只要暫停片刻、敞開心扉，我們就能發現。每天都有許多機會讓人感受敬畏。

　　敬畏如何改變我們？藉由平息我們自己，或稱自我（ego），所發出的那些指責的、自我批評的、專橫的和重視地位的聲音，並賦予我們協同合作的能力，開啟我們的心扉來體驗驚奇，看到生命的深層模式。

　　為什麼探究敬畏？因為在我們身為高度社會性哺乳動物的

遠古演化過程當中，能以類似敬畏之行為與旁人團結合作的個體，在遭逢威脅和未知處境之時，都能有良好的應對表現。也因為在更接近當代繁榮的統計當中，敬畏能為我們帶來喜悅、意義和社群，以及更健康的身體和更富有創意的心智。

還有最後一個關於敬畏的故事，促使我動筆寫這本書，那是一段我沒有興趣參與的故事。那段故事始於二〇一九年一月一個狂風大作的日子。

當天，我和我的長期搭檔以撒（Isaac）才剛完成了一場艱苦的手球比賽，汗流浹背、一派輕鬆地走下球場。我看了一眼我擺在運動袋上的iPhone。兩則簡訊。

第一則是金（Kim），我的弟媳發的：

能不能請你盡快趕來？

還有十五分鐘過後，我媽媽發來的：

結束了。羅爾夫使用了雞尾酒。他要離開我們了。

羅爾夫是我弟弟，小我一歲，在墨西哥哈利斯科州（Jalisco）一家小診所出生。所謂的「雞尾酒」是他使用的生命末期鴉片綜合劑，一般能在一、兩個小時內終結一個人的性命。

我打電話給金，她簡略說明經過。

早上晴朗，一片藍天。羅爾夫和露西（他們的十四歲
女兒）坐在外面，在陽光下聊了很久。羅爾夫進來並
說他準備好了。他在下午三點用藥。他在廚房裡面漫
步。查看冰箱。閒逛。我告訴他，現在該躺下了……
所以我們躺在他的床上。過了一陣子，他睡著了。他
在打鼾。來，你聽……

金把電話擺上羅爾夫嘴邊。我聽到他的聲帶深沉、規律的
振動——他的死前喉鳴。

我爸媽都在這裡。你爸爸和楠西正趕過來。你能不能
帶你媽媽來？

我們會盡快趕到，謝謝你，金。我回答。

我在柏克萊接了我太太莫莉（Mollie）和我們的女兒娜塔
莉（Natalie）與塞拉菲娜（Serafina），接著前往沙加緬度
（Sacramento）接我媽媽。我們在晚上十點來到羅爾夫和金位
於鋸齒山脈山麓區的家中。

羅爾夫躺在樓下的床上，他在他生命的最後幾週便退居在
此。他右頰朝下趴著，頭部略微後仰。我爸爸扶著他的腳。我
的身體前傾，靠近他的身軀中段。我媽媽在床頭，撫摸他稀疏
的頭髮。

羅爾夫面容圓潤、滿面紅光。原本因為大腸癌導致的眼窩

凹陷、兩頰枯槁，現在都看不出來了；他嘴巴周圍或緊繃或鬆垂的皮膚，變得平滑了。他的唇角上彎。

我把右手擺上他的左肩，一塊圓形的骨頭突起。我手握著它，就彷彿小時候我們兄弟倆到河川游泳，在附近發現平滑花崗岩石塊時，我伸手握持的手法。

羅爾夫……我是達契……
你是世界上最好的弟弟。

我的女兒娜塔莉伸手輕柔擺上他的肩胛骨：

我們愛你，羅爾夫。

他的呼吸週期變慢了。他在聽。他知道的。

聽著羅爾夫的呼吸，我感受到了我們那五十五年漫長歲月裡的兄弟情誼。六〇年代晚期在勞雷爾峽谷四處漫遊，刺探鄰居玩搖滾樂，並在街頭金龜車陣中溜滑板。青春期時，我們在鋸齒山脈荒野山路健行，還參加彭林（Penryn）A組少年棒球聯盟比賽，我當投手，羅爾夫蓄留長髮，是個左打，第一棒上場，他的雙眼露出調皮神采，並說：「好傢伙，這太好玩了！」到了青年時期，我們到墨西哥荒野旅行，在俱樂部裡跳舞，在高聳的鋸齒山脈間遊蕩。接著到了研究所，購買結婚禮服並各自擔任對方的伴郎，當上老師，還生育了女兒。

我感到羅爾夫的臉龐散發出一道光芒。那道光形成同心圓陣陣向外擴散，我們身體前傾微微低頭，感到那股光的碰觸。我腦中有關大腸癌分期、新療法、淋巴結和存活率的嘮叨話語全都消失了。我能感到他的身體周圍有股力量把他拉走。還有我心中的一些疑問。

羅爾夫在想什麼？

他有什麼感受？

死亡對他來講代表什麼意思？

我的腦海響起一個聲音，說道：

我感到敬畏。

在那個難以承受的瞬間，我的感受與我過去的一些經驗，存有一些本質上的相似之處，有些是大事〔好比看著納爾遜‧曼德拉（Nelson Mandela）在和其他五萬人一起被囚禁了二十七年後發表的演講〕，有些是小事（看著薄暮光芒照耀一棵橡樹，聆聽我兩個年幼女兒的笑聲）。看著羅爾夫過世，我感到渺小，安靜，謙遜，純粹。把我和外界區隔開來的界線消失了。我感到自己身邊環繞著一種浩瀚、溫暖的東西。我的心胸敞開、好奇、覺知、感受驚奇。

羅爾夫往生幾週之後，金邀集親友來分享有關羅爾夫的故事。我們談到他對小丑和變魔術的迷戀，還有他有多麼喜愛為眾多朋友烹煮料理，如何用他誇張過頭的萬聖節服裝來吸引街坊小孩的注意。他同事告訴我們，羅爾夫如何在他們教書的一所小型山區學校，安撫了最難帶的男孩子們。接著故事逐漸沉寂，我們安靜了下來。教堂鐘響，驚起樹上一群黑鸝，盤旋飛上密布烏雲的灰暗天空。我們互相握手擁抱，接著就安靜地走出羅爾夫和金的住家，回歸我們的生活，回到我失去了羅爾夫的生活中。

接下來的悲痛歲月，我經常在黎明前驚醒，喘不過氣，我的身體發熱，我的身體疼痛。我作夢，夢中經歷完全不同於過往。在一個夢中，我走在黑暗中，沿著一條蜿蜒泥巴路，朝著一棟有燈光照明的維多利亞式建築走去，那裡很像我們童年時期在彭林的住家。羅爾夫穿著黃色短褲，邁著他高中時賽跑的步伐，從路口角落衝了出來。他停步，揮手微笑，掀動雙唇，說出他明知我再也聽不到的話語。我經歷了瓊‧蒂蒂安（Joan Didion）在《奇想之年》（*The Year of Magical Thinking*）書中描述的幻覺。我從變換不定的相鄰雲層界線，看出了羅爾夫的臉龐輪廓。一次在柏克萊校園散步時，我在一棵紅杉的螺紋樹皮上，看到了他飽受化療折騰、疲憊不堪的雙眼。在樹葉沙沙聲響中我聽到了他的聲音，還有風中的他的嘆息。有兩次我確信自己看到了他，結果我尾隨一個肩膀、前額、雀斑和下巴輪廓，看起來就像他的陌生人行進。

我們的心思是相關聯的：我們透過與旁人的共通經驗來看

待生命模式，從旁人的聲音當中察覺生命的重要課題，並藉由旁人的碰觸，感受到比自我還更宏大的擁抱。我透過羅爾夫的雙眼看到了世界的奇蹟，他的往生讓我**喪失了敬畏之情**，而我的敬畏夥伴不再陪伴身邊、幫助我理解我五十七年生命中所遇到的最大謎團。

一道響亮的聲音呼喊道：

尋找敬畏

心知敬畏的許多好處，我投入尋覓敬畏。我每天都花一點時間，對周圍引人敬畏的事物敞開心扉。我搜尋敬畏歷史上的重要位置，我和我心目中的敬畏先驅人士進行了開放式對話。我以一個新手身分，沉浸在生命中的種種驚奇當中。這些探索，產生出親身經歷、記憶、夢想和洞見，幫我釐清失去我弟弟的意義。這些都促使我深信，敬畏幾乎始終都在近處，而且是在生活面對損失和創傷之時，通往療癒和成長的途徑。

如今有四段故事可以讓我們綜合考慮——科學的、個人的、文化的，還有一段講述的是，當面對艱困、不確定的處境，以及失去和未知之時，敬畏能為我們帶來的成長，我依照這樣的形式來組織這本書。頭三章橫跨敬畏的科學故事。我們細究敬畏是什麼，它湧現的背景脈絡，它和恐懼與美是如何不同，還有它為我們的日常生活帶來什麼感受（第一章）。我們關注敬畏如何改變我們的自我意識、我們的思想，以及我們和世界的關係（第二章）。然後我們進行一段回溯時間的演化旅程以追問：為什麼有敬畏之情？我崇拜的珍古德（Jane Goodall）認為，黑猩猩能感受敬畏，還有種靈性意識，而牠們這種意識的根本，珍古德描述為「對己身之外的事物感到驚奇」（*being amazed at things outside yourself*）的能力。受這個謎團所驅使，我們將投入探究，在哺乳類的演化歷程當中，我們的寒顫、淚水、瞠目結舌，還有「哇嗚」與「嗚喔」的驚嘆聲，是從哪裡出現的，還有這透露出了什麼有關敬畏的初始意義（第三章）。

本書第二篇，我們改換主題談有關敬畏的個人故事。我們會聽到有關他人美德的超凡力量，以及它在監獄中，還有在圖書館和醫院等比較能改善生命的機構中的地位（第四章）。有關在狂歡舞蹈、職業籃球，以及在我們日常生活的集體行動中尋覓集體歡騰（collective effervescence）（第五章）。有關大自然和它如何能幫助療癒戰鬥、孤寂和貧困帶來的創傷（第六章）。

第三篇轉向處理文化如何以不同的形式來記錄敬畏。我們將考慮敬畏在各個領域的地位，分別討論音樂（第七章）、視覺藝術（第八章），和宗教與靈性（第九章）。這些確實都是壯闊的事項，不過一旦我們拉近審視敬畏在這些文化創意形式中的地位，它們都深具啟發性。

本書最後一篇回頭探討，在面對失去和創傷之時，還有更廣泛地說，當我們面對生活中的未知和不確定因素之時，敬畏如何幫助我們成長。還有一點令我相當驚訝，原來在我們應對生死及其不斷重複、形塑物種的循環中，敬畏占了這般核心的地位（第十章）。還有敬畏如何跨越生命中的八種驚奇，向我們揭示了深邃洞見，披露出在不斷搜尋意義的過程當中，我們的生命目的之所在（第十一章）。

教導快樂二十多年期間，我親眼目睹了「對己身之外的事物感到驚奇」能獲得多少健康和福祉。藉由發現敬畏，從我們的第一次呼吸到最後一口氣息，敬畏感動我們，加深我們與生命驚奇之間的關係，並讓我們在這種最人性化情感的指引之下，為屬於我們瞬息時光中的壯闊奧祕，感到驚嘆無比。

第一篇

研究敬畏的科學

第一章

生命中的八種驚奇

一場敬畏運動開始了

生命的奇異之處在於，儘管數百年來，每個人都能清楚察覺它的本質，卻沒有人對它留下任何充分的記述。倫敦市街道有它們的地圖；我們的熱情卻仍屬未知領域。

——維吉尼亞‧吳爾芙（Virginia Woolf）

上一次「敬畏」這個詞對我產生強大衝擊並激發個人感悟，是在我二十七歲的時候。當時我為了申請進入保羅‧艾克曼（Paul Ekman）的實驗室研究情緒，來到他的客廳，才剛完成一次面試。艾克曼以研究臉部表情著稱，而且是情緒新科學的創建人。他問詢結束之後，我們轉移到他設在舊金山丘陵地住家的戶外平臺，周圍是一片都市景觀，濃霧漫過街道，朝著灣區大橋（Bay Bridge）飄過去，最後便越過海灣，到達柏克萊。

為延續交談，我請教保羅，年輕學者可以研究什麼題材。他的答案只有兩個字：

敬畏

在那時候（一九八八年），我們對情緒的科學認識還少之又少：那是什麼，它們如何影響我們的心智和身體，還有我們一開始為什麼體驗那些情緒。

心理科學深深扎根於一場「認知革命」。在這個框架內，每一種人類經驗，從道德譴責到對有色人種的偏見，全都根源自我們的心智如何像電腦程式般，採行冷冰冰的手法來處理資訊單元。這種對人性的理解所欠缺的就是情緒、熱情、直覺，蘇格蘭哲學家大衛·休謨（David Hume）為此起了個著名的「理性之主」稱號，而諾貝爾獎獲獎人丹尼爾·康納曼（Daniel Kahneman）則在《快思慢想》（*Thinking, Fast and Slow*）書中將它命名為「系統一」思維。

長久以來，情緒總是被視為「低等的」、動物性的，而且是對崇高理性具有破壞性的，而理性則通常被視為人類的最高成就。另有些人注意到，情緒是那麼地瞬息即逝又主觀，實在沒辦法在實驗室裡測量。在吳爾芙冥想約七十年過後，我們的熱情大半仍屬未知領域。

不過艾克曼很快就會發表一篇論文——如今是該領域最廣泛被引用的一篇——並將科學的鐘擺堅定地推向情緒這邊。在這篇實際上就是一部實務指南的論文當中，他詳述了情緒是「什麼」：它們是種種短暫的感覺狀態，伴隨不同思想、表情和生理機能同時出現。情緒轉瞬即逝，比起沮喪等感受，或是憂鬱等情緒障礙更加短暫。他概述了情緒「如何」運作：它們改變我們的思想和行動，讓我們能夠適應當前的環境。為探究情緒的「為什麼」成分，艾克曼從查爾斯·達爾文（Charles Darwin）那裡得到一條線索：情緒讓我們能完成「基本的生命使命」，好比逃離危害、避開毒素，並尋找有營養的食物。情緒對於我們個人的生存和我們身為一個物種的演化至關重要。

　　一門具有實務指南的年輕科學，學者迅速投入探索。首先，科學家描繪了憤怒、厭惡、恐懼、悲傷、驚訝和喜悅……這些情緒的臉部表情，都由艾克曼在一九六〇年代早期在新幾內亞丘陵區紀錄下來。接下來出現在實驗室中的是自我意識的情緒──尷尬、羞愧和內疚。研究描繪了這些情緒是如何在我們犯下社交錯誤時產生的，還有臉紅、低頭、彆扭討好的微笑和道歉，是如何恢復我們在旁人眼中的地位。意識到心智、頭腦和身體不只具有負面情緒，而且還有超乎「喜悅」的生之趣味之後，年輕科學家便轉而研究逗樂、感恩、愛和自豪等狀態。我自己的實驗室則參與了笑聲、感恩、愛、欲望和同情等研究。

　　一場因應認知革命而起的情緒革命啟動了，將心理科學從對心智的枯燥、冰冷的認知派解釋，以及對身體的輕忽中推進。神經科學家著手測繪「情緒頭腦」（the emotional brain）映像。研究提醒對愛的祕密感興趣的人士，注意關於當伴侶彼此表達輕蔑，會致使婚姻關係破裂的發現。我們文化中針對墮胎、種族、階級和氣候危機的爭論，可以追溯到對當前道德議題的相關直覺。為了在生活中過上好日子，情緒科學家判定，我們與其養成智力商數（IQ），倒不如培養我們的「情緒商數」（emotional intelligence, EQ）。今天我們依然身處科學的「情緒時代」，這個形塑我們生活每個角落的時代。

不過，有一種情緒在這場革命並未被提起，那種情緒是人類許多方面的根源——音樂、藝術、宗教、科學、政治，以及關乎生命之變革性洞見，而那就是敬畏。部份原因出自方法論，敬畏似乎會抗拒精確的定義和測量，這卻是科學的基礎。事實上，科學家該如何在實驗室中研究敬畏？科學家該如何促使民眾根據提示來感受敬畏，並測量它近乎不可言喻的特性？或者，倘若敬畏真能改變我們的生活，他們又該怎樣如實記錄？

這裡也有理論上的障礙。情緒科學是在一種理論的時代思潮中興起的，這種理念認為，情緒是關乎**自我**維護，並以最大程度地減少危害，提升**個人**的競爭收益為導向。相較而言，敬畏似乎是引導我們朝向自身之外的事物，比如犧牲和服務，讓我們認為，個人自我和旁人之間的分際隨時都會消失，而我們的本質是屬於集體的。這些特性並未貼合那個時代最凸顯的超個人主義、唯物論、自私基因生存論等人性觀。

我們不禁要猜想，個人的疑慮也產生了影響。當民眾談到敬畏的經驗，他們提到的往往就是尋找他們的靈魂，或者發現神聖事物，或者受聖靈感召等一類事項——許多人都認為那是無法衡量的，也不是隸屬於科學人性觀的現象。

不過情緒科學已有一部實務指南，可供依循來描繪敬畏是「什麼」，以及「如何」和「為何」的路徑地圖。敬畏首先需要的是定義，所有良好的科學故事，都從這裡開始。什麼是敬畏？

定義敬畏

　　隨著情緒科學把焦點轉移到正向情緒的多樣面貌，二〇〇三年時，我的長年合作夥伴，紐約大學的喬納森・海特（Jonathan Haidt）和我便著手研擬敬畏的一項定義。在那時候，只有少數科學論文探究敬畏（研究恐懼的卻有好幾千篇），並無敬畏的定義可言。

　　所以我們沉浸在神祕主義者論述與神明相遇的著作中。我們閱讀有關神聖、崇高、超自然、聖潔和「巔峰體驗」的論述，就這些題材，民眾有可能以「湧動」、「喜悅」、「極樂」（bliss）或甚至「開悟」等用詞來描述。我們審視像馬克思・韋伯（Max Weber）這樣的政治理論家，並考量他們有關暴民受政客煽惑激發熱情的相關猜想。我們閱讀了人類學家的論述，看偏遠、荒僻文化中舞蹈、音樂、藝術和宗教中有關敬畏的記載，取法這些學術脈絡，我們將敬畏定義如下：

　　敬畏是當你面對某種超越你的現有認知的壯闊事物時，所湧現的感受。

　　壯闊可以是物理的——好比，當你站在一棵一百多公尺的大樹旁邊，抑或是聆聽歌手和電吉他的聲音在體育場內迴盪。壯闊也可以是時間上的，就像笑聲或氣味，帶你追溯時光，回到童年的聲音或香氣。壯闊可以是語義上的，或者關乎思想的，特別是當頓悟將零散的信念和未知，整合成一種關於世界的連貫論點時。

壯闊有可能具有挑戰性，令人不安和破壞穩定。當敬畏之情被喚起，我們現有知識可能不足以理解我們所遭遇的處境。因此，秉持敬畏之心，我們投入尋找新的理解形式。

敬畏關聯我們人生的壯闊奧祕。

敬畏的無數變異形式該如何解讀？敬畏如何從一個文化轉換到另一個文化，或者從一段歷史時期，轉換到另一段時期？或者從一個人轉換到另一人？或者甚至從你生命中的某個時刻，轉換到另一個時刻？

壯闊所指涉的意思，在不同文化和不同生活的背景下有著顯著的差異。在某些地方那是高海拔山脈；在其他地方則是無邊無際的廣袤平原，而且暴風雨逐漸逼近。對嬰兒來講那是雙親帶來的無盡溫暖；當我們面臨死亡，則是生命的浩瀚無涯。在某些歷史時期，那是指人類所能施加的暴力；可在有些時期則是指抵禦施暴者的街頭抗爭。壯闊有繁多類別，於是敬畏的意義也出現了變化。

喬和我推斷，「調味料題材」也構成敬畏的多樣形式。所謂調味料題材，意思是我們為浩大的神祕事物賦予意義時的具體情境。舉例來說，各位應該知道，非凡美德和能力能使我們產生敬畏之心。美德和能力的概念，會根據背景脈絡的不同而發生巨大的變化：例如，我們是在戰鬥中還是在冥想靜修中找到自我本性，是隸屬一支嘻哈表演團體還是下棋俱樂部，是住在受宗教教義約束還是受華爾街規則支配的地帶。我們將我們本地文化中的美德和能力概念化的方式，便促成了敬畏的多樣變化。

另一種形塑敬畏經驗的調味料題材是超自然信仰體系——包括諸如鬼魂、靈魂、非凡經歷、神靈、神明、天堂和地獄的相關信念。這些信念為敬畏體驗灌注了深遠的文化特定意義。舉例來說，對歷史上的許多人來說，接觸高山、暴風雨、風、太陽和月亮時湧現的敬畏體驗，受到了當地有關神明的故事和信念的影響。可是對其他人而言，這相同的高山、暴風雨、太陽和月亮，則會激發另一種以大自然神聖感受為本，較少注入神明觀點的敬畏。

最普遍的或許是，感知到的威脅也會給敬畏體驗增添風味，並且會將恐懼、不確定性、疏離和恐怖（terror）感受，層層疊入我們的情緒經驗當中。對威脅的知覺能解釋為什麼某些文化中的民眾——好比日本人或華人——簇擁著領導者時，會比那些較沒有階級制度的文化，在敬畏之餘，還會混合較多的恐懼感。為什麼使用麥角酸二乙醯胺（LSD）、搖頭丸（MDMA）或者死藤水（ayahuasca）等致幻物質的經驗，對某些人是純粹的敬畏感受，其他人卻被恐怖淹沒。為什麼在某些文化當中，與神明相遇充滿恐懼，而在其他沒有上帝審判之觀念的文化中，這類遭遇的特性卻是極度喜樂和慈愛。為什麼死亡對某些人是廣闊無垠又充滿敬畏，可是其他人卻害怕無比。還有為什麼像美國國旗這種文化標誌會讓某些人感動落淚、激動不已，卻讓其他人感受威脅、疏離以及不寒而慄。

探究敬畏時，我們遇上了生命的壯闊奧祕，還有美德、超自然信念和感受到的威脅等調味料題材，產生出了幾近無窮的變異類型。

生命中的八種驚奇

情緒就像故事。它們是組構出我們日常生活的劇情，就像小說、電影或戲劇中的各種場景。情緒在人與人之間的行動中開展，讓我們得以撫慰需要的人、向所愛的人表示忠實、革除不義，或者歸屬於一個社群等等。定義敬畏之後，為了解答「敬畏是什麼？」這道問題，我們下一步就必須轉移到民眾自己的情緒故事了。

進入二十世紀之際，當心理學的奠基人威廉・詹姆士（William James）尋求理解神祕敬畏之時（稍後我們還會談到這段探索），他並沒有讓民眾用數字評估他們的感受，沒有做實驗，也沒有測量長期以來讓他沉迷的生理反應或感覺。他的做法是採集故事：第一人稱敘述，完全是親身經歷的，關於和神明相遇、宗教皈依、靈顯頓悟、天堂和地獄的異象。透過辨別這些故事的模式，他揭示了宗教的核心：宗教關乎對神祕事物的敬畏，是種難以言喻的情緒體驗，與我們認定的神聖事物相關聯。

遵循這種途徑，我的長期合作夥伴白洋（Yang Bai）教授和我收集了二十六個國家民眾的敬畏故事。之所以這樣大範圍撒網，是因為科學上對於「怪異」（WEIRD）樣本的顧慮：不成比例的西方的（Western）、受過教育的（Educated）、個人主義的（Individualist）、富裕的（Rich），以及民主體制的（Democratic）人士所組成的樣本。我們的參與者一點都不「怪異」。參與者包括所有主要宗教的信徒（含多種形式的基督教、印度教、佛教、伊斯蘭教和猶太教），也有些是比較世俗文化下（好比荷蘭）的居民。我們的參與者在財富和教育方面各不相同。他們生活在民主的或專制的政治體制底下。他們抱持平權或父權的性別觀點。他們的文化價值各不相同，從比較集體主義的（好比中國、墨西哥）到比較個人主義的（好比美國）地方都有。

在我們的研究中，參與者拿到前面所提到的敬畏定義：「面對某種超越你現有認知的壯闊事物」，接著他們寫下他們的敬畏故事。加州大學柏克萊分校一批能講二十種語言的人員負責翻譯那兩千六百則敘事。我們很驚訝地得知，這些得自全世界的豐富內容，能劃分為敬畏的一套分類法，生命中的八種驚奇。

什麼因素最常讓全世界民眾感到敬畏？大自然？靈修？聽音樂？事實上，是**其他人的勇氣、善良、堅強或克服困境**。就全世界而言，我們最可能在被**道德之美**打動時感到敬畏，在我們的分類法中，這就是生命中的第一種驚奇。非凡的物理之美，從臉孔到景觀，長久以來一直是藝術和科學的魅力所在，讓我們產生迷戀、熱情的感覺，偶爾還激發欲望。特殊美德、品格和能力——道德之美——根據另一種審美觀來運作，這種美學標準是以純潔、善良的意圖和行動為標誌，能打動我們並誘發敬畏的感受。有一種道德之美是旁人遭逢苦難時所表現出的勇氣，好比這則來自英國的故事：

> 我的女兒處理她死產男嬰的方式。男嬰產下時我待在醫院陪她，她處理這件事所表現的力量，讓我感到敬畏。我的小女兒一夜之間長大了，在這個艱困時刻，她展現出了驚人的力量和勇氣。

戰鬥所需的勇氣是另一種由來已久的敬畏源頭。這種激勵人心的主題，可見於希臘和羅馬的神話、《搶救雷恩大兵》（*Saving Private Ryan*）一類電影裡面引人入勝的場景，還有老兵講述的戰爭故事，好比來自南非的這段故事：

> 我參加了安哥拉戰爭。我方一名士兵中彈了。一位軍官冒著生命危險，克服了恐懼，把士兵拖到安全處所。那名軍官在行進時受了傷，不過他繼續拯救士兵的生命。我離開藏身處，掩護軍官通過那片地帶，讓他有充足時間把士兵拖到安全地點。

駭人的舉動偶爾也引發敬畏，不過遠遠沒有那麼常見，最典型的還是來自藝術的感悟，如同這則來自瑞典的例子：

> 我是在二〇一一年第一次觀賞電影《辛德勒的名單》
> （*Schindler's List*）。音樂和主要演員的演出，都表現
> 出強大的力量，也披露了人性的殘酷真相。當時我想
> 做的，還有我在接下來幾個小時所做的，就只是哭泣。

人類的暴行抓住了我們的想像焦點，不過依循更恰當的觀點，那是**驚恐**（horror）的根源，是不同於敬畏的另一種狀態。還有，我們會看到，藝術往往在我們的想像中提供一個空間，供我們思考人類的驚恐，從而產生出敬畏的美學體驗。

第二種生命中的驚奇是**集體歡騰**，這個詞彙是法國社會學家艾彌爾・涂爾幹（Émile Durkheim）在他分析宗教的情緒核心時導入的。他的用詞說明了這種體驗的性質：我們感覺自己彷彿發出某種嗡嗡運轉、劈啪作響的生命力，把大家融合成為一個集體的自我、一個部落、一個波瀾壯闊的「我們」。縱貫那二十六種文化，民眾講述了在種種場合下的集體歡騰故事，包括：婚禮、洗禮、拉丁女性成人禮、猶太教成人禮、畢業式、體育慶典、葬禮、家族團聚和政治集會，好比來自俄羅斯的這則：

> 在勝利遊行上，城市和全國都與我同在。有一支隊伍
> 名為「不朽軍團」，舉著參戰士兵的肖像遊行。我為

我的國家和人民感到驕傲。

生命中的第三種驚奇應該不會令人驚訝。那就是**大自然**。一般來講，會激發自然敬畏的，多是災難性事件──地震、大雷雨、閃電、野火、狂風和海嘯，或者就一位中國參與者而言，是看著一場洪水席捲她的村莊。許多人都提到夜空，上天的星辰和光點圖案，成為希臘、羅馬和中美洲的一項靈感根源，激發他們想像出諸神。如今，許多人擔心，在這個光污染時代，夜空黯淡下，我們體驗驚奇的能力會受限。在山區的經歷，眺望峽谷、在巨木林間健行、在廣闊沙丘上奔跑，以及與海洋的初次邂逅，都讓人敬畏，好比來自墨西哥的這個例子：

> 我第一次看到大海。那時我還很小，聽著浪聲和風聲，感受微風。

自然敬畏的經驗有個共通點，那就是覺得動、植物都有意識並能覺知，這種觀點見於許多原住民傳統，如今則吸引了科學界的關注。在這段從俄羅斯文翻譯過來的荒野敬畏故事當中，請注意參與者如何評述樹木的覺知意識，林木彷彿待在他們身旁看著某件事物：

> 五年前，在森林間採蘑菇時，我碰到一個不常見的地洞，四周樹木環繞，就好像凝視著洞內。

音樂帶來了生命中的第四種驚奇，透過在演奏會中靜靜聆賞一首音樂，在宗教儀式上吟誦，或只是隨著旁人一起唱歌，將人們帶到象徵意義的新維度。在這則來自瑞士的故事中，述說個人感到自己和更宏大的事物相連，而這是界定敬畏的一項論題：

> 那是發生在幾年前的聖誕節前後。我和一群同學外出旅行，前往瑞士西部探訪幾處修道院。我們來到一處道明會修道院（Dominican monastery）。當時外面下雪，天氣冰冷。那座羅馬式教堂燈光黯淡，你可以聽到葛利果聖歌（Gregorian song）的歌聲——音響效果無與倫比。一種對浩大事物的崇敬之情，同時也是種撫慰的感受，完全把我籠罩。

音樂敬畏往往出自對喜愛的搖滾樂團、音樂大師，還有或許感人最深的，對孩子做出的反應，好比這段來自愛爾蘭的故事：

> 當我的七歲女兒走到幾百人面前，秉持堅定毅力演奏哨笛，我對她的演出勇氣深感敬畏。她演奏之後獲得了一陣掌聲。那時連同她的兄弟和整個大家族，我們一起參加她在當地教會的領餐禮。在她上台演奏前，我為她感到緊張，不過看到她完成她的演出，在小小

年紀就有如此穩定的表現，我湧起了敬畏之情。我大大擁抱她，親吻她，並告訴她，她很棒。

轟鳴的電吉他夠多了；我寧可選擇一支哨笛。

視覺設計清楚分明成為生命中的第五種驚奇。中國的建築、兵馬俑、水壩和畫作，都出現在來自全世界的敬畏故事當中。更令人驚訝的視覺設計也同樣如此，好比這則來自南非的例子：

> 我前往一家客戶的工廠，為藥品分揀線上的一台機器做檢查。那台機器的性能令人驚嘆——令人不敢置信。我對那台機器的功能性、速度和設計滿懷敬畏。這發生在約略一年之前，在我客戶的工廠裡面，而且我是和我的同事（那台機器的設計師）在一起。

阿道斯・赫胥黎（Aldous Huxley）在他的《眾妙之門》（*The Doors of Perception*）書中指出，珠寶的視覺設計開啟我們的思想，習得神祕主義者感知世界的方式。我們對視覺設計的敬畏感受，讓我們得以在我們隸屬的文化體制當中，找到自己的位置。你可能會在其他情境下感受到這點，好比奧斯曼（Haussmann，譯註：十九世紀法國都市規劃師）在巴黎建設的宏偉林蔭大道、馬雅金字塔、巴塞隆納的塗鴉作品，還有對某些人來講，一台負責揀藥的機器。

性靈上和宗教上的敬畏故事是生命中的第六種驚奇。這類故事並不像你所設想的那麼普遍，因為我們始終不斷尋找涅槃、開悟、極樂或者三摩地境界。有些神祕敬畏經驗成為經典的皈依故事，好比前往大馬士革途中的聖保羅（Saint Paul），或者菩提樹下的佛陀，如同這則來自新加坡的例子：

> 當天主聖神（the Holy Spirit of God）在一次天主教會主辦的「在聖神內生活研習會」（Life in the Spirit Seminar）上降臨我身。那種力量實在太強了，我承受不了，立刻倒下，不過我對周遭狀況還很清楚，而且由於我雙眼是閉上的，因此我只能看到一道非常明亮的白光。在這次事件之前，我覺得全世界都排斥我，也沒有人在意。事件發生之後，我立刻感到振奮起來，不過最重要的是，我感受到了愛。

其他還有把神祕敬畏和性慾結合在一起的故事，就像這則來自加拿大的情節，而這也就是神聖與世俗的永恆交融。

> 我在我們本地農夫市集認識了一個人，他讓我大開眼界，認識了冥想和一個人的身體與情緒的力量。只要碰觸我的肩膀，他就能把我看穿（就某種意義而言）。他的風采和知識讓我希望更深入學習……因此，我開始每週跟他上課，學習冥想。我學到了許多

關於我的身、心、靈的知識。

我們會看到，在神祕敬畏當中產生的感覺，還有與生命驚奇的所有接觸當中，是多麼頻繁地牽涉到觸摸、感到被擁抱、一種溫暖的存在感，還有被看見的覺知——這些或許隱含了深層情緒根源的線索。

生與死的故事，生命中的第七種驚奇，在全世界都很常見。我們對於生命如何從子宮誕生都心存敬畏。還有生死循環的另一端，當一個人從有氣息的肉體生靈，轉變成其他存在的形式，就像那晚當我看著羅爾夫死去。這裡是一則來自印尼的生命循環敘事，揭示了我們內心的悲痛，如何轉為逝者仍與我們同在的想法：

時間是大約六年前，在日惹市（Yogyakarta）薩吉托醫院（Sardjito hospital），我和我父親還有其他手足在守候我生病的母親，她已經住院一星期，還沒有甦醒過來。我們一直守著母親直到她見了造物主，當時我們都心碎難過至極，然而我們知道，我們不該在哀傷中沉浸太深。我們的未來還很長。母親離開我們之後，我們才意識到，一個母親和妻子是多麼重要，現在我們所有人都成長了，懂得欣賞並愛我們的妻子，也是我孩子們的母親。

　　這段故事促使我們頓生**感悟**——當我們突然體悟了生命的根本真理——這就是生命中的第八種驚奇。世界各地都有民眾為種種事件震撼不已，包括：哲學洞見、科學發現、形而上學思想、個人領悟、數學方程式和突然披露的真相（好比做太太的離開丈夫，和他的最好朋友私奔），瞬間讓生活改頭換面。在每起事例，感悟將事實、信念、價值、直覺和圖像結合形成一套新的認識體系。底下這則來自日本的感悟故事，讓我感到興致盎然，因為小時候我從藝術和自然史博物館發現了敬畏，後來還加上了達爾文的演化論：

> 就在我十二歲之前，我參觀了一次科學博物館展出，並了解了生物演化。我意識到，人類無疑只是眾多生物當中的一種（和其他生物相比並不是特別優秀）。

　　那麼，我們可以在生命中的八種驚奇找到敬畏：道德之美、集體歡騰、大自然、音樂、視覺設計、性靈和宗教、生與死，以及感悟。倘若結果讓你很不開心，因為你最喜愛的崇敬形式，並沒有納入這張「生命中的八種驚奇俱樂部」的敬畏週期表，或許你會在這裡找到慰藉：我們的「其他」類別囊括了全世界百分之五的回答。這個類別包括難以置信的滋味、電子遊戲、排山倒海的感受（好比顏色或聲音方面的），以及性愛初體驗的故事。

　　斟酌來自全世界的敬畏故事中**沒有**提到的事情也很有用。

錢財沒有出現在敬畏當中，只除了幾則民眾被騙光畢生積蓄的事例。沒有人提到他們的筆電、臉書、蘋果手錶或智慧手機。也沒有任何人提到消費者購買行為，好比他們的新 Nike、特斯拉、Gucci 包包或萬寶龍（Montblanc）名筆。敬畏發生在與物質、錢財、藏品和地位象徵之凡俗世界隔絕的國度——這是超脫世俗的國度，許多人稱之為神聖之地。

專屬的自有空間

「敬畏」的原文 awe，詞源可以追溯至八百年前的中古英文「ege」和古挪威文「agi」，兩個詞都指稱恐懼、憂懼（dread）、驚恐和恐怖。這個詞源遺產根深蒂固。若我現在請你回答我們目前的議題——「敬畏是什麼？」——你或許會以恐懼相關術語來為它定義。不過要記得，約八個世紀之前，當「ege」和「agi」出現在口語中的時候，那是個瘟疫、饑荒、公開酷刑、宗教審判、戰爭和預期壽命短暫的時代；稱得上壯闊、神祕的正是暴力和死亡。

今天當我們使用「敬畏」一詞之時，我們描述的是一種類似恐懼的經驗呢，還是感覺受到威脅並設法逃避的另一種說法？

另一道問題是這樣：我們對敬畏的體驗，和我們對美的感受是否不同？我們對形形色色能給我們帶來敬畏的事物做出反應，從而產生美的感受，這些事物包括天空、音樂，乃至於城中充滿活力的鄰里街坊。敬畏只是一種更強烈的美的感受嗎？

　　直到最近之前，情緒的科學依然沒有對這些問題提出解答。情緒經驗研究大致上都專注於艾克曼在一九六〇年代研究過的六種狀態，使用討厭、可怕事物的圖像——蜘蛛、咆哮的狗、猩紅血跡、糞便——來誘發恐懼和厭惡等情緒，而感官樂趣或喜悅方面，則使用巧克力蛋糕、熱帶海灘、美麗臉孔和田園自然風光的照片。沒有研究試圖激發參與者感受敬畏。就算這樣嘗試，依然沒辦法捕捉到那種經驗，因為使用最廣泛的情緒經驗問卷，測量的正向狀態只包括**積極的、感興趣的、驕傲的、振奮的、堅強的、激勵的、警覺的、熱心的、堅定的**和**專心的**，完全沒有提到敬畏或美（或者被逗樂、愛、欲望，也或許可以包括悲憫）。敬畏的經驗仍屬未知領域。

　　就測繪敬畏經驗映像方面，我很幸運能與我很有計算頭腦的合作夥伴，艾倫・科文（Alan Cowen）共同執行以下研究。艾倫是個數學神童，精通測繪人類經驗結構映像的新式量化方法。艾倫首先上網際網路搜尋，找到了兩千一百幅情感豐富的GIF〔編按：圖像互換格式（Graphics Interchange Format）的簡稱，是一種可呈現動畫效果的圖形檔案格式〕或兩、三秒的短影片。我們的參與者觀看GIF，範圍遠遠超出了從前用來誘發艾克曼那六種情緒的圖像和影片內容，並納入了狗狗跌跤、彆扭的社交接觸、小馬丁・路德・金恩（Martin Luther King Jr.）的感人演說、看來可口的美食、情侶接吻、毛茸茸蜘蛛的恐怖圖像、可怕的車禍、腐爛的食物、怪異刺眼的幾何圖案、美妙景觀、嬰兒和小狗的臉、貓的有趣事故、雙親擁抱嬰兒、搶眼的風暴雲等等。看了每幅GIF之後，我們的參與者使用五十多種情緒術語來評估他們的經驗，包括與我們當前所關注最能相符的敬畏、恐懼、驚恐，與美。

有一天艾倫帶著他資料視覺化圖解的結果來到我的辦公室，我把它呈現在下一頁。我們到底是在看什麼？這是我起初向艾倫提出的問題。在詳細介紹了他推導並產生出這種圖像的新式統計分析法之後，艾倫解釋道，每個字母都代表我們研究中的一幅GIF，每個GIF的空間擺放位置，都取決於它主要喚起哪種情緒而定。情緒的整體分布狀況稱為語意空間。倫敦市街道有它們的地圖，我們的情緒經驗也同樣如此。

你會立刻注意到，我們的情緒經驗是多麼地豐富；在這項研究中，民眾感受到二十七種不同的情緒。這幅視覺化圖解顯示，許多情緒經驗是參雜或混合不同的情緒，例如哀傷與困惑、愛與欲，或敬畏與驚恐。情緒經驗很複雜。

敬畏落在這種情緒語意空間的什麼地方？它僅只是種恐懼嗎？不，無論把想像力如何伸展，它都不是。各位可以看出，我們的敬畏感受，追根究底都與恐懼、驚恐和焦慮毫不相干。我之所以在看著羅爾夫死去時大受震撼，部分歸因於此：儘管有對癌症的驚恐，還有他離開人世帶來的重大損失，他往生造成的深邃影響，和在我腦海中挖掘出的奧祕，都讓我感到敬畏。

事實上，敬畏感受的位置很接近敬佩、興趣和美感鑑賞，

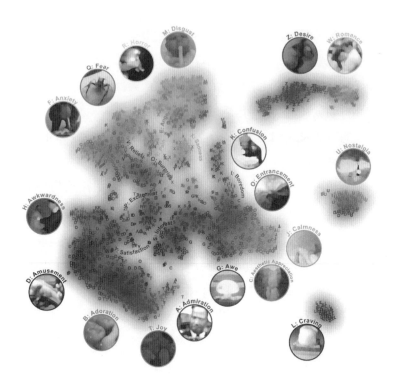

或就是對美的感受。敬畏感受本質上就是好的。不過，我們的敬畏經驗顯然不同於對美的感受。喚起美感的GIF都是熟見的內容，很容易理解，也比較符合我們對視覺世界的期望——海洋、森林、花朵和日落的圖像。引發敬畏的GIF都很壯闊又神祕——川流不息的公路自行車賽選手長河；起伏盤旋的蜂擁鳥群；沙漠中隨時間變化的繁星夜空；以鳥瞰鏡頭拍下的飛越阿爾卑斯山影片；沉浸於梵谷畫作《星夜》（*Starry Night*）的迷幻之感。

在後續以相仿方法進行的映像研究中，艾倫和我記錄了敬畏有別於恐懼、驚恐以及美感的其他方式（相關情緒圖解可於網站alancowen.com審視）。我們用來表達敬畏的嗓音，有別於我們傳達恐懼的發聲方式（而且比較接近我們在學習新鮮事物時，傳達所體驗情緒發出的聲音，好比代表興趣和領悟等）。我們傳達敬畏和恐懼的臉部表情是很容易分辨的。促使我們產生敬畏感受的音樂和視覺藝術，和誘發驚恐與美感的創作是不同的。我們的敬畏體驗發生在它們的自有空間裡面，遠離恐懼並且與令人愉悅的熟悉美感大相逕庭。

日常敬畏

有了來自全世界的故事，以及情緒經驗圖解，我們已經測繪出敬畏的「什麼」的部分。不過或許你會有所保留。當我們回顧敬畏的故事——跨二十六種文化研究的核心方法論——，我們很可能會回想起比較極端的、千載難逢的經驗——拯救一位陌生人的性命、成為墨西哥城瓜達盧佩聖母節（festival of Guadalupe）數百萬民眾之一、遊覽大峽谷、看著一位母親死去。帶給我們敬畏感的藝術描繪，包括GIF、音樂和我們的敬畏映像研究中採用的畫作等，都是經過風格化和理想化處理的表現形式。兩種方法都無法捕捉到，敬畏在我們的日常生活中呈現什麼模樣——如果真有這種事物的話。

搜尋日常敬畏時，白洋、密西根大學教授愛咪·戈登

（Amie Gordon）和我用上了一種「每日日記法」（daily diary approach），在不同國家執行了好幾項研究。這種方法把人類書寫和記錄情緒這種非常人性的傾向帶進了實驗室，藉此將感覺轉譯為文字表達出來。在一項研究中，中國和美國的民眾，每晚都把他們的日常敬畏經驗——果真發生時——記載下來並持續兩週。這裡引述來自中國的一則故事，內容再次談到博物館讓我們湧現敬畏感受的能力：

> 在國立博物館，我看了商代青銅器展、畢卡索的藝術作品展，還有毛澤東雕像展……那些展品讓我嘆為觀止，驚羨那些雕像的細膩、手部的精緻造型、畢卡索藝術作品中的男女裸體結構，以及青銅器所披露的、女戰士婦好的故事。我滿心敬畏。

婦好是位女將軍，約三千年前為守護商朝出戰——展現中國歷史中的道德勇氣。賞識手之奇妙特性的不只這項研究的參與者：雕塑家羅丹（Rodin）認為手是我們身體的靈性部分，在他的雕塑作品《大教堂》（The Cathedral）中，兩隻右手指向上方，產生出一種光與空間的神祕感受，而這點我們也正可以在森林裡或在大教堂中發現。

化學這種基本的、無形的生命層理，構成了可見現實的基礎；柏克萊一位學生在學習化學中的因果過程時感到敬畏：

我當時在實驗室工作，並學到了一項在當天之前我不曾經歷過的新過程。溫度上極其細微的變化，對於過程結果所能造成的影響，名符其實地令人敬畏。實際用來引發這種過程的工具也同樣令人敬畏。

另一位學生在思考大數據資料的海量程度之時發現了敬畏：

那是在關於社群媒體的社會學課堂上。那種資料的海量程度，還有不論我們是否選擇忽略它，它對我們每個人的生活所施加的那種影響力量，都讓我心生敬畏，自覺渺小。社群媒體和科技累積了我們生活這麼多資料，多到難以理解——多到連我們每次心跳都可以蓋上時間戳記的程度。

這些每日日記研究所得結果，和我們從跨二十六種文化研究學到的知識十分相符：在日常生活中，我們最常在接觸道德之美的時候感受到敬畏，其次是在體驗大自然以及在接觸音樂、藝術和電影之時。靈性方面的日常敬畏體驗很罕見（不過倘若我們在宗教學院做了研究，這無疑會有所不同）。就像我們的映像研究，我們還證實了，大多數敬畏時刻——約四分之三——都感覺良好，只有四分之一帶了威脅的味道。

　　文化以深刻的方式形塑敬畏。北京的學生較常對道德之美感到敬畏——啟發思維的老師或祖父母，以及音樂家的精湛演出。就美國學生而言，敬畏來源則是大自然。底下是讓我們搖頭的文化差異：在美國，個人本身成為敬畏源頭的可能性，是在中國的二十倍。美國學生總忍不住要對以下舉止感到敬畏：在艱難課程拿到A等成績、在激烈競爭中勝出取得獎學金、講一段搞笑的笑話，或者對真正的自戀狂來講，在約會軟體Tinder上貼出新照片。

　　有時，科學研究最重要的發現是一個簡單的觀察，完全沒有任何假設，或是理論觀點的相互對立、揭瘡疤。這在我們的每日日記研究中也同樣成立：民眾每週體驗敬畏兩到三次。也就是每隔幾天就一次。他們得以如此，是因為在平凡中發現不凡：一個朋友對街友的慷慨舉止；一朵花的香氣；觀看人行道上一棵枝繁葉茂樹木的光影演出；聽到一首讓他們回想起初戀情景的歌曲；和朋友沉迷觀賞《冰與火之歌：權力遊戲》（*Game of Thrones*）電視劇。

日常敬畏。

　　偉大思想家們，從華特·惠特曼（Walt Whitman）到瑞秋·卡森（Rachel Carson）以及禪學大師鈴木俊隆（Shunryu Suzuki）都提醒我們，要意識到生活能給我們帶來多大的敬畏。世界各地許多原住民哲學都堅信，我們周遭那麼多生命都是神聖的。我們的每日日記發現表明，這些偉大的哲人和文化都矚目於某種現象：生命中的驚奇往往就在左近。

1,372張幻燈片中的超越狀態

有了來自世界各地的敬畏故事、掌握了二十一世紀的情緒映像技術，並聽取了民眾述說日常敬畏，現在我們就能為「敬畏是什麼？」這道問題提出答案。敬畏始於與生命中的八種驚奇接觸。敬畏體驗在它的自有空間裡開展，那是種感覺良好而且不同於恐懼、驚恐以及美感的體驗。我們的日常生活提供了眾多感受敬畏的場合。

當羅爾夫飽受大腸癌折騰，讓他雙肩寬闊的九十五公斤體格，萎縮到只剩六十五公斤的虛弱、削瘦軀體，他生命的未來也愈來愈見明朗。於是我嘗試回顧過去，提煉出我們兄弟情誼的故事。

我倒數第二次去拜訪羅爾夫時，大約在他死前十天，我們帶了1,372張照片，那是在我們的爸媽離婚之前，我們一家人還在一起的那十五年間拍下的。照片大多是黑白幻燈片，塞在發黃小紙盒裡面，很多年都沒有人看了。照片年分從一九六三年——我們在墨西哥共同度過的童年——到一九七八年，我們在英格蘭還是個完整家庭的最後一段日子。

羅爾夫、媽媽和我看著那些照片，逐年檢視。從一九六〇年代早期：我們還是小嬰兒，被年輕父母高高抱在懷裡，臉頰貼著臉頰，大人伸手托著毛茸茸的腦袋。一九六〇年代晚期的幻燈片，記錄了我們在勞雷爾峽谷的歲月，以及乘坐我們那輛藍色福斯廂型車四處旅遊的暑假假期。在洛磯山脈從帳篷向外張望，四周環繞著山楊樹。在加州門多西諾（Mendocino）一號公路附近，沿著海岸懸崖岩壁向下攀爬。在我爸爸的藝術展上。六〇年代晚期的音樂節和文藝復興市集，還有山區市鎮的七月四日國慶活動。到處都是長髮者的集體歡騰。

一九七〇年代，我們搬到了北加州山麓丘陵區，有了一輛新的福斯廂型車，而且在我們那片帶了一座池塘的兩甲左右土地上，享有類似《頑童歷險記》中所描述的早期青春期自由。在我爸爸蓋的、長滿矢車菊的籃球場上投籃。搭乘內胎和橡膠筏順流而下。一九七六年橫越美國來慶祝建國兩百週年——廂型車窗外望去是片片遼闊的玉米田，弟弟和我在蒙蒂塞洛（Monticello）嬉鬧惡作劇。

接著是我們做為一個完整家庭的最後一年，那年我們前往英格蘭，我們的父母會在那裡分道揚鑣。羅爾夫和我才十幾歲，在高尚的地方——阿爾罕布拉宮（The Alhambra）、羅浮宮和巴黎聖母院——放縱輕蔑、譏諷訕笑，偶爾也表現肅穆並深受感動。

當我們看著幻燈片，羅爾夫時而清醒時而陷入昏迷，還伸出手指希望再多看一些。最終陷入沉睡之前，他說道：「我們過得很開心。」

開心，或樂趣（fun），就像敬畏，也是好幾種**自我超越**狀態當中的一種，一個情緒的空間，那些情緒將我們從自我專注、威脅導向以及身處現狀的心態，轉移到與某種更浩大事物相互聯繫的國度。**喜悅**，暫時擺脫世俗顧慮的感覺，也是這個空間的一部分，就像**狂喜**（或**極樂**），我們感受自我完全消融的時刻（在敬畏中，雖然模糊，但我們依然保有自我意識）。至於樂趣，是當我們從另外一些角度，來設想我們往往過得太過嚴肅的平庸生活之時，心中湧現的那種**歡樂**（mirth）和輕鬆愉快的感受。

感恩（gratitude）是這種超然感受國度的一部分，是我們對生命恩賜的崇敬之情。那天，在哀傷和焦慮的浪濤當中，審視那批1,372張的幻燈片時，我強烈地感受到了這點。我的雙親允許弟弟和我四處遊蕩，讓我們置身於一處充滿驚奇的世界。羅爾夫和我享有充滿敬畏的兄弟情誼。

現在又多知道了一些敬畏是什麼，我們到哪裡找到它，那是什麼感受，以及它如何成為更寬廣的超越狀態空間的一部分，這時就該改為探究敬畏是如何運作的了。敬畏如何轉變我們的心智、我們的自我意識和處事方式？

第二章

內隱外現的敬畏

敬畏如何改變我們和世界的關係

我們能擁有的最美體驗是神祕感，那是立足於真藝術
和真科學之搖籃的根本情緒。

——愛因斯坦

一種不滅的驚奇感，它會延續一生，成為對抗晚年煩
悶和幻滅的可靠解毒劑，有效逆轉對人為事物的徒勞
關注，以及對我們力量源泉的疏離。

——瑞秋·卡森

　　二〇一〇年繁忙的一天，我在辦公室工作時，接到了彼
特·達克特（Pete Docter）打來的電話，那時他的電影《天外
奇蹟》（*Up*）才剛獲得奧斯卡金像獎。他打電話來是要問我，
能不能和他的團隊談談他的下一部影片。他繼續說明，主要角
色會是蘊含在一名十一歲女孩萊莉（Riley）心中的五種情緒。
那部電影的片名暫定為《內隱外現》（*Inside Out*）（譯註：正
式上映時的英文片名仍是《*Inside Out*》，臺灣譯名為《腦筋急
轉彎》）。

　　每當我去皮克斯園區拜訪時，彼特都會帶我去一間僻靜的
房間，到了那裡，他和他的協同創作人，羅尼·德爾卡門
（Ronnie del Carmen）花費好幾個小時繪製《腦筋急轉彎》的
分鏡腳本（一部典型電影是基於七萬到十二萬張分鏡腳本拍
成）。我準備了一些技術方面的問題：表現羨慕時的臉是什麼
樣子的？哪種顏色最能傳達厭惡感？結果我們處理的卻是有關

情緒**如何**運作的問題。感覺如何形塑思想？情緒如何指導我們的行動？

就像偉大小說和電影常具備的特性，《腦筋急轉彎》將情緒如何運作的兩個核心洞見精彩演繹出來。第一個是：情緒改變了我們對世界的看法——《*Inside Out*》裡面的「inside」。舉例來說，研究發現，倘若你感到恐懼，你就比較可能在你的情侶關係中感受到不確定因素，也比較會設想自己會死於某種怪病或恐怖攻擊，比較容易記起自己十幾歲時的悲慘時刻，也能更迅速在電腦螢幕上找到蜘蛛的圖像。感受恐懼時，我們的心思經過調校來感應危險。每種情緒都是供我們看世界的鏡頭。

《*Inside Out*》的「out」指稱情緒如何激發行動。電影中是五種情緒促使萊莉採取行動。當十八個月大的萊莉躲閃電源插座時，比爾‧哈德（Bill Hader）配音飾演的驚驚（Fear）講述了那個動作。當萊莉用手肘勇猛推擠打曲棍球時，路易斯‧布萊克（Lewis Black）配音飾演的怒怒（Anger）推使她展現出強大的行動。情緒不只是心中轉瞬即逝的狀態；它們牽涉到個體在協商社會關係之時，彼此所採取的系列行動。

讓我們轉向敬畏的「內隱外現」：敬畏如何轉變我們看待世界的方式？還有，敬畏的經歷讓我們在遇上生命中八種驚奇的壯闊奧祕之時，採取哪些行動？

比自我更浩大的某種事物

我們對敬畏的體驗似乎不可言喻，無法以言語來傳達。不過你或許也注意到了，這當中有個具諷刺意味的現象：儘管敬畏難以表達，卻阻止不了民眾講述敬畏的故事，他們記日記、寫詩、唱歌、譜寫音樂、跳舞，並求助視覺藝術和設計來理解其崇高。在我們針對這些象徵性傳統的敬畏體驗陳述當中，一個清晰的中心思想浮現了：我們的個別自我退讓了，繼之而起的是一種自我邊際消融且隸屬於某種更浩大事物的感受。

幾百年來，敬畏一直是靈性日記寫作的核心特色，民眾寫作時——至今依然——寫下了他們與神的相遇事蹟。十四世紀的神祕主義者諾里奇的朱利安（Julian of Norwich）提出了耶穌慈愛的十六個異象顯現，這些敬畏的故事集結為《聖愛啟示》（*Revelations of Divine Love*），這是最早由女性寫成的英文書籍之一，而且深刻影響了基督神學的重點取向，朝向一種以悲憫與愛為基礎的信仰發展。諾里奇的朱利安在所有篇幅都使用「我什麼都不是」（I am nothing）詞句來表達她對基督之愛的敬畏之情。

整個西方世界的大自然著述中最具影響力的語句段落，部份出自華茲渥斯（Wordsworth）、愛默生（Emerson）、梭羅（Thoreau）和卡森的著述，描繪在自然敬畏體驗中的自我消融感受。這種自我的消融將讓早期女性主義者瑪格麗特·富勒（Margaret Fuller）改頭換面。富勒是美國超驗主義的核心勢力，在頗具影響力的《日晷》（*The Dial*）雜誌當編輯，還寫了一部暢銷論述《十九世紀女性》（*Woman in the Nineteenth Century*），在性別歧視根深蒂固的時代，這些都是非同小可的成就。富勒在二十一歲時曾經歷一次敬畏體驗，起初發生在教堂的長椅，後來還在戶外「哀傷烏雲」和寒冷藍天之下延續這種感受：

> 我眼中沒有自我；自私完全愚蠢，是環境造成的結果；只因為我認為自我是真的，所以我才受苦；而且我只需要在一切存在的觀點之下生活；一切存在就是我的。

敬畏讓富勒擺脫了十九世紀早期非常性別化的自我，投入尋找「一切存在」，一種擴充自由和賦權的生活。

消失的自我，或「自我死亡」（ego death）也位於迷幻體驗的核心。在一則敬畏故事中，現代作家麥可・波倫（Michael Pollan）嚥下一片含有賽洛西賓（psilocybin，亦稱「裸蓋菇素」）的神奇蘑菇，接著他戴上眼罩，躺下聽音樂。他看到（以一捆紙張代表的）他的自身消失了：

> 一捆小紙張，不比便利貼大，然後它們都隨風飄散……

　　波倫察覺他的自我擴展了，其方式正符合一位美食作家與一位畫家結婚的組合：

　　　　我抬眼看，見到我自己又出現在那裡，不過這次就像油漆或黃油一般塗抹上那片景象，以一種我認出是我的物質，細薄地覆蓋上了廣闊的世界。

　　個人總是在超越性中注入自有特質。

　　在敬畏時刻，究竟是什麼消失了？赫胥黎稱之為「在清醒時試圖掌控大局的干涉性神經質」，並以此來解釋他體驗麥司卡林（仙人掌毒鹼）之時，消失了什麼東西。這是對心理學如何解釋「默認之自我」（default self）的一種相當良好的近似描述。這種自我是構成「你是誰」的眾多自我之一，其關注焦點是你如何與眾不同、獨立性、掌控力，並以競爭優勢為取向。它隨著個人主義和唯物主義的興起而強大了起來；毫無疑問地，在其他時期並不那麼顯著（好比在幾千年前的原住民文化當中）。今天，這種默認之自我讓你依循實現目標的軌道前行，並促使你在世界上攀階晉升，對你的存活和成功發展都至關重要。

　　不過，當我們的默認之自我統治太過強勢，我們也太過專注於我們自己，我們就可能陷入焦慮、反芻思維、憂鬱和自我批評。當默認之自我過度活躍，就可能破壞我們社群的協同努力和善意。當今的許多社會弊病，都根源自過度活躍的默認之自我，又由於自我沉迷的數位技術而加劇。看來敬畏似乎可平息默認之自我的這種急切聲音。

我們該如何研究這種在敬畏時消失的自我？我們第一次努力時，白洋在優勝美地國家公園露營。幾天期間，她在一百四十號州道路旁一處瞭望點接觸了來自四十二個國家的一千一百位遊客。從那處瞭望點能遠眺優勝美地谷（Yosemite Valley）的遼闊景象，曾吸引泰迪・羅斯福（Teddy Roosevelt）前來觀賞的自然奇觀：

> 那就像橫臥在宏偉莊嚴的主教座堂，遠比任何人造建物都更壯闊也更美麗。

為衡量參與者的自我意識，該研究請他們在一張方格紙上畫出自己，並在他們的畫旁邊寫上「我」。該研究還安排了一種對照狀態，同樣請一些遊客做這相同的事情，不過地點是在舊金山的漁人碼頭，那是一處更能喚起輕鬆無憂喜悅的地方。其他研究發現，簡單的衡量標準——完成的自畫像大小和寫的「我」字有多大——相當不錯地反映出個人自我關注程度。底下是從這項研究中隨機選出的畫像：左邊來自漁人碼頭，右邊則出自優勝美地的一幅畫，自畫像位於左緣向右數來第八格的位置。

單是身處敬畏的情境，就能導向一個「渺小的自我」。只需要讓自己置身於較能帶來敬畏感受的背景環境，我們就能平

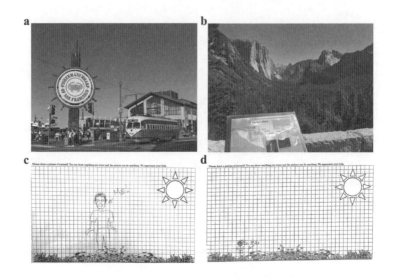

息干涉性神經質的嘮叨聲音。

在與白洋相關聯的工作中,我們發現,敬畏的「小我」效應,不只產生自壯闊的大自然,還發自生命中的所有八種驚奇。舉例來說,在與道德之美,或者與音樂相遇當中,又或者在突發偉大構想之時發現敬畏,就能平息干擾且嘮叨的神經質聲音。我們還發現,當使用其他方式,好比簡單的自我報告衡量標準,來評估這難以捉摸的概念時,敬畏就會導致自我消失。(例如,「我感到渺小」;「我的個人顧慮不足為道」)。

有關默認之自我、與眾不同、獨立性、掌控力和尋求勝過旁人的其他核心信念又是如何呢?為探索敬畏如何將我們的自我感受,從感覺獨立擴展到感覺隸屬更浩大事項的一部分,亞利桑那州立大學教授蜜雪兒・蕭塔(Michelle Shiota)和我執行了以下研究。我們帶大學生前往一所古生物博物館，讓他們站立面對一件令人敬畏的霸王龍骨架模型。就對照狀態，參與者站在相同位置，但眼光看向一條以螢光燈照亮的通道。接著參與者便填空完成這個詞句二十次：「我是＿＿＿＿＿＿」。在對照狀態下，民眾對自己的定義，建立在不同的特徵和偏好上，體現了個人主義的精神，並認為獨特性比共通人性還更重要。感受敬畏的民眾則指出他們與旁人有哪些共通特性——是個大學生、隸屬某個舞蹈社團、是人、屬於有情眾生類別的一部分。

　　默認之自我的另一根支柱是我們可以控制自己的生活。這種對行動力和自由的信念有很多好處，卻也會讓我們無視於一種互補的真相：我們的生活是由壯闊力量形塑而成，好比家庭、階級背景、歷史時期，或者我們恰好生於其中的文化。為測試敬畏是否讓我們對形塑我們生活的壯闊力量敞開心扉，我和多倫多大學的協同研究者珍妮佛・斯特拉（Jennifer Stellar）帶領大學生登上加州大學柏克萊分校的校園內鐘樓（Campanile tower）觀景台。該樓塔於一九一四年開放，高高聳立達六十七公尺，為學生提供眺望灣區的廣闊視野：海灣、橋樑、都市、公路要道，還有霧氣繚繞、變化萬千的天空。當十八世紀歐洲人搭乘第一批熱氣球，飄浮在大約這個高度時，一位早期的熱氣球飛行家便認為「地球是個巨大的有機體，具有神祕的圖樣和開展方式，就像個活物。」許多太空人從太空俯瞰地球時，也體驗到了這種感受的放大版本，稱為總觀效應（overview effect）。底下是一九六四年太空人艾德・吉布森（Ed Gibson）針對他本人在太空中的敬畏感受所講的故事：

> 和宇宙中的其他事物相比，你會看到你的生命和關切
> 的事項是多麼渺小……結果就是你享受眼前的生
> 活……它讓你擁有內心的平靜。

在我們的研究中，享有開闊視野的參與者，提到了更高度的謙遜感受，而且他們的生命方向，取決於超出他們自身行動力的眾多互動力量。

感受敬畏時消失的自我甚至已經在我們的腦中被測繪出來。這項工作的重點是預設模式網路（default mode network, DMN），這是當我們從一種自我中心視角來處理信息，就會啟動運作的大腦皮質區。在一項來自日本的縝密研究當中，一群參與者觀看會引發敬畏的大自然影片｛BBC〔編按：英國廣播公司（British Broadcasting Corporation）的簡稱，英國主要的公共媒體機構〕《地球脈動》（Planet Earth）節目中的山脈、溝壑、天空和動物鏡頭｝。另有些參與者則觀看比較帶有威脅性的敬畏影片，內容包括龍捲風、火山、閃電和暴風雨。兩類都導致DMN的活化程度降低。這項發現可以表明，當我們體驗敬畏，腦中與過度自我（包括自我批評、焦慮，甚至憂鬱）有關聯的區域就會沉寂下來。

然而，正面形式的敬畏會促使涉及我們獎賞感受的DMN

以及一處稱為扣帶皮層（cingulate cortex）的腦區之間的聯繫增加。至於以威脅為本的敬畏，則會導致DMN和腦中負責觸發戰或逃生理機能的杏仁核間的聯繫增加——進一步驗證了威脅對敬畏的調節影響。值得注意的是，神祕敬畏的根源——冥想、祈禱和賽洛西賓——也會減輕DMN的活性。生命中的其他驚奇體驗很可能也同樣如此。

其他研究表明，隨著我們的默認之自我消失，敬畏便使我們從務求競爭、損人利己的心態，轉變為認為我們是更相互依賴、更傾向合作之個體網路的一部分。我們感受到，我們是一個家庭、一個社群、一項文化的歷史篇章的一部分。一種生態系統。就惠特曼來講，這種自我的轉變，感覺就像一首歌：

我讚美我自己，我歌頌我自己，

我所承擔的，你也必承擔，

因為屬於我的每顆原子，大有可能也屬於你。

感覺隸屬於遠比自我更浩大的某種事物的一部分，這種感受很令人開心。這種敬畏所促成的自我轉換，是應付孤立和寂寞這類當今流行病的強大解毒劑。

驚奇體驗

理查·霍姆斯（Richard Holmes）在《好奇年代》（*The*

Age of Wonder）書中細述了敬畏如何在十八世紀和十九世紀上半葉讓科學改頭換面。關於敬畏這種轉化力量的一個實例，就是科學家威廉・赫雪爾（William Herschel）；年輕時，他在夜間散步，眼見月球高懸空中，月光灑落在他身邊，不由得心生敬畏。受敬畏感動，後來他便製造了世界上最大型的望遠鏡，並與妹妹卡羅琳（Caroline）辛勤測繪天空中恆星和彗星的運動。他們的發現推翻了「固定星體」（fixed stars）理論，該理論認為，幾千顆星體以固定不變的二維模式環繞地球旋轉。結果他們卻讓世界見識到了一片由數十億顆星體共組而成，近乎無邊無際又變動不絕的三維太空。這層頓悟讓哲學家約翰・邦尼卡斯爾（John Bonnycastle）設想出這段敬畏的故事：

> 天文學擴大了我們的概念範圍，讓我們見識了一片無邊無際的宇宙，讓人類的想像力迷了路。身邊環繞無盡太空，被吞噬納入一片廣大無垠的存在，人似乎不過是汪洋中的一滴水，與普羅大眾混雜而困頓難安。然而從這種處境，儘管惶惑不解，他依然奮力脫身；他放眼審視、探究大自然，運用她賦予他的力量，來鑽研她的作為。

　　就像許多敬畏的故事，邦尼卡斯爾有關太空廣闊奧祕的故事，也揭示了情緒的開展模式。它始於浩瀚（「無邊無際的宇宙」）和奧祕（「人類的想像力迷了路」）。接下來的就是自我的消失（「一滴水」）和與某種更浩大事物相互牽連的感受（「廣大無垠的存在」）。隨著默認之自我消退，心智也開始接受敬畏所啟迪之智識的懷疑和探索（「鑽研她的作為」）。這就是驚奇。

驚奇是種開放、懷疑、好奇和擁抱神祕的心理狀態，產生自敬畏體驗。在我們的研究中，較常感受日常敬畏的民眾，展現了生活中帶有驚奇體驗的證據。他們更能敞開心扉，接納新的理念。接納未知。接納言語無法描述的現象。接納荒謬。更樂意尋求新知。尋求經驗本身，好比聲音或顏色或身體感覺，或在夢中或冥想中有可能採行的方向。認可其他人的長處和美德。我們一點也不會覺得驚訝，那些每天感受日常敬畏，哪怕只有五分鐘的人，對藝術、音樂、詩詞、科學新發現、哲學，還有生死問題，都更感到好奇。面對神祕事物和不可解的事物之時，他們也更能泰然處之。關於敬畏有種刻板印象，那就是它會讓我們驚愕失措、目眩神迷，導致理性輕易屈從於教條、虛假信息、盲目信仰、當地的權威或引領時尚風潮的人。科學展現出不同的證據。在敬畏產生的驚奇狀態下，我們的思維更為嚴謹並充滿活力。舉一段歷史實例，牛頓和笛卡兒都曾對彩虹心生敬畏。在驚奇體驗中，他們問道：彩虹是如何在陽光通過水分子折射時形成的？產生這種作用的精確角度為何？這對於光，還有對於我們的色彩體驗，道出了什麼理念？對於彩虹的這種驚奇體驗，讓兩位學者在他們的數學、光物理學、色彩理論和感覺與知覺領域成就了最出色的作品。

實驗室研究掌握了敬畏如何促成更嚴謹思維的方式。在一項這種研究當中，大學生回顧遠眺一片廣袤景象，從而湧現敬畏體驗之後，他們也就更能區辨，什麼是基於堅固科學證據的確鑿論述，什麼則是只以單一個人見解為本的薄弱論據。

我們的思維受敬畏能量的驅使，於是便將浩瀚奧祕收納置入更複雜的知識體系當中。我們將種種自然現象，好比潮汐池、授粉蜂群，或者群集於「母樹」（mother tree）周邊之種種生態系，視為繁複交織的互動因果體系所產生的結果。在我們看來，人類事務就是歷史中超越個人意圖的複雜因果關係網所生的結果。思考我們自己的生命時，我們就會更清楚知道，浩瀚力量——我們的家庭、我們的鄰里、某位大肚量的教練或教師、與某位睿智長者宿命般的相遇、我們所能享有的良好健康——形塑了我們的生命所採行的進程。感受敬畏之時，我們在驚奇體驗中敞開心扉，感受生命系統以及我們在那當中扮演的渺小角色。

聖潔傾向

於是，在敬畏的時刻，我們從自覺本身能完全掌控自己的命運，還有致力與他人抗衡，轉變為覺得我們是一個社群的一部分，共有基本素質，相互依存並協同合作。敬畏擴充了哲學家彼得‧辛格（Peter Singer）所說的關懷圈（circle of care），亦即我們感覺親善的人脈網路。威廉‧詹姆士稱這種促使形成關懷圈的舉止，為對神祕敬畏的「聖潔傾向」（saintly tendencies）——犧牲、分享、擱置個人利益來求取他人的利益。我們的研究發現，在與生命中的八種驚奇相遇時，都可能產生出這些「聖潔傾向」。

在著眼這道課題的一項研究中，我的長期合作夥伴，加州大學爾灣分校（UC Irvine）教授保羅‧皮夫（Paul Piff）和我帶領一組參與者觀看BBC的《地球脈動》節目來感受敬畏。其他參與者則觀賞英國的逗趣大自然節目《荒野漫步》（*Walk on the Wild Side*），看裡面的狗、熊、貓、猴和猿，在牠們的自然棲地所表現的可笑荒唐舉止。研究還給予點數，並看累積的點數來決定贏錢機率，接著還要求參與者把點數分給陌生人，這時感受敬畏的民眾會給得較多。事實上，他們把超過一半的點數分給了陌生人。

敬畏賦予了犧牲的力量，驅使我們奉獻出最寶貴的資源——時間。孟菲斯大學（Memphis University）張佳偉教授和我招募民眾到一處實驗室，安排讓他們的身邊環繞引人敬畏的植物與沒那麼能激勵人心的植物兩者之一。當參與者離開實驗室，我們請教他們願不願意摺紙鶴送給二〇一一年日本海嘯的災民。身邊環繞引人敬畏的植物，讓民眾志願奉獻更多時間。默認之自我的最後一根支柱——奮力取得競爭優勢，特別表現在吝惜贈與財物和時間上頭——在感受敬畏時崩塌了。

敬畏喚醒了我們本性中的好天使。

後續發展

說不定《腦筋急轉彎》也會有續集。誰知道呢，或許敬畏會成為萊莉內心的一個角色，讓她的自我感受改頭換面，對驚奇敞開心扉，並使她在與生命中的驚奇接觸之後，偏朝聖潔傾向靠近。在續集中，萊莉有可能長大了，或許成為一個大學生，並感動於年輕時的種種接觸而心生敬畏，好比見識了道德之美、在派對上跳舞、參與戶外音樂會，以及深夜談論生命的意義，所有這一切對年輕人來講，都是非常合宜的。

還有倘若我有選擇餘地，在這部續集當中，萊莉會成為一位初露頭角的神經科學家。果真如此，她就會向她的實驗室遞交一段影片，稱為「瀑布展示」（Waterfall Display），並由她的崇敬對象珍古德旁白陳述。影片中，有隻孤獨的黑猩猩靠近一處轟鳴瀑布。牠毛髮直豎。牠有節奏地搖擺晃動，在湍急河川附近從一根樹枝盪到另一根。牠把大岩塊推入河中。來到這支「舞蹈」的尾聲，牠靜靜坐著，沉浸在水流聲中。珍古德觀察得知，黑猩猩會在瀑布和洶湧河川附近，還有在暴風雨和突發強風期間都會跳起這種瀑布舞蹈。接著她推測：

> 我不禁感到，這種瀑布展示，或舞蹈，或許是被我們所體驗的敬畏、驚奇感受觸發的……那麼為什麼牠們就不會也有某種靈性的感受，也就是真正對己身之外的事物感到驚奇呢？

在短片的結尾，萊莉就會向她的實驗室提出一些問題。黑猩猩的立毛反應和我們的寒顫是一樣的嗎？寒顫本身到底意味著什麼？黑猩猩有靈性感受嗎？我們為什麼有敬畏感受？

第三章

靈魂的演化

我們的眼淚、顫慄和「嗚喔」
能如何告訴我們敬畏之所以然

倘若身體不是靈魂，那什麼是靈魂？

——華特・惠特曼

　　看著羅爾夫死去，還有在後續悲痛期間，我只幾度眉頭緊蹙、閉口抽搐「哭泣」了幾次。然而當我想起，是什麼讓我們共享兄弟情誼的最根本、最良善的緣由之時，我總是不斷泛淚。

　　是聆聽成長歲月中推動我們年輕身體的音樂——披頭四的《比伯軍曹寂寞芳心俱樂部》（*Sgt. Pepper's Lonely Hearts Club Band*）專輯、佛利伍麥克樂團（Fleetwood Mac）的《謠言》（*Rumours*）專輯——，還有我們開車上山時會一起唱的歌曲——從電台司令樂團（Radiohead）到臉部特寫樂團（Talking Heads）——。是青年時期在溫暖午後和薄暮時分的公園，到球場去看網球、籃球和棒球賽，看加州那些長滿禾草的金紅色山丘，還有那些黃昏時刻的形態和顏色。

　　羅爾夫過世之後那個夏天，我開車進入鋸齒山脈東部，來到加州馬默斯萊克斯（Mammoth Lakes）附近地區，打算到杜克萊克（Duck Lake）健行，那是一條二十一公里長的環狀步道，我們在他的大腸癌侵擾我們生活的前一年七月才剛走過那裡。當我回到那處熟悉的地方，山稜剪影輪廓環繞著我，映襯著橙、藍、紫紅和紫色日落背景光澤。我眼中湧出淚水，想起當時我們朝向花崗岩高聳山口漫步前行之時，留下了我們足跡的那些小徑。我感覺他就在副駕駛座，彷彿我們又一次靠在了一起，對鋸齒山脈的奧祕大感驚嘆，這時陣陣寒顫也爬上我的後頸。我聽到一聲「嗚喔」。面對消逝的事物，我不知所措，心生敬畏。

為什麼敬畏要伴隨這種淚水、寒顫和「嗚喔」的組合一併出現？

為解答這道問題，我們會遊歷這種情緒體（emotional body）的新科學。我們的嚮導是查爾斯·達爾文和威廉·詹姆士，兩位困惑不解的維多利亞時代人士，他們處理情緒體就像處理充滿謀殺謎團的屍體：一個內含線索的容器，披露我們身體現狀的根源。兩人都努力解答問題，設法說明我們為什麼會體驗敬畏和相關狀態，這與我們對靈魂的理解，就意義上十分接近，因為靈魂是人性中最基本的、善良的，並能賦予生命。而且兩人都會在我們的身體裡面找到答案。

達爾文向外檢視，探究我們的情緒表達，並依循演化時序來追溯哺乳類動物的行為模式，如同珍古德就黑猩猩的瀑布舞蹈進行觀察。詹姆士則對內檢視，提供有關於情緒如何根源自我們身體的理念。他們的著述提出了一項基進的論點：超越的情緒，好比虔誠、極樂、美和敬畏——各位可以設想為靈魂主觀體驗的事項——是基於身體反應為本。在達爾文和詹姆士協助創立的情緒科學當中，淚水、寒顫和「嗚喔」提供了線索，循此就能追溯哺乳類動物演化中敬畏的根源，披露在語言和象徵性文化行動之前，敬畏的原始意義和根本性質。

情緒體長久以來都遭貶抑為有罪的、獸性的、卑劣的，不屬於理性的事物，它還與人性副駕駛座的屬性（也就是我前面所稱的靈魂）背道而馳。我們很快就要遊歷的科學，會促成一種不同的觀點，那是詩人惠特曼最能傳神表達的觀點。在他晚年階段，惠特曼注意到，靈魂遵守「美麗的生理法則」。為謀求理解敬畏的起因，還有它是如何根源自哺乳類動物的種種傾向（形塑出人類普遍敬畏模式的那些傾向），我們會投入搜尋那些法則，並遇上類似底下這些問題：為什麼我們在其他人表現善舉、克服困境時，會感動落淚？聆聽音樂時或靠近踏上聖壇的年輕情侶時，我們會起雞皮疙瘩，這代表什麼意思？我們該如何設想我們靈魂的進化？

淚水

依我們的現有科學認識，眼淚至少區分三種。此外無疑還有更多種類。第一種是由緊貼角膜上方以及後方的淚腺所生成，幾乎持續不斷溼潤眼睛表面的淚水。這種流淚現象能撫平角膜的粗糙表面，讓你把世界看得更清楚。

第二種淚水產生自對物理事件的反應——切洋蔥、濃煙、飛進你眼睛的小蟲、和孩子打鬧時戳到眼睛。這種淚水也與第一種淚水為相同生理結構，只不過是針對物理事件做出的反應。

接著還有情緒的淚水，這是在淚腺被你體內一處包含迷走神經在內的神經系統區域啟動時所生成的。迷走神經從你的脊髓頂部瀰散伸展穿越你的顏面肌和聲帶肌群，接著穿越你的肺臟、心臟和腸壁並與你的腸中細菌、動物群交流。它會減緩你的心律、讓你的身體平靜下來，接著藉由促成眼神交流和發聲，它就能帶來聯繫感和歸屬感。看到當初和羅爾夫一同健行攀登的山脈，讓我眼泛淚水，我意識到，當我們在健行時，那些山脈是如何帶來那種一步一腳印的歸屬感。

約兩千五百年前，學者就情感的淚水提出了一種分類法：我們會流下哀傷、高興和悔恨的淚水，還有為——最貼近敬畏的——恩典體驗，亦即對於生命中仁慈、善良的神聖根源體驗，所流下的淚水。最後一種眼淚——神聖之淚——的例子在我們的歷史中隨處可見。在亞西西的聖方濟各（Saint Francis of Assisi）看來，是眾生皆具的神性讓他這樣潸然淚下；相傳他就是這樣頻繁落淚，導致他雙目失明。就奧德修斯（Odysseus）而言，長途漂泊途中，當他鼓起勇氣來面對難以克服的試煉之時，這樣淚水便經常湧現。

將這些觀察轉換為當代科學，抱持人類學思維傾向的心理學家艾倫・菲斯克（Alan Fiske）提出所見，他主張當我們目睹「公有共享」（communal sharing）舉止時，淚水就會湧現出來。公有共享是人類相互關聯的方法，植基於彼此依存、關懷和分享的意識，以及一種對於普遍人性的體會。這種相互關聯的方法，在我們的集體生活中十分重要，於是當我們目睹公有共享的舉止——陌生人的慷慨、一個人安慰旁人，或者兩名體育競技對手彼此擁抱——淚水就會出現在我們眼中。菲斯克發現，在政治選舉期間，我們會為團結我們的候選人感動落淚：二〇一六年美國總統大選時，希拉蕊・柯林頓（Hillary Clinton）讓她的支持群眾感動落淚，唐納・川普（Donald Trump）的影片對他戴紅帽的支持群眾也發揮了相同的影響。

那麼，當我們感受到將我們團結成群的浩瀚事物之時，淚水便會湧現。隨著我們年歲增長，眼淚的意義也隨之改變，這種現象為上述論點增添了質感。在生命早期，孩子的眼淚是聯繫雙親的救生索。孩子們的哭聲是飢餓、疲勞、身體疼痛和分離的信號，這種發聲會在十分之一秒內觸發附近人士腦中的一個古老區域〔中腦導水管周圍灰質（periaqueductal gray）〕，從而激發其惻隱之心與照護。我們生命早期的流淚經歷，可能連結了我們和巨大又團結的事物的首次相遇，也就是我們的照顧者，他們與我們肌膚接觸，並以撫慰碰觸、節奏律動、悅耳聲音和身體的溫暖，讓我們沉靜下來。

隨著孩子們年齡增長，他們轉變成在感覺渺小時，或者在感覺欠缺面對各種權威的行動力時眼泛淚水。有這類情況的事例包括，被老師責罵、被太過認真看待自己工作的教練施壓、遭受當天過得不順遂的爸媽訓斥，或者遭到受歡迎的同儕不當取笑之時。在這個階段，當我們感到，比起當地文化的浩大力量（同儕、父母、老師、教練和其他成人），我們相形渺小時，淚水就會湧現出來。我們尋求的擁抱，出自我們文化中其他人的接納，特別是我們的同儕。

到了成年階段，讓我們流淚的宏大事物變得更具象徵性和隱喻性，其實幾乎所有人類經驗也都如此。我們在文化儀式和慶典上泛淚，其他事例也會讓我們落淚，好比欣賞特定類別的音樂、舞蹈的動作、影片，以及戲劇中的場景；慶祝體育競賽獲勝；在演講或歷史事件描述中聽到諸如正義、平等、權利或自由等抽象概念之時。還有看到我們和故人曾經一起感受敬畏的地方時，我們也會泛淚。敬畏的淚水代表我們意識到，有些浩大事物能將我們與其他人結合在一起。

顫慄

「我的童年充滿了敬畏。」這是當我請教克萊爾·托蘭（Claire Tolan）有關她的早期敬畏經驗時她提出的回應。她的措辭讓我感到好奇，一如她凌厲的眼神和凌亂的頭髮。

克萊爾在俄亥俄州長大，在外地找到敬畏。她十二歲時開始寫作，並在她的整個青少年階段創作出大量詩歌和散文。她從威廉·威廉斯（William Carlos Williams）的話語中發現了早期的詩意崇高之美，也促使她在進大學時修讀詩歌，隨後獲得資訊科學博士學位。

畢業後，克萊爾搬到柏林，投入開發一款應用程式，她在那座城市的一家咖啡館向我描述那款程式是「難民的愛彼迎民宿網（Airbnb）」。不過她落腳這座新城市卻歷經坎坷。她感到焦慮、緊張。二十一世紀令人不安的不適感——孤寂——讓她不知所措，她的睡眠受了干擾。她經常在黎明前就清醒過來，想東想西，滿心憂思。

克萊爾從ASMR尋得撫慰。什麼是ASMR？倘若你不到三十歲，那麼你很可能知道那是什麼，也很可能已經收藏了自己喜歡的ASMR影片。倘若你超過三十歲，那麼在你看來，那恐怕就像是在旁嘲笑你舞步，等著接替你工作的年輕世代的又一種神祕縮略用語。

ASMR指稱「自主性感官經絡反應」（autonomous sensory meridian response）。這個詰屈聱牙的用詞指稱你體內的一種感官集群，包括脊椎、雙肩、頸背，以及你頭頂的刺麻感。詩人惠特曼撰寫「電流竄動的肉體」（body electric）時，或許就是想到了這種感覺。

像克萊爾這樣的人，是如何找到ASMR的？這就是故事情節變得奇怪的地方。網路上有好幾百萬部ASMR影片。這些影片通常都有個人物，近距離拍攝，輕聲低語並執行一些動作，彷彿向你（觀眾）靠近過來。那個人有可能發出日常生活的聲響——切菜、敲擊檯面、揉搓包裝玻璃紙沙沙作響、或者親密交談。又或是在溼潤口中點舌發出滴答聲響、輕柔咂嘴、吃東西出聲，還有（來自南韓的）一整套吸食貝類的ASMR影片。在私密空間進行照護行為的影片——牙科程序、脊椎按摩調節或耳部清潔——也可能觸發ASMR。

就克萊爾而言，體驗ASMR平撫了她的焦慮；這帶給她一種古怪的撫慰感、場所感，甚至家的感覺。談話到最後，我請教她，這一切都代表什麼意義。她回應表示：

就像被童年的聲音環繞。晚餐時聽你的爸媽講話。銀
器敲擊盤子和木桌的叮噹聲。感覺就像當你昏沉入睡
時，媽媽走近道晚安。那是被親密包圍的聲音。生命
的最初那幾年。被擁抱的歲月。

　　我們該如何看待這種可能性，即某些類型的顫慄，是讓某
個你所愛的人靠近你，或者被家的聲音所環繞等概念的註記？
其中一個答案的框架，見於威廉·詹姆士寫給他的弟弟，偉大
小說家亨利（Henry）的信函當中。這些信函內容生動描述了
背痛、胃腸不適、刺痛的血管和身體疲憊。這對十分敏感的兄
弟腦中的一齣齣戲劇，在他們的身體感官中上演，後來還促生
出威廉最持久的構想之一：我們的精神生活是**體現的**（embod-
ied）。我們對情緒的有意識體驗，以及我們感知生活的透視鏡
片——就敬畏的情況而言，我們隸屬某種比我們更宏大事物的
一部分——起源於身體感官和它們的底層神經生理現象。就詹
姆士來講，「我們的精神生活以及我們的肉體框架是交織在一
起的。」

　　如今，一門基於威廉·詹姆士觀點、探究體現的新科學揭
示：在你種種最重要的想法之中，有許多是與身體反應相關連
的。例如，當心臟執行四分之一秒的收縮而使血液通過動脈
時，你對風險的感知會追蹤收縮壓的變化。我們如何保持我們
的身體，形塑出我們所感知的現實。當你移動你的顏面肌群構
成特定情緒（好比厭惡感受）的配置時，你就會比較容易識別

相關的概念（好比「嘔吐」）。單是採行憤怒時的皺眉、抿嘴表情，就會讓人們覺得生活更加不公平（當你聽喜愛的人說話時，嘗試咬緊下顎、瞪眼怒視，看你會想起什麼）。你對於某人是否值得信賴的判斷，會依循你的直覺感受來進行。

克萊爾・托蘭的ASMR體驗是體現的一種詩意實例：她感受顫慄時，也伴隨出現貼近雙親的感受，以及被家的感覺所環繞。這個主題——某種顫慄會伴隨著與旁人共同面對未知的感受同時出現——出現在歷史上所有對敬畏時刻和生命驚奇的描述當中。

就藝術領域，音樂的某些特性可以引發顫慄，好比漸強音、高音獨唱、壯闊的吉他即興樂句、快速鼓聲和不協和音程。當音樂讓我們產生共同認同感，使彼此更為接近，這時也會引發顫慄。

閱讀一篇小說或一首詩歌時，我們的身體有可能捲過一股「文學震顫」（literary frisson）——體認到某段情節的壯闊力量時突發的顫慄。底下是弗拉基米爾・納博科夫（Vladimir Nabokov）閱讀查爾斯・狄更斯（Charles Dickens）的小說時所述：「儘管我們是用心智來閱讀，藝術趣味的所在，卻是位於兩肩胛骨之間。背後那股微細的震顫，十分肯定是人類在發展出純藝術和純科學時所達到的最高情感形式。讓我們崇拜脊椎和它的刺麻感受。」正如音樂，文學顫慄將我們與其他人結合在一起，齊心應對我們所面臨的浩大未知。

我們經常在感悟時出現顫慄體驗，這樣的體認和共同理想，讓我們和其他人結合在一起。有一天，在咖啡機旁，《華盛頓郵報》（*Washington Post*）負責報導水門事件的記者卡爾・伯恩斯坦（Carl Bernstein）想到會讓理查・尼克森（Richard Nixon）終結總統任期的那樁醜聞，他湧起一陣寒意。他轉向同事鮑勃・伍華德（Bob Woodward）脫口道出：「天啊，這位總統要被彈劾了。」顫慄向我們的默認心智發出信號，提醒尚未被認識到的社會改變力量就在近處——就這個特殊事例，伯恩斯坦和伍華德所揭露的這個發現，將會凝聚成一股力量來推翻一位總統。

與神明相遇往往會產生種種不同顫慄，好比《聖經・約伯記》中的這個例子：

在思念夜中異象之間，世人沉睡的時候，恐懼、戒慎臨到我身，使我百骨打顫。有靈從我面前經過，我身上的毫毛直立。

在瑜伽傳統中，顫慄是虔誠之愛的標誌，屬於昆達里尼（Kundalini）的一部分，這是修練瑜伽時體驗的神祕互連現象當中陰性的、自我消融的靈性能量。在佛教文獻「阿毗達磨」（Abhidhamma）的脈絡當中，身體震顫被視為狂喜的標誌，也象徵在與神明的關聯性當中喪失自我。倘若如同華特・惠特曼所見，靈魂透過身體而顯現，那麼顫慄似乎是認知到我們與某種原始的、美好的、比自我更宏大的事物有所連結的一種註記。

　　不過面對伴隨敬畏與恐怖、極樂與憂懼、狂喜與驚恐、與神合一及譴責的「顫慄」，我們該如何理解它們種種不同的意涵呢？

　　在類似這種問題的啟發下，研究敬畏的科學家測繪出了「顫慄」的意義圖解。在一項說明性研究中，民眾寫下一次顫慄經驗，接著報告他們感受到的四種感覺——打冷顫、顫抖、刺麻和雞皮疙瘩——的強烈程度，以及種種不同情緒。後來這項研究便揭示，「顫慄」可以指稱兩類不同的肉體反應，分別具有迥異的社會意義。

　　第一類是打冷顫和顫抖——底下我就直接稱之為冷顫——，它們伴隨著驚恐和懼怕的感覺同時出現。好比讀到種族滅絕、酷刑、同類相食或戀童癖時，這些人類的墮落和卑鄙舉止就會觸發冷顫。冷顫伴隨疏離、孤獨以及與人分離的感覺同時出現。在牽涉到冷顫的神祕體驗中，該人士感覺遭受一個全能神靈的譴責，害怕來世獨居的折磨和孤立，令人想起但丁的地獄。我們更為日常的怪誕體驗——當我們在一處熟悉的地方感到一種古怪又意想不到的空虛時——也有可能觸發冷顫。

　　第二類顫慄是種刺麻感受，出現在雙臂、雙肩、頸背和頭頂——「雞皮疙瘩」。ASMR就類似這種形式的顫慄。當我動身返回鋸齒山脈東區，打算順沿羅爾夫過世之前，我們曾走過的行程，再次健行前往杜克萊克之時，我全身就是湧起這種感覺。研究發現，起雞皮疙瘩和你與社群中的其他人融為一體的強烈感受有關。我們對敬畏的體驗，是伴隨雞皮疙瘩出現，而不是與冷顫一起發生。這又是一項敬畏與恐懼以及驚恐之間存有差異的證據。

如果我們沿著這兩種顫慄上溯我們的演化史，這趟旅程將帶我們走向何方？答案是關於哺乳動物敬畏起源的最新思考；如果你覺得有點寬泛，也可以說是關於靈魂演化的最新思考。

除了進食和保持合宜的氧氣水平之外，保持適當體溫也是生存的基本要件。當我們感覺太熱或太冷時，複雜的腦部和身體機制就會啟動。高度社會性的哺乳動物，好比某些齧齒動物、狼、靈長類和人類，在其身體機制工具組中都有種額外工具來應付極端寒冷：蜷縮在一起。這符合更廣泛的進化原則，即像大鼠、狗和人類這樣的社會哺乳動物在面臨危險時會堅持不懈並相互協調。

社會性哺乳動物面對極端寒冷的第一個反應是豎立體毛（立毛反應），而這也就是起雞皮疙瘩背後的身體反應。立毛反應讓皮膚皺縮，使暴露於寒冷中的細孔減少。可見的立毛反應對其他個體發出信號，要大家蜷縮在一起，開始彼此親近並做觸覺接觸，這在人類表現為支持性觸碰或甚至擁抱。親近和觸覺接觸觸發一種連結的神經化學。這當中包括釋出催產素（一種在腦部和身體中移動的神經化學物質，能促進對他人敞開心扉），還有活化迷走神經。當我們的哺乳動物親戚遇見危險難解的重大事物——令人麻木的寒冷、轟鳴的水體、突發強風、雷鳴般的洪水，和閃電——他們豎起毛髮，並從與他人親近中找到溫暖和力量。

　　倘若沒辦法蜷縮在一起，面對危險寒冷的哺乳動物就轉以發抖和寒顫來應付，並以劇烈的肌肉收縮來溫暖身體組織。今天當人類遇上以下情況時，我們就會發抖、顫慄：當單獨面對危險難解事物和未知處境之時；當感到被社會排斥、遭受冷落或極端孤立；或者當遇上了其他人犯下的恐怖事件之時。顫慄的神經生理特徵和起雞皮疙瘩有很大的不同，牽涉腦中與威脅相關區域〔背側前扣帶皮層（dorsal anterior cingulate cortex）〕的活化作用以及血壓的升高。在尚—保羅・沙特（Jean-Paul Sartre）的小說《嘔吐》（*Nausea*）中，主角羅岡丹（Roquentin）經歷了一次「驚恐狂喜」，當時他獨自坐在公園長椅上，看著一顆栗樹，這時他開始顫抖並感到噁心。他的顫抖和顫慄體現了存在主義的核心思想，對某些人來講則是個人主義二十世紀的要義：我們全都獨自為生命中的奧祕創造意義。

　　敬畏確實遵循惠特曼的「美麗的生理法則」。我們的淚水記錄了那些將我們與其他人結合在一起的浩大事物的認識。我們的雞皮疙瘩伴隨與他人連結、共同面對神祕未知的理念出現。今天，當我們為喜愛的音樂團體感動，或者與旁人一起上街抗議大聲呼喊，或者一起低頭默想，或許我們就會感受到人體敬畏的這些法則。在這種陣陣淚水與顫慄湧現、惠特曼所述竄動的人體電流當中，我們也許能微微感受到我們的靈魂是什麼樣子。

　　當我們渾身顫抖、淚流滿面，我們通常都張口結舌、滿懷驚異，領略在這一切當中，我們所處地位的浩大與神祕。身為極高度社會性的靈長類，我們經常反射性地與他人交流生命中的驚奇。我們以身體運動和聲音，我們最早用來傳達敬畏的語言，來進行這種交流。

「嗚喔」

我們已經知道，彩虹激發牛頓和笛卡兒開創出他們最好的數學和物理學。對暱稱「熊」的保羅・瓦斯奎茲（Paul "Bear" Vasquez）而言，天上這般和諧的色彩，促使數位時代的創建。二〇一〇年，他拍了一部三分鐘的影片，描述他在優勝美地的住家外面見到了一道雙彩虹的情節，就在本文撰述時，其觀賞次數已經將近五千萬。影片中你會看到一道雙彩虹出現在優勝美地附近綠草山麓上空。在那三分鐘的過程中，瓦斯奎茲在種種超驗狀態的聲音中穿梭。他歡天喜地，發出「嗚喔」和狂喜的「啊」聲。他嚎叫。他又哭又笑，聽來就像當我們體會了某種博大精深、超出默認之自我狹隘視角的事物時，會發出的存在主義式笑聲。影片接近尾聲時，他察覺，「太多了！」以及「喔，老天！」，還好幾次發出驚嘆，「這是什麼意思？」在敬畏中，我們發出超驗的聲音。

就達爾文而言，瓦斯奎茲的「嗚喔」闡明了我們如何警示他人注意生命中的驚奇，並在理解和行動中自行保持一致。在一八七二年《人類和動物的表情》（*The Expression of the Emotions in Man and Animals*）書中，達爾文細述了我們情緒表達的演化，例如黑猩猩的瀑布舞蹈，或社會性哺乳動物感覺極其嚴寒時會蜷縮在一起。他描述的情緒表達當中，有三種和敬畏有密切的關係：敬佩、震驚與虔誠。**敬佩**（admiration）牽涉到一種微笑。**震驚**（astonishment）——當我們面對浩大而意外的事件目瞪口呆——缺了那種微笑，但牽涉到掩住嘴巴的那隻手。而**虔誠**（devotion）則涉及展示認知到神聖事物的行為。仰臉上望。身體謙卑屈膝。雙眼闔上，如同貝尼尼（Bernini）眾所周知的雕像作品，《聖女大德蘭的神魂超拔》（*The Ecstasy of Saint Teresa*）。雙手可以是張開並翻轉朝上，就如喬托（Giotto）筆下正向一群鳥兒傳教的聖方濟各，畫中的他驚奇大讚鳥兒是這般繁多，也驚嘆於牠們的美。

敬畏是否有種普遍的表達方式，使我們在整個演化過程中團結起來，共同體認生命的驚奇？為解答這道問題，我的耶魯大學協同夥伴，丹尼爾・科爾達羅（Daniel Cordaro）在中國、日本、南韓、印度和美國蒐集資料，搜尋敬畏的本體。在各個國家的一間實驗室中，那多半就只是間空教室，參與者首先聽一個相同母語的人講故事，故事很短，內容是關於各種情緒情境，接著他們以自己的肢體隨心所欲表達出故事中所描繪的情緒。這項實驗是個情緒版的比手畫腳猜字謎遊戲。歷經八個月就肢體運動的展現進行逐毫秒的精密編碼，最後揭示了以下結果：

來自五個國家的人驚恐尖叫、憤怒咆哮、還在慾火升起時舔唇嚥嘴，有時還真的開心地跳起舞來。那麼敬畏呢？在這五個文化當中，民眾傳達敬畏的姿態表情包括：揚起眉毛和上眼瞼、微笑、下巴垂落以及仰頭。敬畏的肢體運動約半數是普世的或跨文化共有的。每一種表情分開來看，有四分之一是個別參與者獨一無二的，由那個人的生命故事和遺傳來決定。還有約百分之二十五的運動方式，是個別文化的特定表情，展現出該文化的特殊「鄉音」形式。舉印度為例，傳達敬畏的表情包括誘人的嘴唇噘起動作；或許這完全就是情色雕像和怛特羅密教（tantric）性論所述在印度敬畏表情當中的體現。

瓦斯奎茲的「嗚喔」是種語音爆發，一種持續四分之一秒左右的聲音模式，不涉及語詞，目的是表達情緒。語音爆發的其他實例包括嘆息、大笑、尖嘯、咆哮、「噁」、「喔」、「啊」和「嗯——」。語音爆發已經有幾百萬年歷史，而且是大約十萬年前單詞發展出現之前智人的主要語言。許多社會性哺乳動物，包括大猿、馬、山羊、犬、象和蝙蝠，都有語音爆發的曲目表，牠們以此就威脅、食物、性、親和、撫慰、痛苦和遊樂等題材來進行交流。

為了解敬畏的「嗚喔」是不是普世一致的，我們讓民眾發聲來表達他們在不同情境下所湧現的感受，好比：「你腳趾踢到大塊石頭，覺得很痛。」凹嗚！或者「你看見一位外貌很有吸引力的人，而且想要發生性關係。」**嗯——**（和我們品嘗美食發出的聲音很像）。或者「你剛見到世界上最大的瀑布。」敬畏的語音爆發聽來就像「嗚喔」、「啊——」或「哇嗚」。當我們播放這些聲音給來自十國的民眾聆聽，他們正確辨識出敬畏的語音爆發的次數比例將近九成。這項發現令我們震驚：敬畏的語音爆發是最普適的情緒聲音。而且到了不丹東部喜馬拉雅山區一處偏遠村莊，村民也能輕易辨認出來，那裡的居民幾乎完全沒有接觸過西方傳教士，或來自西方和印度的表達性媒體（expressive media）。語言在大約十萬年前出現，在那之前，我們一直靠對我們的親友講「嗚喔」，來讓大家共同面對生命的浩大奧祕。

敬畏和文化的演變

在遊歷敬畏的「為什麼」的旅程上，我們追溯演化時期，來想像早期人類及其祖先的敬畏特徵，包括眼淚、立毛反應、蜷縮、發出「嗚喔」一類聲音、睜大雙眼、張開雙臂和雙手，還表現出觸摸等其他社交行為。我們可以想像，這就是幾十萬年前大約一萬名智人的敬畏表現，而這也將他們凝聚在一起，共同分享食物、天冷時蜷縮在一起、一同嚇退掠食者並獵捕大型哺乳動物——這些都是維持我們的極高度社會性生存所需要的任務，並且關係到氣候、生態系、動物與植物群的生命週期，以及動物的遷徙。敬畏的這些早期形式，關乎聯合在一起來面對危險和未知。

考古紀錄顯示，約八萬到十萬年前，語言、符號、音樂和視覺藝術都出現了。智人成為一種有文化的靈長類，而且會很快運用我們演化不絕的象徵性能力，來記錄敬畏感受。隨著以語言為本的**表徵**（representation）出現，我們開始使用文字、隱喻、故事、傳說和神話，以及繪畫、雕刻、面具和雕像中的視覺技術，來向旁人描述生命中的驚奇。藉由**符號化**（symbolization），我們以歌唱、吟誦、舞蹈、戲劇表演和音樂，讓敬畏的肢體表現方式變得更為戲劇化。同時藉由**儀式化**（ritualization），我們將與敬畏相關連的身體傾向模式（好比鞠躬和碰觸）形式化，制定出儀式和典禮。

在以形形色色文化形式記錄敬畏的過程當中，我們與他人一同經歷文化和審美的敬畏體驗，來理解我們高度社會化生活的奧祕。這就是從一九九五至一九九七年間擔任美國桂冠詩人的羅伯特‧哈斯（Robert Hass）在二〇一六年提出的論點。當時他是在柏克萊一場研討會上，以十二分鐘的時間，為聽眾導覽概述敬畏在文學和詩歌中所扮演的角色。細述這個理念之時，他便以「嗚喔」這種我們自古以來體會到崇高存在時會發出的聲音，表現了文學的感悟。

哈斯一開始先重述亞里斯多德的「淨化作用」（catharsis）概念。兩千五百年前，淨化作用是種滌淨純化儀式：當一個人遇上了危險的靈魂，他就會在進屋之前先塗油淨身。戲劇、詩歌和文學，讓我們在想像力的安全領域尋思並洞察人類的驚恐，也能發揮象徵性的、儀式化的淨化行動功能──將人類的傷害和驚恐化為激發敬畏的審美呈現。

接著哈斯改談索福克里斯（Sophocles）的《伊底帕斯王》（*Oedipus Rex*）：那個睡了自己的媽媽、殺了自己的爸爸，接著鑿出自己雙眼的王。這齣戲演到尾聲，合唱團唱出他如何遭受詛咒，得知會毀掉家庭的恐怖衝突，哈斯轉頭朝向觀眾，揚起眉毛，向前靠過來：

「嗚喔。」

哈斯接著將時間快轉兩千年，來到莎士比亞的《哈姆雷特》（*Hamlet*）和《安東尼與克麗奧佩托拉》（*Antony and Cleopatra*），兩齣戲都以恐怖死亡場景收尾。《安東尼與克麗奧佩托拉》演到尾聲時，「大地從核心深處崩裂顫慄。」克麗奧佩托拉之死，震撼力十足，讓大地顫動！察覺到了這一點，哈斯將目光從筆記移開，看向觀眾：

「嗚喔。」

聽眾成員嚇了一跳。他們笑著輕輕推擠朋友，好奇接下來哈斯的導覽會把他們帶到哪裡，接著便將注意力轉回講台。

這裡哈斯改談他終身敬畏的來源：俳句。俳句詩人慣於寫詩來吟誦富士山，日本兩千多個性靈社群心目中的一處敬畏聖地。他引述了傳奇詩人松尾芭蕉的作品：

迷濛細雨中
富士竟日蔽雲霧——

此趣幾人同！

「嗚喔。」

接著是這首關於詩人鄰居的俳句：

時節轉深秋——
鄰戶院中燈灑落
高臥加餐否？

「嗚喔。」

我們每天都可以藉由尋思其他人的心思，以及他們的生命模式來找到敬畏。

在他這段文學敬畏簡史的第八分鐘左右，哈斯著眼引述埃米莉·狄更生（Emily Dickinson）的話語——「她是該語言中最偉大的作家之一。」他評論道。哈斯開玩笑地說，她的詩是在低血糖狀態下寫成的。它們反映了她在十九世紀如何努力處理與無限進行連結的渴望，因為「大老爹」上帝正逐漸消失。他注意到她對死亡和悲痛的持久興趣。

他朗讀：

一道光線斜照，

冬日午後——
壓迫，如沉重旋律
主教座堂的曲調——

天國的痛楚，它賜予我們——
我們找不到傷痕，
但內在的差異——
就在那些意義，所在——

沒有人能教導它——任何人——
它是絕望的印記——
一種帝國的折難
那是空氣傳給我們的——

當它到來，地景聆聽——

影子——屏住呼吸——
當它離去，就像遠方
臨死的神色——

聽到「一道光線斜照」和「地景聆聽」和「臨死的神色」
時，我的心頓然停滯，眼眶微微泛淚，伴隨著一股隱隱刺麻之
感爬上背脊。我在體內深處領悟了失去的浩大，與其他聽眾成

員一起屈身前傾，我們同樣都意識到這一根本真相。接著又聽哈斯說道：

「嗚喔。」

最後是蓋瑞・史耐德（Gary Snyder）的一首詩。坐在鋸齒山脈中一個小火堆旁，史耐德將溫暖他身體的火、創造出他附近那座山的火山的火，以及佛教徒淨化靈魂的火供儀式連繫在一起。哈斯以佛陀的一句話收尾：

我們都在燃燒。

「嗚喔。」

哈斯的「嗚喔」和他誦讀的詩意文辭促使聽眾成員敞開心扉，尋思我們的道德敗壞、死亡、我們與鄰居的連結以及他們心智的神祕運作、光和主教座堂曲調的意義，還有火如何創造出群山、花崗岩，以及，隱喻地講，我們的靈魂。文學、戲劇、散文和詩歌，與我們一道體驗敬畏，也讓我們從它的轉變中受益。在著眼本理念的一項測試中，學生首先被問到這道問題：「我們為什麼活著？」然後他們寫了一首詩來記錄他們的想法，並論述他們寫作時感受到的敬畏。接著那些詩便交由文學博士生來評定它們的崇高程度，衡量準則依循底下這些可上溯至古希臘時代的判據：

這首詩有沒有大膽、宏偉的思想？

這首詩是否將熱情提升到強烈的或熱切的程度？

這首詩是否表現出了語言技巧的嫻熟運用？表達手法優雅嗎？

這首詩是否顯現出了優雅的結構和布局？

接著另一組參與者則閱讀那些詩，並論述他們從詩句中得到多大程度的啟示。關鍵發現：學生詩人寫詩時感受的敬畏程度愈高，那些詩就愈會被博士生評定為崇高；而詩愈崇高，學生讀者感受的啟示程度也愈高。我們可以把敬畏體驗轉化為共通的審美體驗，藉此將我們統合成某種比自我更宏大的事物。

為敬畏做這樣的紀錄，還有將敬畏的本質化為文化形式的這種轉譯，就是克萊爾‧托蘭在柏林取得成功的部分原因。她將她的ASMR感受轉化為二十一世紀文化的創造性行動。她在柏林社區電台主持了一個節目，現場演出拼貼形式的ASMR。她和一位同行藝術家合作，在柏林一些夜店舉辦社交聚會，其中包括ASMR卡拉OK活動，參與者低聲歌唱，聽眾成員低聲喊安可。

「嗚喔。」

敬畏和文化始終演變不絕。幾千年前，那是段日日感受敬畏的**日常敬畏**時代。原住民在與大自然、故事、典禮、舞蹈、吟誦、歌曲和視覺設計相關的情況下，以及在意識狀態中，超越我們對空間、時間和因果關係等尋常觀念時，都會感受到敬畏。老子將把一整塊大陸的人導向自然界的生命力，即「道」的奧祕。柏拉圖則將宣稱，驚奇是哲學的來源，也是我們回應生命重大問題的解答方法，其中包括我們在此關切的問題：我們的靈魂是什麼？我們如何尋得我們認定為神聖的事物？

兩千五百年前，神祕體驗相關紀錄——好比諾里奇的朱利安留下的著述——開始支配敬畏的書面歷史，從佛陀、基督至於啟蒙時代。這種在傳奇、神話、教誨、典禮、圖像和寺廟中對於神祕敬畏的紀錄，後來將成為諸宗教的一項構成要素。敬畏逐漸轉變，起碼在歷史紀錄中，大致上成為了一種宗教情感，反映出了我們在面對暴力、貿易擴張、家庭瓦解和自我利益被賦予高於公有共享的特權時，如何致力於理解神明並建立社群。

當我們走出黑暗時代，我們將把敬畏記錄在爆炸式增長的藝術、音樂、文學、修辭、戲劇，以及都市和建築設計之中。例如，莎士比亞的戲劇，將會激起觀眾重新感受驚奇，就如同今天它們發揮的作用。幾個世紀之後，埃德蒙・伯克（Edmund Burke）就會詳細說明，敬畏感可以在平凡的生活中找到，這是西方首見表態支持日常敬畏的哲學主張。浪漫主義的代表人物——盧梭（Rousseau）、雪萊（Shelley）、布萊克（Blake）、華茲渥斯——會勸我們投入尋找崇高感，特別是在大自然中。他們將啟迪美國超驗主義者，激勵後者頌揚我們在日常敬畏中的根源；日常敬畏可見於在大自然中的散步〔拉爾夫‧愛默生（Ralph Waldo Emerson）〕、自由的思想交流（瑪格麗特‧富勒）、普通人在日常生活中的體驗（華特‧惠特曼），以及在宗教、幻覺和藥物中發現的神祕體驗（威廉‧詹姆士）。

敬畏歷史的這些潮起潮落，替「為什麼有敬畏之情？」的問題提出了有別於演化解答之外的另一個答案。因為敬畏讓我們能夠超脫自我，並將我們融入更宏大的模式——包括社群、大自然、觀念與文化形式——，才讓我們得以存活。當我們意識到那些將我們結合在一起的更宏大模式之時，眼淚就會湧現。而顫慄則向我們指出，我們正與他人一起投入理解這些未知之謎。

我們即將結束專注討論「敬畏之科學」的第一個篇章。我們已經看到敬畏如何在遇到生命驚奇時湧現，並導致自我的消失、驚嘆，和聖潔的傾向。我們對於眼淚、顫慄和「嗚喔」的探究，把敬畏定位於更深層次的哺乳動物演化進程，並發現其根源在於我們必須與旁人聯合才能感受的浩大力量。

在這種敬畏的映射指引下，我們便準備好進行更專注的研究，來了解它如何在生命中的八種驚奇類別體系中運作。關於這些驚奇的體驗，好比音樂或神祕邂逅，往往超越了語言的範圍，也超越了科學的定義、測量和依循線性因果推論來提假設的傾向。體認到這點，我們也就有必要更深切仰賴民眾的敬畏故事，好比我在監獄中和在音樂廳附近聽來的故事，以及聽老兵講述參戰險些陣亡是什麼景象，還有從差點死在墨西哥一家社區醫院的原住民學者聽來的情節。這些故事始於浩大奧祕的體驗，並透過敬畏的變革力量，在每個人的生命中逐步開展。

第二篇

變革性敬畏的故事

第四章

道德之美

他人的善良、勇氣和困境克服，
如何激發敬畏

隨著時間推移，過去這四十年間，我投入愈來愈多心力，致力確保善舉（不論那是偶然的、刻意的或者無心插柳……）產生語言表達……讓善良自主發聲並不能消滅惡，但它確實讓我道出我自己對善的認識：對自我認識的掌握。

——托妮‧莫里森（Toni Morrison）

聖昆丁州立監獄（San Quentin State Prison）是一所二級監獄，位於舊金山灣。該獄收容四千五百名囚犯——藍衣人——包括被判將在加州被執行死刑者。二〇一六年，我第一次進入那所監獄探訪，參加一項由囚徒主導的修復式正義（restorative justice, RJ）計畫並發表演說，該計畫為兩百人提供服務。

初次探訪的前一晚，我瀏覽了訪客須知：衣著可以是綠色、米色、棕色或灰色的，也就是與幫派沒有關聯的顏色；萬一情況失控，矯正官員就可以輕易辨別訪客衣著與囚犯所穿的藍衣。別碰觸囚徒。禁止攜帶毒品，也不要帶武器進入。

那天發表演講的原因之一是我對修復式正義很感興趣。我之所以前往，還有個更深層理由，那就是讀了蜜雪兒‧亞歷山大（Michelle Alexander）的《新吉姆‧克勞法》（*The New Jim Crow*）和布萊恩‧史蒂文森（Bryan Stevenson）的《不完美的正義》（*Just Mercy*），讓我深受感動，心生敬畏。兩本書記錄了美國歷史上的一項重要觀點：從對原住民的種族滅絕到奴隸制度，再到大規模監禁，以一連串社會體制來壓迫有色人種。我讀這兩本書感受的敬畏，讓我敞開心扉，開始尋思美國種性制度的日常驚恐：有關於如今在史丹佛當教授的一位朋友，十幾歲時曾遭警察攔查招脖子；有關於一位原住民朋友曾經前往藥局為她的父母領藥時遭驅離；有關於我一位墨西哥裔美國人學生每晚打電話給他的祖父母，通報美國移民和海關執法局（ICE）的最新動態；有關於柏克萊一位獲獎的優等生由於成長階段無家可歸，一輩子忍飢挨餓，致使他抱持戒心對食物挑三揀四。兩本書讓我心生敬畏，而這也引我進入了聖昆丁監獄。

訪視當天，其他幾位修復式正義志工和我來到一間積滿灰塵的等候室，那裡離第一道安檢門很近。我們在室內和囚犯的妻子、母親以及朋友、子女一起等待，檢視囚犯創作的一項藝術展——素描、木刻和繪畫作品，題材包括花朵、日落、灣區景色和家庭成員的面容。這是我那天第一次見識到囚犯以那麼多方式來凸顯他們的本質優點——就像托妮・莫里森所說的「讓善良自主發聲」（allowing goodness its own speech）。到了第二道安檢門，我們向站在樹脂玻璃崗亭裡面的警衛出示身分證明。獲准後，我們穿越厚重的門走進去，門鎖匡噹作響往返迴盪，那種毫無妥協的聲音令人震撼。

到了聖昆丁監獄裡面，我們被人護送來到監獄的小禮拜堂，一百八十名藍衣人坐在一列列長椅上，我在人群中找了個座位。小禮拜堂四壁明亮，反射著一道穿越灣上霧氣的純白光芒。藍衣人幾乎全都是有色人種男性，這點饒舌歌手圖帕克・

夏庫爾（Tupac Shakur）早在一九九八年的歌曲〈改變〉
（Changes）中就預料到了；由於禁毒法規愈趨嚴厲，美國監獄
人滿為患：

> 這不是祕密，不要瞞到失真。
> 監獄爆擠，裡面滿是黑人。

　　這裡的早晨從種種不同的宗教儀式開始：基督教、伊斯蘭
教、佛教和猶太教。一位名叫灰鷹（Grey Eagle）的囚犯用木
笛演奏了一首美洲原住民部落的聖歌，高亢的悠揚音符將我們
的共同意識，帶到了小禮拜堂窗戶之外。這個早晨在一位名叫
烏普（Upu）的囚犯帶領的哈卡戰舞（haka war dance）中達到
最高潮。烏普是個一百二十七公斤的肌肉男，也是這所監獄壘
球隊的主力球員。波里尼西亞哈卡舞象徵波里尼西亞太陽神之
妻，夏季女神（Hine-raumati）的閃耀能量。她本身就是在炎
熱的日子裡，從地面升起的熱氣中所顯現的影像。這支舞的動
作包括蹲下露出鼓起的二頭肌、發出怒吼，做出怒目圓睜、面
露兇光、嘴巴大張、伸出舌頭的威脅表情。烏普帶領六名魁梧
的波里尼西亞島民跳舞，他們跺腳吶喊，房間為之震動。幾呎
外長椅上的囚犯們看得瞪大了眼睛，嘴巴微微張開。
　　到了休息時間，我們混入藍衣人群當中，他們分享了他們
藝術作品的照片。他們取出字斟句酌寫給祖母或父親的信件，
並展開、朗讀。他們談到受害者，還有為逝去生命哀悼的母

親。像我這樣在外面過著優越生活的人，我們的故事遵循連貫的模式，如同小說書衣上的說明文字。藍衣人講述的故事則是精簡和隱喻的，像詩歌——一串竭力翻譯混亂、暴烈力量的詞語——、饒舌音樂的敲擊節奏，以及布道講述救贖時的那種拖長語調。故事從年輕時候的越軌行為講起，要不是我的膚色，我大概老早就被關起來了的那些事——使用毒品、銷售毒品、入店行竊、非法侵入、魯莽駕駛。接著就是改變命運的暴力。

底下是我對其中一則的記憶：

我在妓院長大。我爸在我出生前就離開了。我媽染上了古柯鹼毒癮。她被我繼父控制賣淫。我家客廳總是擠滿了開趴人群。我從十歲開始做一些愚蠢的事——接觸毒品、入室盜竊、攔車搶劫。十二歲時，我的繼父給我一把槍。他想逼我姊妹賣淫。我們在客廳裡吵了起來。我把他宰了。

然後……

有一天，兩個混幫派的傢伙來我表哥家裡找他。他不在，所以他們開槍打死他媽。那時她正坐在她的 LaZ-Boy 搖椅上，和她兩歲兒子一起看電視。我朋友給我一把槍，跟我講我必須報仇。放學後我跟蹤那些傢伙並開槍射擊其中兩人。結果我殺錯人了。

　　社會科學家現在總結出十種早期創傷，稱為童年不良經歷（adverse childhood experience, ACEs）。許多藍衣人在上幼稚園時已經拿到將近十分，那是種漫無邊際的命運，把壓力系統切入高速檔，妨礙了前程發展，還會讓人短命。

　　隨著時日推移，我愈來愈懊惱，因為敬畏——我那天談話的重點——對藍衣人而言無關緊要。甚至還可能是種冒犯，是我的白人特權導致我眼光短淺與充耳不聞的產物。對於被判處無期徒刑，每天在九乘以十二英尺牢房裡面生活二十個小時的人來講，敬畏干他們什麼事情？

　　演講進行十五分鐘時，我站在講台上，對著周圍好幾支麥克風，還有教堂樂隊的擴音器，我問道：

哪種事物能讓你們感到敬畏？

　　然後我等著。一、兩秒後，我聽到底下這些答覆：

我女兒
外面來的訪客
加入教堂樂隊唱歌
空氣
耶穌
我的牢房室友
院子的戶外光

閱讀《古蘭經》

學習閱讀

聖昆丁監獄的修復式正義

今天

源自他人的驚奇

所謂敬畏是稀有的，唯有當我們擁有足夠財富來享受品味和「文化」生活時，才有資格感受，這種觀點完全是個迷思。藍衣人的反應告訴我們確實如此。晚近實證研究也驗證了這個觀點。一項研究發現，財富較少的人表示，他們在一天當中更頻繁感受到敬畏，而且他們也更常對日常環境感到驚奇。我們總愛認為，較為雄厚的財力，讓我們得以較常感受敬畏，好比在豪奢住家、專屬渡假聖地或高端消費品中找到更多敬畏之情。事實上，真相似乎恰恰相反，財富會減損日常敬畏的感受，削弱我們從他人身上看到道德之美、感受大自然驚奇，或者在音樂或藝術中體會崇高的能力。我們的敬畏體驗並不取決於財富；日常敬畏是人類的基本需求。

我們在不同國家執行的每日日記研究發現，最可能為我們的參與者帶來日常敬畏感受的是**他人**──陌生人、室友、老師、工作中的同事、新聞人物、播客節目提到的角色，以及我們的鄰居和家庭成員的行為舉止。

極少數情況下，令人不安的行為也是如此，好比一位西班牙人講的這段故事：

> 事情發生在法國巴黎一處地鐵站。大概在晚上十點半時。我們獨自在地鐵站等列車到來，這時來了一名男子，咒罵吼叫。他嘴裡說著關於上帝的事。我想他是病了，他拿出一把刀，不管遇到什麼東西都揮拳猛擊，還在所有東西上劃出刻痕。我們開始奔跑，逃離地鐵站，我想我永遠不會再單獨去搭地鐵了。

還有一則來自新加坡的故事，講述威權領導人的崛起如何令人目瞪口呆：

> 兩天前，當菲律賓總統大選結果公布的時候，我湧起一股敬畏的感受。當選者是杜特蒂這個傢伙，被指與殺手小組有牽連，還宣稱要排第一個來強暴一位澳洲女性傳教士，那位女士確實在一場監獄暴動中遭強暴殺害，還威脅要向中國開戰！這種人竟然能贏得總統大選？？？真了不起！！！那這也就表示像川普這種人也可以當上美國總統！！！這也同樣太可怕了，因為他們講的是相同的語言。訴諸人類最低劣情緒的強硬言論。結果他們贏了！！！

我們有可能對人類同胞的墮落感到震驚，無論那是我們遇上的陌生人，或者公領域的領導者都一樣，不過這些在整個世界上都是罕見的敬畏根源。

真正來講，全世界激發敬畏之情的道德之美當中，有超過九成五都體現在人們為了旁人所採取的行動。勇敢的舉止是一種具有崇高潛力的道德之美。使用心肺復甦術救活心臟病患的民眾、把罹患嚴重健康問題的孩子養大的父母親、阻滯犯罪或化解紛爭的旁觀民眾，以及無國界醫生這樣的組織，全都能激發敬畏。底下這段故事陳述拯救生命的勇敢敬畏，來自智利：

> 我記得那是個美好的一天，我們決定和我哥哥以及他的同年齡朋友一起去釣魚，當年我十七歲，哥哥快二十歲了。我們拿了塑膠線，那是鄰居借我們用的，但也特別吩咐，那是高檔貨，要我們珍惜使用。我們去了聖佩德羅德拉帕斯（San Pedro de la Paz），我不記得那是大潟湖或小潟湖，釣魚線卡在潟湖裡面好幾公尺處。我們的朋友跳進水中去解開尼龍線，結果卻開始下沉，於是他開口喊救命，我哥哥不是很會游泳，但仍然跳進水裡去救他。我的朋友一碰到我哥哥的身體，就立刻緊緊抱住他的腰，於是兩人溺水了，從水面上消失。我嚇壞了，大喊我哥哥的名字，馬里歐──、馬里歐──、馬里歐──，但我的聲音會哽住，因為我想哭。這時不知道從哪裡冒出來一個穿泳衣的男子，他跑過來，跳進水中，救了他們兩人。那

是個奇蹟，那個人就在那裡，他是上帝派來的天使，
救了我的哥哥和我的朋友。最後我們都回到家中。

上帝經常出現在敬畏的非凡故事當中；我們援引神明來解
釋崇高。

他人的善良在全世界都能喚起敬畏之情：餐廳老闆付了修
車的錢；破產時朋友送錢來；看到市民在街上幫助陌生人；讀
到道德楷模事蹟，最常見的是達賴喇嘛。這段來自美國的故
事，結合了勇氣與悲憫之心：

一九七三年在我表親的餐廳。我爸爸在那裡當調酒
師。我去找我爸爸的時候，看到我最要好的高中朋友
走了進來。他是黑人，我是白人，我有五年沒見到他
了。我站起來擁抱他，然後我們開始交談。一位坐吧
檯的傢伙對我爸爸講，「你怎麼可以讓你兒子結交黑
鬼當朋友？」我爸爸瞪著這個傢伙，大聲叫他滾下吧
檯，永遠別再回來。我從來沒有像這樣為當時五十九
歲的爸爸感到驕傲。

克服困境也同樣能喚起敬畏：儘管存在嚴重的種族主義和
貧困處境，人們依然茁壯成長。熬過集中營倖存下來的猶太
人。超越心理和生理挑戰的人，好比這則來自南非的故事所
述：

看著我生下就有雙側杵狀足（bilateral club foot）的女兒第一次上台演出一段芭蕾獨舞，我心中滿懷敬畏。我和我的媽媽坐在觀眾席上，我的小女兒在舞台上跳舞。之前我一直在後台陪她，也不斷幫她準備這場演出。我一邊觀賞，雙眼開始泛淚，我的心滿溢著自豪的感受。我回想起她出生時雙足顛倒生長的情景，還有從那天以來，她已經走了多遠，我感到心生敬畏。

我們經常求助於文學、詩歌、電影、藝術，還有偶爾也會從新聞中找到充滿啟發性的克服困境情節，**讓善良自主發聲**。以下就是一則這樣的例子，來自挪威：

我在報紙上看到一篇報導，描述葉門一個八歲大女孩如何逃離強迫婚姻，依循司法體系與她的父母抗爭。當時我就意識到，一個人可以擁有多大的勇氣和鬥志，還有你可以為自己的理想而戰，並真正促成改變。讀到這篇報導的時候，我已經成人了，我那時獨自生活，不過後來仍覺得有必要和幾個人談談這件事情。後來我並沒有對自己的生活做任何特別的事情，不過就是走過了一次豁然開朗的「啊哈！」經驗（aha-experience）。

最後，其他人的罕見**才華**，為全世界民眾帶來敬畏感受。對一位墨西哥年輕男子來講，這是太陽馬戲團的空中飛人和軟骨功演員。對一位瑞典女士來講，那是她的丈夫在家中搬動大型家用物品的力量。對一位澳大利亞人而言，那是觀賞游泳選手孫楊寫下一千五百公尺世界紀錄那場游泳比賽的最後一百公尺表現。對另一位澳大利亞人來講，看著衝浪手駕馭五十英尺海浪。對日本一位學生來講，那是聆聽菲爾茲獎得主數學家的演講。底下是一則關於印尼的罕見才華的故事：

> 有個名叫安德烈的自閉症男孩。安德烈的父母很窮，所以他根本沒有上過學。安德烈經常不說再見就出門，有一次他離家出走，直到兩年之後才被找到。安德烈有種罕見的才能，他能精確指出某個日期是星期幾，不論那個日期落在什麼時代。我和其他五個朋友去找他，他能精確說出我們的生日。而且他可以不使用任何計算工具就完成加減乘除。

我們也常聽到父母親敘述他們孩子的故事——聽胎兒的心跳聲、聽一歲小孩講出第一個字、看著兩歲孩子快跑、在小學舞蹈表演時坐在觀眾席上。孩子雖小，他們的成長潛力卻非常廣大，而且當父母親心情好的時候，孩子們也是個敬畏的源泉。

日常道德之美可以讓生活改頭換面。史蒂芬・茲弗拉（Steven Czifra）成長時，家裡充斥暴力，有一晚，雙親之一向另一人潑沸水；他不記得是誰。他十歲時輟學，染上了毒癮，剃了光頭，還離家加入一個墨西哥幫派。有一天，他闖進一輛停放路邊的賓士車，偷裡面的音響，就在這時，車主恰巧來了，而且那是洛杉磯警局的警察。他在獄中的第一晚，他告訴我，他獨自被關進一間冰冷的房間，而且被鎖鏈鎖在一張椅子上八個小時——他這輩子最漫長的幾個小時。

後來是日常道德之美改變了他。在監獄單獨監禁期間，他結識了一位知識淵博的圖書館員，那人滿足了史蒂芬的閱讀渴望；莎士比亞的《凱薩大帝》（*Julius Caesar*）著述中所記載的勇氣——「我珍愛榮譽勝過害怕死亡」——也成為他的一項感悟。他告訴我，出獄之後，中途之家一位騎重機的人幫他戒除毒癮，還給他一份工作，負責清理灌木叢，每天掙七十美元。更多道德之美。後來，就讀一所社區大學時，一位教莎士比亞、名叫勞瑞（Larry）的老師教導史蒂芬像個文學評論家那樣來閱讀米爾頓（Milton）的作品，並且告訴他，他心中自我嫌惡的念頭不過是一時的，是他本應做的更好的父母造成的。史蒂芬（現正就讀研究所）後來會在加州大學柏克萊分校與人共同創辦地下學者計畫（Underground Scholars Initiative, USI）。這是由曾入獄學生組成的網路，旨在指導仍在獄中和剛出獄的人上大學。地下學者計畫讓這些原本很難上大學的人找到機會來讓他們的**善良自主發聲**。

在道德研究中，長久以來一直有種觀點，認為我們可以從抽象原則的教化、偉大文本的訓誨，或者魅力大師和偉大賢人的領導中找到我們的道德指南針。事實上，我們同樣有可能在我們從身旁他人感受到的驚奇體驗中，找到我們的「內在道德法則」。

光明

全美國有七十萬人無家可歸，其中約四千人住在加州奧克蘭（Oakland）街頭。萊夫・哈斯（Leif Hass）醫師奉獻出大半時間來照顧這些人的健康問題——精神疾病、糖尿病、高血壓、潰爛傷口、營養不良、毒癮，還有源於無家可歸而被迫面對的寒冷夜晚、堅硬路面所帶來的腦部退化。

許多衛生專業人員都因為這項工作感到疲憊不堪。藉由他所照料對象的道德之美，哈斯得以保持堅毅不拔，信守希波克拉底誓言，以減少傷害為己任。這是他寄給我的一段敬畏的故事，他稱之為「光之雷伊」（A Ray of Light），講述一位先天罹患腦性麻痺，並因一次手術喪失雙手功能的病人。底下對話讓哈斯感動、湧現敬畏之情。

「嘿！雷伊，近來好嗎？」
他回答：「我每天醒來都在想，該怎麼做才能讓人們快樂。」
雞皮疙瘩爬滿我的雙臂……

「哇嗚，雷伊，你真了不起，我的朋友。現在跟我講，你為什麼來到醫院？」

雷伊略顯緊張和模糊地向我講述細節，伴隨著腦性麻痺帶來的語音特徵。我的心思開始運作，試圖診斷這個神祕的快樂案例。

我們又聊了十分鐘，談到了上帝、愛和相互關照。

最後我說，「抱歉了雷伊，我得走了……」

離開房間時，我感到精神煥發，卻也奇怪地感到謙卑。

和道德之美接觸會讓我們措手不及，如萊夫的敬畏故事中所述──這類接觸具有如小說以及電影中的感悟或難忘場景的力量。就心靈感悟所做哲學分析，以及小說家對於個人感悟的描寫，發現了那種體驗充滿了光明、明晰、真實的感受，並敏銳體認了什麼才是真正重要的事物。萊夫的故事便據此命名為「光之雷伊」，並依循敬畏的特定模式開展。雷伊克服腦性麻痺的努力讓萊夫產生出浩大、神祕的感受。雷伊的慷慨，讓萊夫心中默認之自我的醫師─患者關係檢核表，轉變為對雷伊善舉的賞識。萊夫想知道為什麼雷伊那麼快樂。他的身體起滿雞皮疙瘩，這是雷伊的善舉誘發的，從而以身體變化來提醒他隸屬某種比自己更宏大事物的一部分。他感到「精神煥發」以及謙卑。

實證研究描繪出了見證他人勇氣、善良、力量和克服困境能產生何等力量。在這類文獻的一項典型研究中，人們首先觀看一段短片，內容是啟迪思維的舉動，好比德蕾莎修女（Mother Teresa）或戴斯蒙・屠圖（Desmond Tutu）的表現，或者激勵人心的教師。有時參與者只被要求回憶一次遇見日常道德之美的親身經歷。這些遭遇讓民眾更受到鼓舞、樂觀。他們覺得更融入他們的社群——愈加擴大的關懷圈。他們對人類同胞的信心，以及對人類前景的希望都提升了。他們聽到一種聲音，呼籲著要成為更好的人，然後他們經常模仿他人具有勇敢、善良、力量，以及克服困境性質的舉動。有時他們與其他人分享道德之美的故事，好比有個挪威人讀了那則葉門勇敢女孩的新聞報導，便與他人分享。整體而言，見識了道德之美的舉止，會促使我們更樂於分享並伸出援手。

在本課題一項引人矚目的相關研究中，參與者觀看三段影片當中的一段。第一段短片節錄自電視節目《六十分鐘》（*60 Minutes*），描述艾米・比爾（Amy Biehl）的遭遇。比爾是個美國白人大學生，在南非遭一批黑人年輕人謀害。她的父母在悲痛中創辦了艾米・比爾基金會（Amy Biehl Foundation，如今改稱為艾米基金會），為旨在幫助南非貧困黑人改善生活的青年計畫提供資金。另有些參與者則觀看一段關於喬爾・桑納伯格（Joel Sonnenberg）的報導。二十二個月大時，桑納伯格搭乘的自家車遭一輛卡車撞上，他受了嚴重燒傷。卡車駕駛是雷金納德・朵爾特（Reginald Dort），當時他是想撞一個他認識的女子。喬爾必須接受四十五次手術才能活命。事故多年之後，在朵爾特的宣判庭上，喬爾排最後一個發言：

這是我為你的祈禱——願你知道恩典是無限的。我們不會為仇恨浪費我們的生命，因為仇恨只會帶來痛苦。我們將以愛來環繞我們的生命。

觀看了其中一段影片或對照組影片之後，參與者——美國白人大學生——可以向黑人學院聯合基金（United Negro College Fund）捐款。這裡有個意外轉折，這群白人學生經測量有些表現出高程度的「社會支配傾向」（social dominance orientation, SDO），預測會對黑人表現高度歧視的態度。然而，聽了艾米·比爾和喬爾·桑納伯格的故事，讓參與者捐出更多錢給黑人學院聯合基金，其中也包括具有強烈社會支配傾向態度的白人參與者。遇見人性良善天使所帶來的敬畏感，能抵銷有毒的部落主義傾向。

目睹其他人表現出勇氣、善良、力量和克服困境的舉止，所活化的腦區有別於肉體之美所活化的腦區，主要就是腦中負責將我們的情緒轉化為道德行為的皮質區。這些相遇促成釋出催產素，並活化迷走神經。我們經常感動流淚和起雞皮疙瘩，這是我們身體發出的信號，表明我們隸屬於一個懂得珍視團結因子的社群。被他人的奇妙舉止所感動時，我們體內的靈魂就會被喚醒，往往很快就會表現出崇敬的行為。

崇敬

尤伊・莫拉萊斯（Yuyi Morales）的童年在墨西哥哈拉帕（Xalapa）度過，在那座「花之城」的歲月中，她好奇尋思外星生物的存在，有時還希望他們能把她帶走。多年之後，當她的兒子兩個月大時，她的伴侶在舊金山的祖父病得很重。他們擔心厄尼爺爺見不到他唯一的孫子，於是他們只和尤伊的母親道了再見，就匆匆忙忙離去。

到了舊金山，由於移民法規限制，尤伊不能再回到墨西哥。她只能講幾個英文單詞，很寂寞孤單，過得很煎熬。照顧新生嬰兒讓她精疲力盡。她不認識任何人。每天她都在哭泣。

於是她開始散步。

她把兒子放進嬰兒車，推著在舊金山街頭閒逛。有一天，她發現了一家公共圖書館，她鼓起勇氣進入這處安靜的公共空間，一位圖書館員讓尤伊的生活改頭換面。她介紹尤伊書籍。尤伊心生敬畏，於是投入學習閱讀英文。她開始勾畫自己想像中的場景，往後生出了童書著作的成果，其中兩本寫到在她眼中具有道德之美的人士——芙烈達・卡羅（Frida Kahlo）和塞薩爾・查維茲（Cesar Chavez）——，兩本都贏得了國際獎項，其中最值得稱頌的是凱迪克獎（Caldecott Medal）。尤伊最新的一本書是《夢想家》（Dreamers），裡面有個不尋常的主人翁——圖書館員，記錄下了道德之美的驚奇體驗，並協助借書人**讓善良自主發聲**。

當我和尤伊談話時，她分享了一封感謝信，那是她寫給激發出這段故事的那位圖書館員的信，她的名字叫做楠西（Nancy）：

妳好楠西，

　　妳記得我嗎？我永遠忘不了妳。是的，起初我大概有點怕妳，妳辦公的書桌太靠近裝嬰兒書的籃子；但每當我們進入這處令人不敢置信的地方，西增區公共圖書館（Western Addition public library）的童書區時，我兒子總是朝妳走去。

　　起初我或許很怕妳。萬一我犯了錯呢？或者違反了圖書館的規矩呢？妳會不會叫我們離開圖書館，因為我們不適合待在這裡？結果有一天，妳卻用我還聽不太懂的英語和我講話，我們完全沒想到，妳竟然發了一張借書證給凱利（Kelly）。我搞迷糊了。凱利才剛要滿兩歲，他怎麼可以擁有什麼東西呢？

　　今天，凱利已經是個二十四歲的愛人了。他也寫作。而且在我創作童書時，他還經常幫我檢查並修正我依然不夠完美的英文。我的書，也就像當初妳擺進我手中的那些書。楠西，從此以後，圖書館就成為了我的家，書本也成為我的成長之路，妳是個了不起的守護者。謝謝妳。

　　尤伊的感謝信是眾多崇敬行為的一個例子，在這些崇敬行為中，我們體悟道德之美，更廣泛地說，將生命的驚奇標誌為神聖的。微妙的是日常崇敬——我們如何藉由讚美、關懷的問題和委婉的措辭，來轉換我們的語言並傳達出我們對其他人的敬重。就像許多哺乳動物，我們也藉由微妙的低頭或垂肩姿勢，暫時縮小身體，來傳達恭順的尊重。只須溫暖地抓握另一個人的手臂，我們就能傳達出感激和欣賞，促使我們碰觸的對象釋出催產素並活化其迷走神經。

　　我們把這些古老、單純的崇敬舉止儀式化，轉變為文化習俗。我們創造出象徵性的手勢，例如印度的合十（Anjali Mudra）問候手勢，表現時雙手合掌並低頭俯身，以傳達敬重與共通人性。我們發現藉由觸摸神聖的物件，好比已故父親的領帶、背包旅行帶回的石頭、訂婚晚宴的菜單、最喜愛的節目的 T 恤等，可以成為具體幫助記憶的事項，使我們回想起曾讓我們感受到敬畏的驚奇體驗。在許多狩獵者——採集者文化中，人們到哪裡都攜帶已故家人的骨頭和顱骨同行，以感念他們在生前所曾擁有的地位。我最後一次去拜訪羅爾夫時，他給了我一條腕帶，到現在我依然經常觸摸那條腕帶，感覺他彷彿仍在身邊。日常崇敬行為，好比鞠躬和碰觸等表現，可以在宗教儀式、葬禮和洗禮中見到。

　　我們表現崇敬、標註為我們帶來敬畏的事物為神聖的傾向十分強烈，於是當我們看到別人表達感激之情時——最單純的崇敬舉止——，我們自己也受到感動並表現善舉。在一項關於這道課題的研究中，參與者的使命是編輯一位作家撰寫的影評。開始編輯工作之前，參與者首先檢視先前一位編輯的努力成果。其中一種狀況，參與者看到作家以一句「謝謝你」來表達對那位編輯的感激之情。目睹這項簡單的崇敬行為，讓參與者更願意協助他們負責編輯的那位作家。其他人的崇敬舉止激勵我們表現出相仿心態的舉動。我們發現自己和其他人納入了相互交織的崇敬網路當中。

內隱與外現的道德之美

若是我們運氣好，小時候我們的生活就會被日常道德之美環繞。

這並不是路易斯・斯科特（Louis Scott）生來能享有的童年。他六歲時看到父親謀殺一名男子。他的母親是位性工作者，而且她的日常工作還充滿了他的童年歲月，他說，比重超出了打小聯盟棒球或玩通卡卡車（Tonka truck）。路易斯投入拉皮條也只是遲早的問題——而且還做得非常好——，而這導致了一系列拉皮條和勾引他人從事賣淫等罪名，路易斯被判處兩百二十九年的徒刑。底下是他與我分享的一段敬畏故事：

> 我出庭受審，並以兩百二十九年的刑期被判處終身監禁。我記得自己非常生氣、挫敗，感到非常委屈和羞愧。我覺得自己彷彿被公開處刑。法庭上所有人都是

白人。我不知道會不會有人想走出人群試圖射殺我。我記得那時我的思緒到處亂竄。如同經歷了一次靈魂出竅體驗。我站在那裡看著自己在審訊的量刑階段和法官爭論，並告訴法官，判處我兩百二十九年以致終身監禁是一點用都沒有的。我非常生氣地和法官說，我從沒做過任何違反這個國家建國價值觀的事情，到今天我仍在為那段陳述付出代價。

體現道德之美的機構——大學、博物館、大教堂、法院、紀念碑和刑事司法體系——往往能夠在享有特權生活的人士心中激發敬畏之情。然而對於在這些機構下卑躬屈膝的人而言，他們的感受往往更為迫近威脅型敬畏，並會產生出顫慄和寒顫等身體反應。

入獄之後，路易斯被一種想法改變了：一種能為監獄牢籠帶來和平的方式，並讓外界人士意識到，獄內人士的善良和勇氣，也讓一種很少被認為能在獄中**自主發聲**的**善良**傳達出來。感動之餘，他為聖昆丁電台製作了好幾個獲獎節目，講述獄內幫派忠誠的假象和代價、罹患C型肝炎的生與死，以及牢內對愛滋病患的污名化。他還在名人來到聖昆丁監獄參觀時，為《聖昆丁新聞》（*San Quentin News*）對他們進行採訪，採訪對象包括金州勇士籃球隊（Golden State Warriors）和蘇珊・莎蘭登（Susan Sarandon）、海倫・杭特（Helen Hunt）以及范・瓊斯（Van Jones）。他是唯一被選入專業新聞記者協會（Society of Professional Journalists）的受刑人。

我來聖昆丁參訪的第一天就見到了四名修復式正義催化員（facilitator），路易斯就是其中一員。修復式正義建立在非暴力原則之上：其核心是要讓加害者體認到他們所造成的傷害，為他們的行為後果承擔責任，進行補償並表達悔意。這是種激進的儀式化實踐，其理念是，如果我們給予民眾**讓善良自主發聲**的機會，即便是身處衝突之中的人，我們依然可以建立起更和平的關係，但往往這些關係也很脆弱。修復式正義是道德之美的文化典藏，具有悠久的歷史，可以追溯至甘地和馬丁·路德·金恩（MLK），也寄身於我們更深厚的歷史當中，並可以追溯至世界各地的原住民習俗，還能進一步回溯到我們的演化歷史當中，哺乳動物締造和平的傾向。這項計畫的基礎在於對道德之美的信念，即所有人，包括曾經犯下謀殺罪的人，還有失去所愛之人而滿心只想復仇的人，也都能找到善良並克服困境。

修復式正義的一項核心實踐方式是談話圈（talking circle），人們坐成一圈，輪流分享他們當天的狀況，其他人就只是聆聽。我先講解敬畏，隨後我們每十人分成一組，我被分配到的那個談話圈，恰好由路易斯負責帶領。我們輪流發言時，這些藍衣人談到以下內容：他們的悔恨、一位五十幾歲的獄友在醫務室中奄奄一息、一個兒子入獄服刑、即將出席接受假釋委員會審查、關於量刑法規的最新思維、出校門就入監牢的管道、毒品合法化、警察暴行和大規模監禁。這段對話聽起來往往就像社會學研究生研討會。彷若一個經常講述創傷故事並團結對立雙方的人一樣，路易斯透過仔細斟酌、文法純粹的清晰言詞，提供了一個敘事的主線思路，讓參與對話的人透露他們的故事。

到了最後幾次造訪聖昆丁，有一次我大半時間都坐在一張長椅上，旁邊坐著一位名叫克里斯（Chris）的白人囚犯。他在加州橙縣一個白人社區長大，卻陷入了該地區光頭黨（skinheads）的街頭暴力生活。那些人要求他進行一些任務，包括「將暴力意圖施加於他人」，也就是針對有色人種。結果導致他多次被捕，最終因武裝搶劫被三振式定罪（third-strike conviction，譯註：加州規定，已有兩次暴力或嚴重犯罪前科，再犯重罪，量刑至少二十五年有期徒刑，最高無期徒刑），進了聖昆丁監獄。後來，他加入了修復式正義計畫。底下是克里斯的學習心得內容：

為了讓東西成長，你就得擁有一點土壤，
我的土壤，這樣才能讓我自己成長。

克里斯留長了頭髮，來和監獄裡白人至上的光頭黨劃清界線。而且他還逐一去除脖子上的紋身。那天，他對兩百名藍衣人講話。他談起身為納粹光頭黨的種種。談到用球棒攻擊有色人種。從長椅上，我可以看到他因為羞愧臉上泛紅。達爾文推論，臉紅是我們道德之美的展現，是我們關心他人意見的信號；一百三十年後的研究將會發現，他人臉上泛紅，會觸發旁觀者心中湧現寬恕與和解的念頭——瞬間的行為模式，將加害者和受害者結合化為一種轉化性動態，構成修復式正義的核心部分。克里斯講到最後，全場藍衣人陷入尷尬的沉默，在座位上挪動身體。路易斯大步走向講台，擁抱克里斯。他注意到了，克里斯這樣做，是需要鼓起多大的勇氣才辦得到。

那天在休息時間，路易斯介紹我認識一位曾遭單獨監禁的犯人。他斜著身子站著，避開眼神接觸。曾經單獨監禁的人，有可能受不了別人的臉，特別是旁人的眼睛。路易斯解釋，這名囚犯參加過一次反對單獨監禁的絕食抗議。他把小紙條塞進他用來清掃監獄的掃帚柄中。這些紙條會傳到其他囚犯手中，然後再傳遞給另外的囚犯。這是個龐大的、互相聯繫的反抗網路。

路易斯向那名囚犯解釋，我曾經就「阿什克訴加利福尼亞州州長案」（*Ashker v. Governor of California*）寫過一篇第三方書面陳述，促使我提筆的動機，出自加州鵜鶘灣州立監獄（Pelican Bay State Prison）那場絕食抗議所展現的道德之美。案件的主角是白人至上主義者陶德‧阿什克（Todd Ashker），他在北加州鵜鶘灣超高度安全管理監獄遭單獨監禁了二十八年。單獨監禁期間，阿什克每天二十三小時待在沒有窗子的牢房裡，牢房大小和停車位差不多。他不能看到其他囚犯；在矯正官把他的牢房前方用塑膠玻璃擋起來之後，他也聽不到他們的聲音。警衛亂搞他（家人寄來）的信件。他不得擁抱訪客。

在我的書面陳述上，我寫道，碰觸是我們表達崇敬的最有力語言，剝奪囚犯碰觸的機會，在生理和心理上都對他們造成傷害，也減損了他們洗心革面的機會。在一項針對單獨監禁囚犯進行的研究中，七成的人表現出即將精神崩潰的跡象，四成的人出現幻覺困擾，百分之二十七的人有自殺念頭。單獨監禁是日常道德之美的湮滅。一位囚徒巧妙總結：「我寧願被判處死刑。」

阿什克開始在他的牢房裡面，透過一道通風口，向附近牢房中墨西哥裔美國人與黑人幫派的頭頭發出呼喚並聆聽回音。他們的對談轉變成道德之美的故事：談到父母和祖父母、父親和叔伯、兄弟姊妹和子女。還有單獨監禁是多麼難受。阿什克和他的相鄰囚徒呼籲敵對幫派休戰。二〇一三年七月八日，阿什克領導了那次絕食抗議，超過兩萬九千名囚犯參與抗爭，指稱單獨監禁違反憲法第八修正案，該案禁止施用殘酷的和不尋常的懲罰。那是美國史上最大規模的絕食抗爭事件。沒錯，還真是無與倫比。到了二〇一五年，案子裁定，結果有利於囚犯方，全州兩千多名遭單獨監禁的囚犯被轉移出來。

當路易斯介紹我認識聖昆丁監獄那位囚犯時，我們做了個眼神交流，兩百五十毫秒的認可舉動。我感到一陣雞皮疙瘩湧現，因為我成為了比我可能做的任何研究、可能發表的任何講話都更宏大的事物的一部分。

當天結束之際，藍衣人起立朗誦修復式正義的原則。兩百人在一陣窸窣聲和沉吟聲中起立，隨後在那強力而寂靜、共同關注的片刻中，全體陷入一片沉默。接著我們大家一起朗誦：

> 我相信暴力不是解決任何問題的辦法。
> 我相信每個人都被賦予了神聖的尊嚴。
> 我相信每個人都有能力改變、療癒和復原。
> 我發誓要尊重每個人的尊嚴。
> 我發誓要以愛和慈悲來克服暴力。
> 我發誓要陪伴並支持任何受了犯罪影響的人踏上療癒
> 旅程。
> 我發誓要當個工具，來促成復原、調解和寬恕。

朗誦到最後那個詞，「寬恕」，所有人都轉向彼此，並握手、緊握手臂、輕笑，並在**讓善良自主發聲**的餘波中進行眼神交流。房間似乎被照亮了。站在小禮拜堂後側，路易斯和我打破了一條規則：我們擁抱了。我們以男人習慣的那種略微傾斜的角度擁抱，一個人的肩膀斜靠在另一人的胸膛上。

那種擁抱是羅爾夫和我最後致敬彼此的舉動。他死前幾週，羅爾夫斜躺在客廳沙發上，輾轉難眠，有時深睡，有時醒來；鴉片讓睡眠變得像海洋般如夢似幻。他在沙發上坐起身子，叫喚我、我太太莫莉，還有我們的女兒娜塔莉和塞拉菲娜，要我們前往他的身邊。我們把椅子拉過去，環繞他坐成一個半圓。他給了我們每個人禮物，還講故事，許多都很幽默又很古怪，談到我們的道德之美在他的生活中的位置。我的禮物是一條紅、白、藍色的腕帶，令人想起我十三歲時每天戴的同色頭帶，還有一把法式歐皮尼爾刀（French Opinel knife）。我每天都觸摸它的木質刀柄。觸覺接觸引發的那種感受，讓我想起羅爾夫的手。

羅爾夫艱辛、謹慎地緩慢站起身。身體由於疼痛呈一個角度，他蹣跚地走向他的廚房。我跟著走，打從童年開始，我的身體動作就和他的動作同步。我們在那裡擁抱。只持續兩、三秒鐘。不過感覺還更久。當我們鬆開，他低頭看著地面說：

我們走過了自己的路。

除了那句話之外，我實在想不起來在那最後一天，我們了什麼。沒有人生的總結，也沒有演說。我記得的就只是感覺他的胸膛和肩膀靠在我的身上，他的頭頂碰觸我太陽穴附近，他的大手放在我的肩胛骨上，還有隨之而來的敬畏感受。如今當我擁抱別人，好比路易斯時，依然能夠感受到羅爾夫的這種觸覺印象。這讓我心中想起羅爾夫的臉和眼。我幾乎能聽到他的笑聲，還有他如何在接電話時說「達契曼！」（Dachman!）這讓我深入記憶蛛網，回想起他的勇氣、善良、力量和克服困境：他在五年級時如何保護我七年級班上最不受歡迎的女生免受八年級的惡霸欺負；他多麼喜愛為一大群朋友燒烤料理；他如何能把壘球扔向天空直到它消失；或者在身為言語治療師的日常工作中，他如何教導我們這個國家的貧困兒和最受忽略的孩子，幫助由於童年不良經歷，導致生活偏離常軌的他們出聲說話。**讓善良自主發聲。**

　　我的默認之自我正確地觀察到，我再也不能感受他的擁抱，或者被他充滿道德之美的新舉動所啟發。不過秉持著這種被觸摸的感覺，我的身體告訴我，他依然以某種方式待在附近。還有我們在一起的生活，也被註記在我的皮膚的數百萬細胞中，並以一種永久的、電化學的覺知，來理解被我弟弟擁抱的感覺。還有除了生命的肉體之外，尚有某種事物依然留存在我們身體的細胞中，這在他們離去之後依然存續。還有許許多多的道德之美，許許多多的善舉等著去做。

第五章

集體歡騰
一致行動如何激起對儀式、運動、
舞蹈、宗教和公共生活的敬畏之情

當個體聚集在一起時，他們相互親近就會產生一種類
似電流的能量，迅速把他們推升到一種非凡的興奮高
度……或許是因為集體情感需要在動作協調與一致的
秩序下才能表達，這些手勢和呼喊便趨向於呈現節奏
和規律性。

——艾彌爾‧涂爾幹（Émile Durkheim）

　　大學畢業之後，菈達‧阿格拉沃爾（Radha Agrawal）在
紐約市當投資銀行家拚搏度日，她喝著她並不渴望的雞尾酒，
還進行令她心思迷惘的對話。事情在內華達沙漠的年度慶典
「火人祭」（Burning Man）上出現了變化。

　　就像歷史上的節日慶典，火人祭以一種集體敬畏實驗，把
生命中的驚奇交織在一起。儘管參加慶典的人士往往身家殷
實，那裡卻不准使用金錢，所以人們為滿足日常需求而付出，
並在食物分享、貿易交流和感恩擁抱等舉動中，享受催產素的
激湧和迷走神經的活化作用。沙漠中的日出和日落，在觀眾的
「嗚喔」和「啊」驚嘆中展開、結束每一天。音樂和舞蹈整天
都將人們帶入協作、開放和好奇的模式當中。奇幻與沉浸的藝
術裝置震撼這整座臨時冒出來的城市。

　　菈達在舞蹈中改頭換面：

　　我睡不著，於是騎著腳踏車獨自前往深度沙漠（deep
　　playa，也就是場地遠端的區域），在那裡找到了一輛

巨大的藝術汽車（那是輛改裝的巴士，配備了我這輩子所曾聽過的最史詩般的音響系統，發出最令人震撼、讓我感覺深入骨髓的低音），車頂也經過改裝，現在是一名DJ的寶座，還有一百多個身著最性感服裝的人在跳舞。我把腳踏車拋在地上，在塵土飛揚的跳舞場上找了個地點，閉上雙眼，感受音樂和低音在我的體內流動，那是我從未允許自己體驗的感覺（而且我是清醒的！），並讓節奏推動我，讓我的身體（或許是有生以來第一次）以該有的方式來活動。

菈達尋思該如何重現這種**推動她的身體以該有的方式來活動**的經驗，於是後來她便在紐約市一處休閒場所地下室舉辦了一場舞會。門口保鏢換成擁抱員。舞客只喝小麥草汁，不喝酒精飲料。慶典在早上舉行，不是在晚上。接著好幾百人一起跳舞，體驗涂爾幹的「集體歡騰」，感受一起舞動的強烈亢奮。這個新社群呼籲再多舉辦。所以，菈達和她的丈夫伊萊（Eli），以及伊萊大學時代的朋友提姆（Tim），發起了「早舞派對」（Daybreaker），如今為全世界五十萬人舉辦每月舞會。這是個神聖的律動音樂社群。

我是二〇二〇年在舊金山一家旅館第一次見到菈達。早舞派對是歐普拉二〇二〇年展望之旅（Oprah's 2020 Vision tour）的開場表演。菈達走出旅館電梯時，她跳著狐舞步朝我走來，身上那件閃耀銀夾克，看來就像覆滿鳥羽或魚鱗（後來她告訴我，這是她自己設計的）。伊萊緊跟在後面，抱著他們的女兒，索蕾（Soleil）。他們已經走過十場演出，看來都很疲累。

我們跳上一輛黑色廂型車，開到舊金山大通銀行中心體育館（Chase Center）。車行途中，菈達告訴我，從事金融工作的苦差事讓她與更深層意義以及社群感受脫節，並在談話時提到科學發現：今天美國人享受野餐的次數是二十年前的一半。和三十年前相比，我們關懷圈內的好朋友少了一位。百分之三十五到四十的人表示，自己遭受孤獨之苦。這種社群意識的消退，讓我們腦中的社會排斥中樞嗡嗡作響（該中樞位於背側前扣帶皮層，負責追蹤孤獨感、排斥感和孤立感），從而強化了我們的發炎反應，讓我們的身體在獨處的躁動中增溫。在二十一世紀的生活中，我們已經失去了集體敬畏的機會。

早舞派對表演以三位太鼓鼓手的悸動演出開場。在舞群烘托下，菈達登上舞台，領導一萬四千五百人跳了一支有氧風格的舞蹈，並將我們的注意力導向類似脈輪的概念：前額與理性的力量、胸膛與善良的溫暖、胃與直覺、性器部位與熱情。全方位的體現。威廉・詹姆士大概會露出微笑，說不定還會扭腰擺臀。四位高中嘻哈藝術家躍上舞台，讓觀眾激昂亢奮。

我站在舞台邊，看著體育場上的紫色燈光。將近一萬五千人都在跳舞。他們緊抿嘴唇，從記憶中挖出他們過去的舞步，好比磕碰舞（Bump），現在則更激烈地搖晃、扭動中年身體。一陣陣笑聲、掌聲、緊扣的雙手和擁抱，在體育場上一排排人叢中蕩漾。

涂爾幹在他的一九一二年著述，《宗教生活的基本形式》（*The Elementary Forms of the Religious Life*）書中提出，這種「運動的一致性」是宗教的靈魂。他推論表示，在一致的運動中，我們會產生歡天喜地的高昂感受；我們會發展出一種共有意識，察覺到讓我們團結在一起的因素；我們通常都以超自然和隱喻式的理念，象徵性地呈現這點，並將整齊劃一的運動化為慣例，轉變成為儀式和典禮；而且我們的自我感受也會改頭換面。在大型上帝宗教出現之前，人們是以推動他們的身體一起**以他們該有的方式來活動**並尋找神明。

今天，一門研究同步性的新科學已經設想出了種種方法和數學，來描繪人們同步行動的模式，循此披露出涂爾幹的論點是如何運作的。我們能很快與他人一致行動。當我們這麼做時，我們透過腦中的同理歷程來體會他人的感受，並很快注意到這種同理歷程。當我們意識到自己加入了集體的運動和感受之中，我們便引用符號、圖像和概念來解釋將我們結合在一起的事物——浩大的經驗必須有浩大的解釋。例如，我們會用靈性原則來解釋在銳舞派對中跳舞時的脈動感受，或者藉由引用定義我們所屬隊伍的特定性格或精神，來形容賽場上十萬球迷的歡呼人浪。當我們成為互相依存的集體中的一部分，我們的默認自我退讓給了這種歸屬感，於是我們感到敬畏。我們忘了時間流逝，忘了我們的目標，還往往忘卻我們的社交禁忌。解放了自我的負擔，我們感到自己是某種更宏大事物的一部分，並傾向於敬畏的「聖潔傾向」。

　　生命中的驚奇幾乎隨時都可以在我們的一致行動中降臨：在歷經數千年文化演進洗禮的明確情境中——儀式、典禮、朝聖、婚禮、民俗舞蹈和葬禮。在政治抗爭、體育慶典、音樂會和節日等更為自發的運動浪濤當中。以及在日常生活中的更微妙、幾乎察覺不到的方式當中，好比當我們只是依循我們的日常節奏，外出和旁人一起走路。

敬畏的人浪

　　隨著早舞派對的舞蹈展開，主持人艾略特（Elliot）指向體育場的右側，宣布這時就該來掀起一波人浪。他的話語聲波，激起了一股人浪波動。就像離岸外海的浪濤一樣，由手臂高舉舞出的這股人浪起初進展很慢。當它繞過體育場的四個彎角時，它便開始加速前衝。到達最後直線區段時，個別身體融合為齊一的起伏波浪運動，歡騰伴隨著「嗚」、「嗚呼」喝彩聲，還有些人面對這種極度歡騰措手不及，發出了**嗚喔聲**。

　　到現在，人浪已經成為美式足球比賽、政治集會、音樂會和畢業典禮上的儀式活動。人浪通常依循順時針方向移動，傳播速度為每秒二十個座位。人浪會在欠缺有意義事件的時候出現；若是在主題演講或罰球期間發起，人浪就會在三心二意的動作中很快消散。而在十萬人的體育場中，只需要二十人就可以發起人浪。只需少數人就可以激發集體敬畏。

　　在混亂的情境下，也可能出現一致行動的現象。一群科學家分析了重金屬音樂會上觀眾的動作。這種表演的核心是衝撞區（mosh pit），那是一處身體碰撞的大漩渦。該研究發現，這處混沌的身體渦流周圍，環繞著一圈擠得密密實實的音樂會觀眾，他們緩慢地起伏波動，保護在衝撞區群眾頭頂上方衝浪的人，這樣他們才不會墜落發生危險。衝撞區是社會失序的象徵，那裡卻有種「允許和諧和某種一致性」的秩序。那些金屬和龐克樂迷們恐怕都不知道這點。

我們樂意成為不同種類的人浪的一部分，這表明我們先天上異常注重行動的一致性。研究發現，四個月大的嬰兒會模仿成人的伸舌和微笑，較年長的孩子則會模仿老師、父母、教練、嘻哈藝術家和體育明星的姿勢和手勢。做為成年人，我們會模仿他人的姿勢和手部動作；他們的語調和語法傾向；以及他們的微笑、皺眉、臉紅和眉頭深鎖，而且通常是不自覺地這樣做。藉由這種鏡像做法，自我和他人之間的界限消融了，也讓我們敞開心扉，得以感受成為集體中一部分的敬畏之情。詩人羅斯・蓋伊（Ross Gay）在他奇妙的《趣味之書》（The Book of Delights）中評論指稱，人體的這種「孔隙性」（porosity，譯註：意指「滲透交融的特性」）是多麼引人注目，「何其頻繁，也大半在不自覺之下，我們的身體成為他人的身體。」**按照我們身體該有的方式來活動。**

隨著我們的身體成為其他人的身體，我們的生物節奏也與其他人同步。體育迷一起觀看比賽時，他們的心律會同步，他們的集體脈搏會跟著比賽的煎熬和狂喜而起伏。同樣的情況也發生在西班牙聖佩德羅曼里克（San Pedro Manrique）的村民身上，他們晚上聚集在一起觀看踏火儀式。集體歡騰的源泉——典禮、音樂演出、體育、舞蹈、教會儀式——將我們的身體節奏轉移到一種共通的生物節奏，打破了自我和他人之間的最根本屏障，也就是我們被皮膚的邊界分隔開來的想法。

當我們的身體和生理狀態與他人校準一致，同時我們的感受也會如此。情緒感染研究發現，當個人作為室友、鄰居、情侶或工作同事，共享生活空間和日常生活時，他們的感受會趨於相近。默認之自我認為我們的感受是獨特的；真相卻更有可能是，我們幾乎總是共同感受。

藉由身體的一致動作和感受的匯聚，意識發生了轉變：我們從以自我為中心的視角，只透過自己的眼睛來看世界，轉變為以共同注意力（shared attention）來關注眼前發生的狀況。在心理學家麥可‧托馬塞羅（Michael Tomasello）一項簡練的重要研究中，他記錄了童年期間同步的社交行為，如遊戲、指向、探索、一起完成使命，促成了這種共同關注的能力。在這些時刻，我們將不同的視角結合成一個共同的視角，可以稱之為共同感知、集體意識或延展心智。

這是個起點，出現在相當早期的發展階段，這時身為成年人的我們，開始趨向於共通的現實表徵。例如，研究發現在恐怖攻擊等創傷事件之後，人們起初會表達特有的觀點，例如對再次受到襲擊的恐懼，或對無辜者被殺的憤怒。隨著時間的推移，個人的情緒會趨於一致；人們會針對事件，發展出一種共同的、集體的理解。這種心智的趨同，會促成善意、合作，以及對自我作為社群一分子的轉化感受。

當我們意識到自己的行動是一個運動、一個社群和一種文化的一部分時，這種具一致性、傳染性感覺、共同注意力、集體表徵和超越性自我的行動過程，便讓我們在文化實踐中感到敬畏。這些感覺可以在葬禮儀式上萌生，我們的跨二十六種文化研究發現，這是人類的普世現象。以下是瑞典一場葬禮上的一次敬畏體驗，發生在悼念者群聚在一起道別之時：

> 這是發生在我最好的朋友的葬禮上。我非常傷心，到了繞棺並最後一次道再見的時間。當我把玫瑰放在棺材上，對著我的朋友說了一番話，表達了多年以來她在我心中代表什麼意義，這時我感到了敬畏。儀式結束之後，我擁抱了我朋友的女兒，然後走到海邊，因為那是讓我感到平靜的地方。

畢業典禮同樣是圍繞著共同關注、一致行動、歡慶感受、集體表徵和引進新身分認同等而組織的活動。心理學家貝琳達·坎波斯（Belinda Campos）在獲得博士學位的畢業典禮上體驗到了這一點。在那個時代，只有少數墨西哥裔美國人獲得這樣的榮譽。就坎波斯的情況，更是難上加難，因為她的父母親五年級時就必須輟學工作。她完成典禮離去時，一位墨西哥阿媽告訴她，看到像她這樣的人站在舞台上領取博士學位，對她具有何等重大的意義。底下是坎波斯的敬畏故事：

> 這位女士的話，讓我從自己的世界中抽離出來。有太
> 多個人和集體的犧牲，才讓像我這樣的人得以在那一
> 天登上講台。那串生命與犧牲的連鎖，突然之間似乎
> 延伸跨越了好幾個世代、含括了無數人……然而，對
> 於集體奮鬥、努力奮起的民眾，以及對於更好、更平
> 等世界的迫切需求的想像，使我充滿了恐懼與驚奇的
> 體驗，而這也提醒了我，每個人的行動都是更偉大人
> 類經歷的一部分。

像畢業典禮這樣的儀式，總把我們個體的自我定位於更廣
大的敘事之中，往往導致在歷史上被邊緣化的人，在進入主流
社會之時，湧現敬畏和「恐懼與驚奇的體驗」。

人類內心深處有種一致行動的本能，集體歡騰所帶來的變
革力量普遍存在。

步行

最簡單的一致行動形式，或許就是與他人一起步行。我們
從棲息在樹上生活轉變為雙足行走，開闢了感受敬畏的道路。
當我們開始直立行走，我們對世界的感知改變了；我們體驗了
壯闊的景象，見識了外界事物的奧祕。我們成為了游牧的物

種，並根據太陽、天氣、季節、動植物的生命週期，以及哺乳
動物的遷徙模式，來安排移動與定居的時機。我們的自衛方式
從各自攀爬上樹逃避掠食者，轉變為協同行動以抵擋危險。藉
由狩獵大型哺乳動物（以及農業的出現），還有實行季節收成
相關的儀式，來分享食物。最終，我們會以小團體（或許只有
十到三十人）走向全世界的所有大陸，就從距今約五、六萬年
前，人類第二次走出非洲開始。

如今，步行時我們經常會如同人浪中所採動作那般有原則
並可預測的方式移動。以城市中的行人流動為例。當人行道異
常擁擠時，研究發現，我們會形成人流來過馬路，以更高效率
在狹窄空間和時間限制中移行。有時候這可能會讓我們感到疏
離，因為這讓我們感覺自己只是城市機器中的一個齒輪；但有
時候，這卻會讓我們感到敬畏，因為這讓我們感覺自己隸屬於
一個集體或文化片刻的一部分。

在一項關於齊步行走的研究中，參與者被帶到了一所非常
特殊的實驗室：紐西蘭一個密閉的體育場。在那裡面，參與者
在五分鐘期間分成大群，有的與實驗者同步環繞體育場走動，
也有些以個別步伐和節奏自由行走。以齊步方式行走的那群，
特別是在興奮、快速動作情況下，更容易在被要求分散之後彼
此保持比較接近的距離，並在隨後的一項共同撿拾墊圈的任務
中，更努力地工作。齊步行走能激發善意和合作氛圍。

一致行動的超越感是儀式和典禮的核心。有一項敘事研究
以愛爾蘭人在聖派翠克節（St. Patrick's Day）遊行之後，以及

印度馬格梅拉節（Magh Mela festival）時在河中進行淨化儀式的印度教朝聖者的敘述為主題，結果發現敬畏體驗是個聚攏人心的主題。慶典民眾談到他們是某種遠比自己更宏大的事物的一部分，談到隸屬於一個靈性的社群，還有如何被一種高度的使命感所感動。歷史學家威廉・麥克尼爾（William McNeill）在他的《同步前進：人類歷史上的舞蹈和操練》（*Keeping Together in Time: Dance and Drill in Human History*）書中也提出這相同見解，那就是齊步行走——部隊行軍、美式足球比賽上的大學管樂隊、在街頭穿梭的抗爭民眾——能活化我們的感覺，體悟我們是為比自我更宏大的目標服務。

蕾貝嘉・索尼特（Rebecca Solnit）在她談走路的文化史的著作，《浪遊之歌：走路的歷史》（*Wanderlust*）書中細述了在十七世紀席捲歐洲的步行革命，當時道路變得安全，戶外更加開放，供人們旅行、漫遊和探險。歐洲對步行的開放，將催生出種種不同形式的集體行走，從在城鎮和都市廣場的餐後漫步到與朋友一起到野外閒逛。索尼特推論認為，這些不同形式的步行，從更具集體性的到單獨行走的，產生出了一種類似敬畏的意識形式，在這當中，我們將自我延展到環境當中。我們在步行時可以為種種關係建立聯繫，好比，我們的行動和同行之人的行為之間，我們的想法和同樣過日子的人的想法之間，以及我們心中所想和自然模式之間——風吹穿林的運動或天空中的變幻雲朵。與其他人一起行走時，你或許會注意到，自己的身體動作是凝結維繫人類社會的更宏大模式的一部分：清晨學生穿越街道、上班族湧出大樓去吃午餐、民眾在日落時分於農夫市場穿梭購物、年輕人隨意分組打籃球。

步行能引發一種類似敬畏的意識，基於這項觀點，加州大學舊金山分校的神經科學家維吉尼亞・斯圖姆（Virginia Sturm）和我共同開發出一種敬畏的實踐方式，名為「敬畏漫步」（awe walk）。其實這也只是起個名字來稱呼一種普遍的傳統，也就是在行走冥想、朝聖、健行、徒步旅行以及晚餐後漫步時尋求敬畏體驗。以下是我們提供的指南：

1. 喚起你兒時的驚奇感受。小孩子幾乎總是處於敬畏的狀態，因為所有事物對他們都是那麼新鮮。當你漫步行走，嘗試以全新的眼光來看待眼前所見，想像自己是第一次看到它們。每次漫步都暫停腳步，感受周遭事物的廣闊浩瀚，不論那是在眺望環境風光，或者細究探查一片葉子和花朵時。

2. 前往新的地方。每週選擇一個新的地點。在一個全新的環境下，你更有可能感受到敬畏，因為你會看到你意想不到、不熟悉的景象和聲音。話雖如此，有些地方似乎永遠不會厭倦，所以如果你發現某個地方一直能讓你充滿敬畏感，那麼重溫這些地方也完全不成問題。關鍵是認識到那同一處地方的新特點。

　　我們建議參與者前往樹林或水域附近、夜空下、能看到日出或日落的地方，如果是在市區，那麼就選擇在大型建築物、歷史古蹟、他們從未去過的街坊、體育場館、博物館或植物園附近，進行他們的日常敬畏漫步。或者，我們總結道，他們可以乾脆就在街上漫步。

　　我們把參與者區分兩群，所有人都超過七十五歲。為什麼選這個年齡？因為從約五十五歲開始，一直到七十五歲左右，民眾會變得更加快樂。隨著年齡增長，我們意識到生活中最重要的不是金錢、地位、頭銜或成功，而是有意義的社交關係。然而到了七十五歲以後，情況就會改變。我們愈來愈意識到自己總要死亡，也看到我們所愛的人離開人世。七十五歲之後，幸福感稍微下降，憂鬱和焦慮卻上升了。這是很適合測試敬畏漫步之力量的好年齡。

　　在我們的研究中，就對照組情況，參與者經隨機分配參加每週一次，共八週的健走，進行時沒有提到敬畏。我們的老年參與者每週一次遵照指示進行微型敬畏漫步。所有參與者都報告了他們的幸福感、焦慮感和憂鬱感，並在散步時拍了自拍照。

　　這裡有三項發現值得注意。首先，當我們的老年參與者進行定期敬畏漫步時，隨著每一週過去，他們會感受到更多的敬畏之情。你或許會認為，當我們更常在生命的驚奇中體驗到敬畏，這些驚奇就會喪失其力量。這就稱為「享樂適應定律」（the law of hedonic adaptation），即某些樂趣會隨著發生次數增多而降低——好比消費購物、喝美味啤酒或吃巧克力都是如此。但敬畏不是如此。我們愈實踐敬畏，它就變得愈豐富。

　　其次，我們發現了索尼特的自我延展概念在環境中的證據。與活力步行對照狀態的參與者相比，在敬畏漫步狀態下，民眾拍自拍照時愈來愈少把自己納入，隨著時間的推移，自己逐漸偏到側邊，拍了更多的外部環境——他們漫步的街坊、舊金山的街角、樹木、日落、在攀爬架上嬉戲的孩子等。下頁上排的兩張照片來自我們對照組中一位女士，謝謝她大方分享這些照片，其中左側那張照片是研究開始時拍攝的，右側的照片是在外出散步時拍攝的；下排的兩張照片來自我們的敬畏漫步組的一位女士（我從她的第二張照片可以看到真正喜悅的微笑）。這些是消失之自我的圖像證據，也彰顯出隸屬某種更宏大整體之意識。

　　最後，隨著時間的推移，敬畏漫步生成的正向情緒，促使我們的老年參與者更少感到焦慮和憂鬱，並且露出更加喜悅的微笑。

　　丹麥的陰鬱哲學家索倫・齊克果（Søren Kierkegaard）以他對焦慮和憂懼的著作而聞名，他發現在公共場所漫步，能帶來極大的祥和。散步讓他「得以在街頭小巷巧遇邂逅」，他觀察到「真美妙啊，生命中那些偶然而微不足道的小事，恰也是最重要的」。更多日常敬畏。而且很有可能，在與他人一同漫步中體認到日常道德之美。

　　珍・雅各（Jane Jacobs）在《偉大城市的誕生與衰亡》（*The Death and Life of Great American Cities*）書中提出的論點

也大同小異，也就是徒步與鄰居進行常態接觸，可以減少犯罪並提高幸福感。我們在與他人同步日常漫遊中，以及在這種漫步帶來的驚奇體驗中找到社群。

賽局

我猜我是籃球界的阿甘。

這就是史蒂夫・科爾（Steve Kerr）在與我通話時就他籃球生涯的總結，當時正由於COVID-19導致NBA二〇二〇年賽季停頓。他的意思是，對於一個身材瘦削，高一米九的教授之子來說，科爾的事業生涯可說充滿驚奇，他曾與麥可・喬丹一起打球，為「禪師」菲爾・傑克森（Phil Jackson）和傳奇人物格雷格・波波維奇（Gregg Popovich）效力，現在他當上了金州勇士隊教練，而且在他的領導下，隊伍還贏得了三次冠軍，成就了賽史上最令人敬畏的若干表現。

我能和史蒂夫通上電話得感謝尼克・尤仁（Nick U'Ren），他是勇士隊的籃球營運總監，曾擔任科爾的特助。尼克聽聞我們的敬畏科學，於是邀請我在勇士隊練習時可以偶爾前往探訪。在他們贏得冠軍的賽季中，他幫我訂票去看比賽，我看著一萬五千名球迷在勇士隊一波波得分時同步舞動。有一晚，就著啤酒，我問尼克，這支球隊的祕密是什麼？經過一番思考，他回答：「動作」（movement）。

為了揭開這個「動作」的祕密，我首先問史蒂夫關於他早期敬畏體驗的事情。他很快回想起小時候觀看加州大學洛杉磯分校（UCLA）籃球比賽的經驗。他的父親是UCLA政治學教授，有三張球賽季票，對於史蒂夫和他的兄弟來說，那是熱門品項，偶爾小兄弟的媽媽也喜歡參與，讓他們大大驚訝，不過她無法真的告訴你誰輸誰贏。史蒂夫跟我談起一九七三年一場UCLA賽事，他像個歷史學家一樣精確回述。那場比賽UCLA的對手是馬里蘭大學。當時UCLA排名第一，馬里蘭大學排名第二。UCLA在約翰・伍登（John Wooden）教練領軍下已經連勝八十八場，創下運動史上最偉大連勝紀錄（運動分析師同感敬畏！）。那晚UCLA以一分差距獲勝。

史蒂夫回憶起他在那場比賽中，打從心底深處感受到的內心敬畏（visceral awe）。銅管樂隊的脈動樂音。啦啦隊同步舞動，帶領大群球迷陣陣歡呼。UCLA球員的驚人體型和優雅風範。學生和球迷配合著賽事合唱校歌、高呼口號、鼓掌歡呼。在這種一致行動、集體感受和共同注意力的氛圍中，史蒂夫看到一股金色光浪越過UCLA銅管樂隊的低音號、小號和長號。

我問史蒂夫他對運動哲學的看法，心想會聽到一些籃球策略、新的運動分析或教練哲學。結果他卻回憶起他的祖父母艾爾莎和斯坦利・科爾（Elsa and Stanley Kerr），兩人在定居中東時期，創辦了一所孤兒院，收容熬過亞美尼亞種族滅絕暴政的倖存兒童。史蒂夫周遊世界打籃球時，亞美尼亞人穿越陣陣粉絲群向他表達賞識之情。

「對你講起這件事情讓我毛骨悚然……」史蒂夫反思道。

他繼續說道：「想到一百多年前，我的祖先和我所遇見的亞美尼亞人的祖先曾有交集，還改變了他們的人生，這讓我感到非常謙卑。」

　　史蒂夫的動作哲學，關於他如何協調五具壯碩、快速的身體，構成同步協作的模式，源自於過去歲月中讓他感動的種種類型的道德之美，以及不同個體憑互異文化和獨特傾向，可以凝聚在一起，產生出美好事物的理念。還有，比賽讓人見識這種一致行動，由此來凝聚眾人。

　　運動和比賽就像宗教，將我們的日常同步動作儀式化，並在比賽、觀看、歡呼和慶祝的歡騰（或者安撫慰問）中凝結形成社群，同時反思人類的能力、勇氣和品格。歷史研究發現，奧運會始於公元前七七六年，發源自希臘的奧林匹亞，當時女性和男性經常舉辦跑步比賽，以嬉鬧心情來判定誰跑得最快。有個關於奧運比賽起源的神話是，當時有五兄弟（五位生育之神）決定舉辦一場賽跑來榮耀女神希拉（Hera）。這些賽事將社群凝聚起來，共同體驗充滿競爭和觀賞的嬉戲趣味，隨著時間的推移，它和葬禮儀式、讚美詩、祈禱、舞蹈和其他身體比賽的元素，結合構成了如今啟發敬畏之情的奧林匹克運動會。

　　奧林匹克運動會出現之前約一千年，奧爾梅克人（Ol-mecs）、瑪雅人和阿茲特克人，已經在遍布墨西哥、瓜地馬拉、貝里斯和尼加拉瓜的球場上進行已知最古老的球類競賽──馬雅蹴鞠（ullamaliztli）。比賽當天，祭司們會以祈禱、歌唱、吟誦和儀式來祝聖球場。比賽中，來自鄰近村莊的二至三人隊伍便以臀部和肘部碰撞，設法把球拋過狹窄球場上的環圈，而球場四周則繪有納瓦族（Nahua）戰士、猴神和羽蛇神（Quetzalcoatl）的畫像。比賽結束之後，村民便聚集在一起跳舞、奏樂、唱歌、歡笑和作樂。將一致行動化為儀式的文化形式，融合了生命中的許多驚奇體驗。

這種動作很重要。一批批飛鳥、游魚和牛羚，若能成群集結，面對掠食者時一致行動，結果就會比較好。就人類來講也同樣如此。打板球時，若隊友的歡笑和喜悅能互相感染，就能在下一局打出比較好的成績。在一項研究中，成功的**共享感受**，比起球員的技能，更能預測隊友的獲勝機率，這適用於板球、足球、棒球和一種盛行的電子遊戲。就體育之外，當演出弦樂四重奏的音樂家，更一致地搖擺他們的身體，則演出的品質就會更高。

當史蒂夫的勇士隊以罕見的一波波得分浪潮贏得比賽，專家們紛紛提出解釋。有的說這是某些傳球方式的結果，有些人則說是因為史帝夫仿效愛荷華州旋風籃球隊「旋風打法」那樣奇妙的招式，就像諧星在路邊聽來一些笑話。當我提到這些可能性時，史蒂夫笑了。

> 籃球就像音樂……在樂隊中，你不需要五個鼓手或吉他手……問題在於如何讓五個球員融合在一起。

這是我們極高度社會性演化的一個更深層次的原則：成功的團體協同動作，將不同的才能融合成一個順暢運作的同步整體。地球上最成功的物種之一，切葉蟻就將其不同成員的種種不同技能，運用於協調的整體當中：其中有切葉子的蟻，搬運的蟻，建造的蟻——所有的蟻都切葉子，運輸葉子，建造家園並照顧蟻后。演化有利於**採用他們所該有的方式來活動身體**的物種。當我們與他人協調動作，融入了這些模式當中，這時我們的敬畏感便向我們發出信號。

我問史蒂夫關於集體運動的祕訣。他告訴我，在於球迷。「當我們發揮最好時，他們就感到快樂。他們振奮起來、歡呼、跳舞。」

的確，觀看心愛的球隊會讓我們感到敬畏。受到涂爾幹的啟發，一位女性社會學家沉浸融入了匹茲堡鋼人隊球迷的生活。在星期天的比賽中，球迷步伐一致地走向體育場和停車場，享受比賽前的儀式，通常這包括啤酒和燒烤食物。現場洋溢集體感受，表現在擁抱、哭泣、嚎叫、振臂高舉，以及對某些人來說，做出虔誠的舉止，還有肉體犧牲的「聖潔傾向」：

> 我眼前一個面容嚴肅的男子，或許快三十歲或三十歲出頭，他開始把一層層衣服脫掉。最後，他把最後一件襯衫拉到頭上，身上連件內衣都沒穿，在攝氏零下十度高聲歡呼尖叫。在鋼人隊隊員第二次出色演出之後，他旁邊的男子也脫掉了一層又一層外套和襯衫，兩人攜手尖叫。

鋼人隊的球迷把注意力集中在代表他們共同身分的神聖物件之上：鋼人隊主題球衣、外套、草坪椅，還有比賽期間出現的「可怕毛巾」（Terrible Towel），那是一款金黑色毛巾，七萬名球迷一起同步揮舞來讚賞偉大的演出。忠誠的球迷描述他們自己是個「家庭」和「鋼人國度」，默認之自我退場，更宏大的東西取而代之。

隨著我們的談話接近尾聲，史蒂夫的前隊友麥可·喬丹浮現在他的腦海。他回顧喬丹會如何提醒他的隊友們，「看台上有一些年輕球迷，說不定是來這裡看他們唯一的一次NBA比賽，他們是來看我們比賽。」

我問史蒂夫，他的運動生涯對他代表什麼意義，他就以這段話結束了我們那通電話：

給人們帶來歡樂是公民的義務。

律動

當歐洲殖民者第一次前往非洲，見識了當地民眾跳的舞，那幅景象讓他們不由得心生敬畏，甚至還更常感到震驚。舞蹈的普及、歡騰和力量，使這些尋求財富並「拯救靈魂」的西方人灰心喪志。在非洲，社群以跳舞來表達對產子、青春期、婚禮和死亡的感知，將人們帶入一種對生命循環的共同體悟。面臨戰爭或出發打獵之時，人群會跳起振奮人心的戰歌，和賦予力量的舞蹈，狩獵成功會帶來慶典舞蹈，也為分享食物創造條件。甚至種種形式的勞動也都被象徵性地表現在舞蹈之中，呈現出農業工作的種植、挖掘和收割。**讓他們以該有的方式來活動他們的身體。**

在非洲和全世界許多原住民的文化中，從過去到現在，舞蹈都是種會讓人感受敬畏的肢體與象徵性的語言。舞蹈將面對神明的體驗，化為象徵性符號。特定的舞蹈講述了有關男神、女神的故事，關於生命的起源和來世，以及正與邪之間的戰鬥。人們以跳舞來把他們對雷電、豪雨和勢不可擋的強風等自然力量的敬畏感受化為象徵性符號。這項傳統顯然可以追溯到黑猩猩遠祖的瀑布舞蹈。

舞蹈象徵著我們社交生活的主題，包括生命中的驚奇，這種概念時至今日或許已經顯得陌生。這是由於在西方，宗教勢力和歐洲社會上層階級把舞蹈從我們的社交生活中抽離出來。他們這樣做是為了約束並馴服其象徵力量，因為他們明白舞蹈能如何表達熱情、自由和欲望，還往往往會促成反對統治階級的抗議浪潮。如今，就像阿格拉沃爾這樣的舞蹈革命家，正在重振這種生命中的驚奇體驗，讓我們能**以該有的方式來活動我們的身體。**

跳舞如何能夠讓我們表達敬畏呢？我們可以從《戲劇論》（Natyashastra）中找到關於這個問題的深刻回答。那是一部兩千三百年前的文本，據信是由印度賢人婆羅多牟尼（Bharata Muni）於公元前第二世紀寫成。《戲劇論》詳述舞蹈細部動作，精確猶如宜家家居（IKEA）置物架的組裝說明書，內容包括如何活動我們的腳、手、指、臂、軀幹、頭、顏面肌肉、膝和臀，來表達出舞蹈中的「感觸」（rasa），或者說情緒。

於是，《戲劇論》細述了我們如何以舞蹈來傳達生氣和盛怒：採蹲伏姿態安定身形、緊攥雙拳並環抱手臂、緊閉嘴巴和下頷並定睛凝望（就像藍衣人烏普帶領的哈卡戰舞）。

至於表達愛，《戲劇論》建議我們放鬆身體，側頭開展雙臂和雙手，微笑，並對所愛之人的眼神做出回應〔設想金·凱利在他的指標性《萬花嬉春》（Singin' in the Rain）舞蹈中的表現〕。

就敬畏方面，我們張大眼睛和嘴巴，仰望，張開手臂、伸展肩膀、胸膛和雙手，這些都是我們見於世界各地不同文化中，用來表達敬畏的行為。如今我們在種種場合依然可以見到這樣充滿敬畏的舞蹈，好比五旬宗基督徒受聖靈感動之時，或者在銳舞派對上狂歡人士展現的搖擺舞姿。

舞蹈以敬畏的方式讓我們改頭換面。一項在巴西做的研究以高中生為對象，研究他們類似跳舞的動作，其中有些人對照節拍器節奏並與其他人同步，另有些人則與附近的人不同步。與他人「共舞」的學生，特別是做更劇烈的動作時，他們會感到更緊密的互相連結。他們還可以忍受更劇烈的疼痛，這個跡象顯示，他們體內伴隨融合感受，出現的天然鴉片類物質含量較高。就連十二個月大的嬰兒，倘若他們與實驗者在音樂的同步節奏下不斷蹦蹦跳跳，他們也會幫忙實驗者撿起掉落的筆。

歷經幾千年演化，舞蹈就像運動、音樂、藝術和宗教一樣，也成為了記錄敬畏的方式。在舞蹈中，我們以象徵性的語言識別生命中驚奇（和震驚）的存在。在一項相關研究中，一位受過古典印度傳統舞蹈訓練的舞者，拍攝了一些四秒到十秒的影片，內容都是受了《戲劇論》啟迪，由她演出十種情緒（或感觸）。西歐人都能清楚分辨這些短片要傳達的情緒，包括其中的驚奇體驗。當我們藉由舞蹈一致行動時，我們也正與旁人交流關於崇高的信息。

當我們觀看舞蹈的感觸表現時，這本《戲劇論》進一步指出，作為觀眾的我們，會感受到稱為「巴華」（bhava）的美學情緒。這些美學情緒和我們日常生活的世俗情緒（即感觸）是不一樣的；我們在想像領域中感受到巴華，在那裡我們能暫時地、愉悅地擺脫日常生活的煩憂。

這是如何運作的？目前的想法認為，當我們看到別人跳舞，我們本能會開始模仿他們的動作，你會踏腳打拍子或搖擺身體，並因此有所察覺。接著這些身體動作會引導我們體現的心智，將舞蹈動作所表達的相關想法、圖像或記憶帶入意識。舉例來說，一名舞者對敬畏的描繪，有可能引導你稍微開展身體並向上轉移視線。你可能會回憶起過去與某種生命驚奇的多次遭遇，或者想像你可能會喜歡的驚奇體驗。值得注意的是，一切都發生在想像的領域當中，在那裡我們可以自由地揣想什麼是可能的。

當我們一起跳舞，我們共享移動身體的趣味。觀看他人跳舞時，我們還會體驗想像力的飛翔。這一切會帶來一種身體與心靈的滲透交融，而這也就是「集體歡騰」的體驗。難怪舞蹈

是如此令人心醉，就像體育活動的集體歡騰那般貼近屬靈的體
驗。

第六章

荒野敬畏

大自然如何變得靈性，
並療癒身體和心靈

棲身地球之美與奧祕當中的科學家或一般人，永遠不
會孤單或對生命厭煩。

——瑞秋·卡森

我和協同研究者珍妮佛·斯特拉以及內哈·約翰—亨德森
（Neha John-Henderson）直覺認為，敬畏有可能是應付我們這
個過度緊張和過重壓力時代的解毒劑。我們猜想敬畏有可能緩
解我們的免疫系統所生成的炎症，特別是因應慢性威脅、排擠
和孤獨而生成的炎症。怎麼做的？為什麼生命中的驚奇體驗，
有可能轉變這種會帶來問題的炎症？因為在很多方面，敬畏都
站在社會威脅的對立面，所以能抑制促炎性細胞激素（proin-
flammatory cytokine）的釋出。

促炎性細胞激素由你全身的免疫細胞釋出，用來殺死入侵
的細菌和病毒。就短期而言，細胞激素會讓你的身體增溫來殺
死病原體，於是你就會感到反應遲緩、神智模糊、疼痛和迷
惘，這是由於身體正在動員資源來抵抗攻擊並恢復元氣。不過
問題在於，人類的心智將社會威脅當成一種入侵的病原體：研
究發現，社會排擠、羞愧、被當成歧視的對象、慢性壓力、孤
獨、所愛的人遭受威脅，全都會提高你體內的細胞激素量。

相形之下，敬畏會提升我們身為社群一部分的認知，讓我
們更能感受到他人的關愛和支持。由於體驗敬畏之情，我們將
生活的壓力置於更宏大的背景之下。我們猜想，或許日常敬畏
會降低炎症程度。

為了驗證這項假設，我們收集了炎症的測量值，這些測量值以生物標誌物白血球介素6，簡稱白介素6（Interleukin 6, IL 6）進行評估。參與者還使用一張最高七分的量表（一分是最不贊同，七分是最為贊同）來回答日常敬畏相關問題，例如：

我經常對周遭的事物感到驚奇。

我在戶外經常感到敬畏。

此外，我們還測量了感受其他正面情緒的傾向，好比自豪和被逗樂。在這項研究中，**只有敬畏**能夠預測出較低的炎症程度。因此日常敬畏可以避免慢性發炎以及與此相關的二十一世紀疾病（包括憂鬱症、慢性焦慮、心臟病、自體免疫問題和絕望等）的一條途徑。這項發現引起了一位非常魁梧的人士的注意，他對創傷所致炎症知之甚深。

斯泰西・貝爾（Stacy Bare）身高兩公尺三公分，蓄留一嘴濃密的大鬍子，頭部也非常巨大，戴最大的毛線帽都會繃得很緊。他的嗓音就像能撼動大樹的麋鹿叫聲。

心中想起在伊拉克和阿富汗服役時的經歷時，他的目光會轉向一側，還會緊抿雙唇——悲傷哭泣留下的痕跡，或許是為了他的戰友，也或許是為了無辜慘死路邊的伊拉克人而哭。當他談到，有必要為老兵做更多的事情，別只是用混合藥物來麻痺他們的心智，或者當他回想起一位才剛自殺的老兵朋友時，他的措辭和韻律變得緩慢，充滿因深刻體察人類苦難而湧現的信念。

在南達科他州的童年時期，斯泰西受了祖父母在第二次世界大戰期間，進美國海軍服役所經歷的敬畏故事的啟發。十九歲時，他嘗試入伍卻遭拒絕，因為他長得太高了。結果他加入了陸軍，在伊拉克和阿富汗服役。在這些戰事中，他遭受了慢性炎症的困擾。這並沒有阻止他尋找敬畏：

在伊拉克的那一年，我幾乎時時刻刻都陷於一種從低迷到高漲的畏縮狀態。我每天都被迫做出可怕的政策決定，處理一場管理不善的戰爭。我失去了朋友，看著伊拉克人被殺，忍受著爆炸和步槍射擊、迫擊炮轟炸和讓我每月拉一次肚子的食物。我大半時期都在為不斷變動的領導體系工作，每個人都想以自己的方式「做出改變」。

光線大大改變了。

我轉過身，看到一堵巨大的、搏動的橘色高牆順著道路衝過來，沿途抹滅一切事物。不到一秒，分布在道路兩側的建築和汽車都消失了。我奔跑，發出笑聲，面露微笑，低身躲進路邊一處混凝土結構，一個小掩體。我後背朝風，但我的周圍全都是細砂煙塵，滿布掩體。沙塵滲入我的嘴和喉嚨，但我卻止不住面帶微笑，發出笑聲。

世界是個廣闊的地方，我只是這當中一個微不足道的小點。我生命中的挑戰和擔憂，全都在我努力呼吸的剎那間消失了。在當年感到格外束縛的那段時期，這是種極其強烈的解放感。在沙塵暴的全面毀滅當中，我還發現了它的壯麗之美。

即便在沙塵暴肆虐過後，橘色的天空依然存續了一段時間。待在伊拉克的那一年期間，我也曾仰望其他橘色的天空，卻從來不曾像那樣在沙塵席捲時被困在風暴當中有相同的感受。我記得當時在想，我們在這顆星球上可以隨心所欲為所欲為，但世界總是獲勝──所以我們最好還是趁自己在這裡時，創造出更多喜悅，為所有人帶來真正的喜悅。

許多時候，壯闊的環境往往束縛著我們，就像終身監禁，或照顧垂危病患，或種族主義移民法，或戰鬥等，這樣的環境似乎「總是獲勝」。然而當我們體認到，這種命運的浩瀚壯闊，意識到在「廣闊的地方」當中，自己只是「一個微不足道的小點」，這時我們就可以找到「解放感」，甚至湧現一種衝動來創造條件，「為所有人帶來真正的喜悅」。我們也經常在最艱難的處境，體驗到顛覆性的敬畏。

回到美國之後，斯泰西陷入了火熱深淵。他在作戰時失去了一些好友。女友在他離開時與他分手。死者的影像侵入了他的腦海：一個被美軍子彈殺死的小女孩，一條狗在垃圾堆中啃食一個死者腫脹的脖子。波灣戰爭的老兵，大約每五人就有一人擁有嚴重的憂鬱症。像斯泰西這樣的年輕退伍軍人，自殺率是美國任何群體當中最高的。約四分之一的老兵經常大量飲酒。斯泰西轉向烈酒、古柯鹼和安非他命。他參加充滿強烈刺激的派對而難以自拔。他腦海中不斷浮現一個聲音，強烈建議他自殺。

就在他一路盤旋墜落之時，一個朋友堅持要斯泰西在開槍打爛自己腦袋之前，跟他一起去科羅拉多州波德（Boulder）附近的熨斗山（Flatirons）攀岩，這是一系列五層砂質板岩，標高超過七千英尺。斯泰西已經在這類垂直高牆垂降過幾十次。然而在這一天，他綁縛在岩壁上，俯視數百英尺高度，他僵住了。他的身體顫抖。他啜泣。他服役的意義是什麼？軍事生涯？在他眼前死去人們的生命？他的生命？他的腦海浮現一個簡短的詞語。

走出戶外。

奇特的情感共鳴

今天你歡喜體驗到的每一次敬畏，都把你和過去連結起來，也連結起他人在不斷演變的文化形式中，所典藏生命驚奇的那些崇高體驗。斯泰西・貝爾在荒野中的敬畏體驗，可以追溯到尚－雅克・盧梭（Jean-Jacques Rousseau）經歷的一次感悟體驗。

　　一七四九年，盧梭正前往探望他的朋友、哲學家德尼・狄德羅（Denis Diderot），狄德羅當時正在巴黎市郊一所監獄服刑。當盧梭在起伏山丘之間漫步時，他腦中也思考著這個問題：「科學和藝術的進步是讓道德走向腐化，還是朝向更好的發展？」今天我們可能會問：「全球化和資本主義是提高了我們的生活品質，還是鋪設了絕路讓我們走向毀滅？」

　　思索這道問題讓盧梭大感震驚、困惑。在恍惚的狀態下，他看到了千盞燈火的光芒。他無法控制地啜泣。他被一項感悟所震撼：啟蒙時代曾被大肆吹捧的諸般承諾，包括科學、工業化、正式教育和擴大市場的好處，完全就是個謊言。它正在摧毀人類的靈魂。它是奴隸制度和殖民主義體系的同伴，也是經濟不平等的起因和合理化的說詞。它正在摧毀歐洲的森林，污染天空，並在街上填滿髒污。它還抹滅了情緒的智慧。

　　盧梭的感悟是，當我們處在自然狀態時，我們具備了引領我們尋求真相、平等、正義和減少痛苦的熱情，這是我們的道德指南。我們可以在音樂、藝術和（最重要的）自然之中，感受到這些直覺。教會和正式教育等機構讓我們脫離了更高尚的傾向。在巴黎市郊山丘的那次戶外體驗中，浪漫主義誕生了。

　　在浪漫主義哲學中，生命的目的是從文明的桎梏中解放自己。在自由和探索中找到自己。熱情、直覺、直接感知和體驗被賦予的重要性，勝過還原論式的理性。生命關乎尋找敬畏，或就是浪漫主義者所稱的崇高。音樂是個神聖的領域。自然歷程——雷、風暴、風、山、雲、天空、植物與動物的生命週期——具有靈性意涵，最重要的是，我們就是在這些地方找到崇高。盧梭敦促歐洲人走出戶外。

浪漫主義精神後來便啟發了瑪麗·雪萊（Mary Shelley）在阿爾卑斯山的假期遇上暴風雨時寫出《科學怪人》（*Frankenstein*）。這也激發了柯勒律治（Coleridge）、珀西·雪萊（Percy Bysshe Shelley）和華茲渥斯等人的詩詞創作，接著這些也成為我母親在加州州立大學沙加緬度分校（California State University, Sacramento）教授英文的上課教材。這種精神孕育了一種全面性的科學，旨在透過圖像、隱喻、藝術和統一的概念來尋求真理，同時也不忘必要的還原論，將現象拆解成不同部分。

它引領了詹姆士·庫克（James Cook）、亞歷山大·馮·洪保德（Alexander von Humboldt），最終還有達爾文的史詩般探險，促使他們創作出對自然世界的詩意描繪。浪漫主義改變了我們和自然的關係，不再心懷恐懼，也不再迷信看待。

拉爾夫·愛默生受了這種浪漫主義精神的感召。由於妻子艾倫（Ellen）在二十二歲時去世，愛默生悲痛之下前往歐洲，最後來到了巴黎。愛默生於一八三三年七月在巴黎植物園（Jardin des Plantes）體驗到了一種感悟。

二〇一八年，我迫切地想去巴黎植物園，並走進了那裡的古生物學和比較解剖學美術館，場館面積約相當於一所小型學院的籃球場大小。館內看來就像一座火車站，彷彿是出自印象派畫家克洛德·莫內（Claude Monet）的畫作：鑄鐵框架圈繞著外部採光的淡白色透明天花板。進入館內，迎接來訪遊客的是一尊一七五八年的男子雕像，雕像沒有皮膚，表面是緊繃的紅色肌肉。他站在最前方，後面是一列上百件所有想像的到的物種骨骸，從大猩猩到獨角鯨，從鬣狗到黑猩猩。這是一次有關比較解剖學的亡靈節式敬畏漫步。他仰頭抬眼望向遙遠的地平線，也或許是朝向天空，他的嘴巴張開，眼神充滿生氣。他的肉身展現了敬畏之情。

這是我們比較解剖學的敬畏漫步領隊。這尊雕塑完成於一七五八年，曾在美術學院（Académie des Beaux-Arts）的素描課上使用。

環繞這列骨骸參觀時，我見到了一些罐子，裡面裝了豬、狗、大象和人類的大腦。其中一個罐子裡有隻白色小貓在藍色液體裡面漂浮，一動不動彷彿從深空墜落地面。櫥櫃裡面陳列了一些粗紙漿立姿雕塑，製作成各種動物的對半解剖模樣。在展場某區的一些罐子裡面裝了基因畸變產物——無頭小狗、雙頭豬、下頜相連的人類攣生胎兒。來訪的兒童站得異常貼近父母，身體前傾，張大了嘴。父母親尋覓恰當的詞語設法解釋。

對愛默生來說，他在巴黎植物園中遇到的大自然與安排有序的動、植物相的豐富性，激發了他的荒野敬畏：

> 在這裡，我們被大自然取之不盡的豐富蘊藏所折服。當您瀏覽這一系列令人眼花繚亂的生靈形態之時，宇宙也成為比既往任何時候都更令人驚奇的謎題⋯⋯重點不在如此怪誕、如此野蠻或如此美麗的個別形態，而在人類觀察者內在擁有的某種特質的表現——蠍子與人類之間的一種隱密關係。我感受到我體內的蜈蚣——凱門鱷、鯉魚、鷹和狐。我被一種奇特的情感共鳴所感動。我不斷地說：「我要當個博物學家」。

就在愛默生被「奇特的情感共鳴」所感動當中，我們發現了敬畏的模式——宏大（「取之不盡」）、神祕（「宇宙成為更令人驚奇的謎題」），和自我與其他有感知生靈間分野的消融（「隱密關係」；「我感受到我體內的蜈蚣」）。在不同物種的豐沛形態之中，即便是低微的蜈蚣，都存有一種直覺的生命力量將我們連繫在一起。愛默生的感悟是關於當時風行的一種核心觀點：所有的生命系統，從不同物種的骨骼、器官、肌肉和組織，乃至於我們心中的美感和設計感，全都由自然選擇（天擇）形塑而成。他感受到的是支撐起達爾文所說的「最美的無盡形式」的神聖幾何學，並在當天決定「當個博物學家」，在荒野敬畏中尋找他的靈性生活。

對荒野敬畏的需求

一九八四年，哈佛生物學家E.O.威爾森（E. O. Wilson）將愛默生在比較解剖學美術館中所感受到的「奇特的情感共鳴」稱為「親生命性」（biophilia），也就是對生命與對生命系統的愛。親生命性包括我們對自然的豐沛激情。其中最受廣泛研究的是美的感受；當我們欣賞熟悉、悅目的風景，好比起伏山丘、樹木、溪流或其他水源、繁盛的動物與植物，以及身居某處高地之時，我們就會湧現這種感覺。這些美的感受向我們的心智發出信號，告訴我們一處場所的資源豐沛（或匱乏）及其安全性，並使我們以及我們共同行動的對象（以我們的演化為背景脈絡而言），在往後我們稱為家的地方安頓下來。

我們在任何自然環境中幾乎都可以體驗到親生命性，從觀察落葉到月相變化。還有更多日常敬畏。有些人由於對雲、海洋、浪潮、樹木和鳥類等自然事物感到敬畏，而結成了強大的社群。還有庭園。當你在園中見到花朵，會傳粉的芬芳、多彩的幾何生命形態，你很有可能體會到感官上的愉悅、美的感受，甚至還有敬畏，並且更願意與人合作。庭園裡的芳香，發自羅勒、迷迭香、山茶、桃、松等，都會從你的嗅覺系統發出神經化學信號，穿過情緒與記憶相關腦區，傳往額葉，包括眶額皮質（orbitofrontal cortex），而那裡就是我們的情緒左右道德行動傾向的區域。花園中的香氣會帶領我們踏上啟發敬畏之情的旅程，也往往讓我們回溯時光前往其他重要香氣的時刻。這些香氣向我們傳達信息，告訴我們什麼是純淨的、滋長生命的、有益的和良好的。

我們該怎樣才能證明，我們在生物學上具有荒野敬畏的需求，其重要程度與我們對於高蛋白食物、體溫調節、睡眠、氧氣和水的需求相當呢？

或者是偏向社交的需求，好比被愛、被關心、被觸摸、受尊崇和受敬重？

在我們發育過程當中，基本的、演化形成的需求會確實地展現出來，並得到特定神經生理歷程的支持。倘若這些需求得不到滿足，就會導致健康惡化和社交失能。在這個框架之下，我們對於「歸屬」的生物需求相當明確：它會在孩子的早期生活中確實地浮現，並且受到各種神經化學物質（如多巴胺、催產素）和身體各部位（如迷走神經）的廣大網路所支持。倘若這個需求得不到滿足——例如被單獨監禁或成為內戰孤兒——就會導致最嚴重的功能障礙，例如大腦發育遲滯、慢性疾病、憂鬱症和早夭。

我們有沒有荒野敬畏的生物需求？讓我們從發育的課題入手。當有機會時，孩子會在戶外探索時充滿敬畏；傾倒液體和在桶子裡面裝滿沙子；採集蟲子、細枝和葉片；爬樹和挖坑；潑水；還有對著雨和雲滿心讚嘆。我們歷經演化，漫長的童年目的是讓我們有足夠探索和遊戲的時間，這樣才能學習有關於自然和社會環境的種種事項。由於尚未被前額皮層（和默認之自我）所控制，兒童的腦部會在神經元之間形成數量超過成人腦部的突觸連接，於是他們更傾向於新奇的解釋和發現。兒童與自然世界充滿敬畏的關係，是深度學習生命系統的實驗室，這對我們的生存至關重要。

就荒野敬畏的神經生理學方面，自然界景象、聲音、氣味和味道會觸動與敬畏相關的迷走神經活化反應，並降低「戰鬥或逃跑」的心血管反應、血壓、皮質醇和炎症現象。以下只舉出幾則實例，來說明當我們來到戶外自然環境當中，身體如何像是天線般反應。水聲會啟動迷走神經。自然界的某些氣味能夠平撫我們的壓力相關生理反應。許多植物都會釋放出芬多精（phytoncides），這類化合物能夠降低血壓並提升免疫功能。觀看自然景象會啟動腦中的多巴胺網路，這就會激發（你日後會回想的）探索和驚奇的感受。

就像任何生物需求，當我們的荒野敬畏需求得到滿足，我們就會過得更好；反之，當需求受挫，我們就會在心理和身體上受到傷害。這項論點採取對照研究來予以檢測，研究人員讓參與者在自然環境中散步，或者讓他們觀看自然美景的圖像或影片，抑或是觀察住在綠地附近的人們過得如何。科學家在韓國和日本研究了森林浴的效應，讓人們在森林中經歷沉浸式的敬畏體驗——好比散步、嗅聞氣味、以皮膚和手來感受葉片和樹皮，並就樹木及其出色的自然設計尋思片刻。當我們的荒野敬畏需求得到滿足，我們的心智也能獲益；我們更能集中注意力、更能應對處理壓力，而且在不同類型的認知測驗中，也會表現得更好。

荒野敬畏的科學先驅法蘭西斯・郭（Frances Kuo）安排讓確診患了注意力缺失／過動症的孩子在綠色公園、寧靜街坊或者喧囂的芝加哥鬧區散步，而且路程長度和身體負荷都是相當的。結果只有在公園散步的孩子，專注力測驗的得分才有所提升。走出戶外親近大自然有助於提高我們的專注力，這就是威廉・詹姆士所稱的「判斷、品格和意志的根本」，也是我們區辨事物之輕重緩急，以及如何將我們日常的繁忙片刻納入更廣泛敘事當中的能力表現。在民眾更親近美麗的綠色地理區域，人們指稱他們享有更大的幸福感，相處也更友善。

事實上，很難想像你能做什麼比在戶外找到敬畏更有益於你的身心健康。這樣做可以降低種種患病機率，包括心血管疾病、呼吸系統疾病、糖尿病、憂鬱、焦慮和癌症。它可以舒緩兒童哮喘。它能減輕日常疼痛不適、過敏、暈眩和溼疹。身處大自然帶來的這些好處，在人生的各階段都能觀察到，從新生兒（在綠地附近誕生的嬰兒，出生體重較高）到年邁長者都是。

我們的身體對於適量的、能觸動敬畏感受的大自然反應，就如同我們享用了美味營養餐點、睡了一頓好覺、喝了解渴飲水，或者與親友共度令人振奮的聚會時會有的反應：我們感覺受了滋養、變得更堅強、更有自主能力，也更有生命力。

我們的荒野敬畏需求很強。

河川上的荒野敬畏

斯泰西·貝爾完成熨斗山攀登活動，並重新恢復健康之後，他開始積極從事戶外活動，包括攀岩、健行、背包旅行、滑雪和泛舟。他突然產生一個和戰鬥所引發創傷症狀有關的構想。隨軍外派部署時，戰士會從眾多根源感受敬畏，包括他們的服役地點、他們遇到的人、他們的家庭情感，還有在值勤時產生的超凡強烈感受，以及在戰鬥中經常見識的勇氣表現。這往往是一種黑暗的、充滿威脅的敬畏，並有可能迅速轉變為對大屠殺、混亂、暴力、行兇施暴和看著年輕人死亡的驚恐。但是那裡確實有敬畏。回歸平民生活之後，退伍軍人會渴望再次體驗敬畏之情。

受了這個想法的啟發，斯泰西奉獻一生，致力將荒野敬畏傳達出去。斯泰西在塞拉俱樂部（Sierra Club）工作期間，每年為數十萬人研擬計畫，分採散步、健行、背包旅行、泛舟和攀岩等方式，來尋覓荒野敬畏。他帶領在戰鬥中失去肢體的老兵一起攀登陡峭的岩壁。他和老兵一起回到當初作戰的地點，不過是為了休閒，在伊拉克和阿富汗的美麗山區，與當地人一起滑雪。由於樂於分享荒野敬畏，他被賦予年度國家地理冒險家（National Geographic Adventurer of the Year）殊榮。

斯泰西聽說了我們的研究顯示敬畏能舒緩發炎反應，於是他提議，由我們協力進行一項荒野敬畏研究。我們的實驗室是亞美利加河（American River）上的一批舟筏，那條河川的起點在內華達州鋸齒山脈區域，水道長一百九十多公里，在山麓間蜿蜒穿梭，流過了當年羅爾夫和我在山丘間徘徊的兄弟歲月，一路來到沙加緬度。在河上泛舟，時而悠閒倘佯如作白日夢，時而經歷激昂甚且令人害怕的刺激瞬間，操槳越過重重二級急流，名稱包括「絞肉機」（Meat Grinder）、「撒旦的污水坑」（Satan's Cesspool）、「死人陷坑」（Dead Man's Drop）和「醫院淺灘」（Hospital Bar）；在「醫院淺灘」操作不當，就會讓你摔落墜入「捕手手套」（Catcher's Mitt），那是一塊喜愛捕捉舟筏的大石頭。不過，通過了「醫院淺灘」之後，泛舟人就可以在「恢復室」（Recovery Room）中療養他們的受損身軀。

我童年時期一些最美好的回憶就是和羅爾夫、我們的父母，以及他們的朋友一起搭乘舟筏和內胎在河上漂流，沐浴在陽光下，盤桓好幾個小時，觀賞水面光芒，看著水下虹鱒的褐色輪廓暗影，感受河中水流的流向和特質，將我們的身體、笑聲和交談，交融納入一個充滿陽光的、閃閃發光的氛圍當中。

我們有兩組參與者。第一組包括來自加州奧克蘭和里奇蒙（Richmond）資源不足高中的學生，這些學校缺乏私立學校和富裕的郊區公立學校常有的綠地和有機園藝設施。其中許多青少年從來不曾露營。像這樣的青少年在貧困中長大，將導致高度壓力，更容易出現焦慮和憂鬱狀況，以及慢性炎症。老兵構成了我們的另一個組別。老兵和在貧困中成長的兒童可能同樣表現出創傷形塑的壓力特徵：睡眠中斷、侵入性思維、注意力難以集中，以及附近潛藏危險的警戒感。

在泛舟行程之前和一週之後，我和加州大學柏克萊分校的兩位合作夥伴，克雷格・安德森（Craig Anderson）和瑪莉亞・夢羅伊（Maria Monroy）收集了壓力、幸福感和創傷後壓力症候群（PTSD）的測量數據，最後這項是以睡眠中斷、侵入性記憶、回憶閃現和感覺緊張的相關報告為準。在泛舟行程前後，參與者會向小瓶子裡面吐口水，這樣我們就可以測定壓力相關皮質醇在旅行途中的變化情形。我們在筏前安裝了Go-Pro，於是我們就可以近距離拍攝協同划槳、同步歡呼和嚎叫聲、集體歡笑聲，以及航行通過危險急流之後的船槳碰觸和慶祝呼喊、恐懼的尖叫和感受敬畏時的語音爆發，例如「哇嗚」、「喔──」、「啊」和「嗚喔」。泛舟行程當天午餐過後，我們要求我們的青少年和老兵寫下他們在河上的經歷，講述他們的荒野敬畏故事。

就像步行、遊戲、觀看體育活動、舞蹈、儀式和典禮，一整天下來，泛舟同伴的情緒和生理都同步了。起初，泛舟同伴的皮質醇水平全都不同；但是在一天的共同行動之後，他們的皮質醇水平趨於齊平。泛舟同伴在情緒表達方面也同步了：一些泛舟同伴在筏上一起尖嘯、嚎叫來表達情緒；另一些人則一起發出「喔——」和「嗚喔」的交響共鳴。他們正融合為一體。

泛舟過後一週，青少年和老兵感覺到壓力減輕。他們表示幸福感增強了。青少年與家人朋友的關係改善了。老兵的創傷後壓力症候群的感覺和症狀減輕了百分之三十二。

泛舟之所以對我們有益有許多原因：身體運動所帶來的大量腦內啡、與他人一起娛樂、享受一次擺脫生活艱辛的喘息機會、樹林美景和香氣以及河川的聲音。在更細緻的分析中，我們發現，是敬畏的感受帶來了待在戶外的身心益處。以下是一位青少年參與者的敬畏故事：

> 今天有一刻我注意到了……一切。山丘上煙霧瀰漫，我感到敬畏。水浪飛濺沖激舟艇，我感到驚奇。我感到平靜。

而一位老兵提供的故事，裡面則談到敬畏可以讓我們從更寬廣的視角來看待問題，從而療癒創傷：

> 仰望滿布星辰的天空，我想到宇宙及其無邊無際。這讓我感到我所做的事情，並不是那麼重要；不過對於我可為之事的機會，則是感到更有力量，也更輕巧可得。以往我從未見過像今晚這樣，天空星辰這麼繁多的景象。

敬畏可以讓我們感覺到，我們的生命工作既不像我們的默認自我所認定的那樣重要，卻也應允其目的和可能性的前景。青少年和老兵在報告中所提，旅程途中所感受的敬畏（而非自豪或喜悅），能夠解釋為什麼他們在一週之後感到較少壓力，較多社交聯繫，對他們的家人感到更濃烈的愛，也更加快樂。

我們的荒野敬畏研究的青少年受試者

刻薄本位主義的消逝

在一個晴朗、嚴寒的日子裡，愛默生在麻薩諸塞州康科德（Concord）跨越一處公有地時，心中湧現無與倫比的荒野敬畏，他在一篇一八三六年刊載在《自然》（*Nature*）期刊上的知名文章裡面描述了那種感受：

> 在森林裡，我們回歸理智和信仰。在那裡，我感覺生命中不會有什麼壞事可以降臨在我身上——沒有恥辱、沒有大禍（讓我保有清晰的眼光），因為自然總能修復一切。站在赤裸的土地上——我的頭沐浴在輕鬆的氛圍裡面，升上無限的太空——，所有刻薄的本位主義都消失了。我成為一顆透明的眼球；我什麼都不是；我看到了一切；宇宙生命的流動通過我身上；我是上帝的部分或上帝的粒子。最親密的朋友之名在這時聽起來陌生而意外；成為兄弟，成為熟人，成為主人或僕人，都變成了微不足道的干擾。我是不受約束而不朽之美的愛好者。

這裡所說的「刻薄的本位主義」，在很多方面已經成為我們時代的一個明確的社會問題。出於種種原因，我們的世界已經變得更加自戀，具體表現為：自我關注、傲慢自大、帶著一種優越感和特權意識（不過令人鼓舞的是，自從二〇〇九年以來，自戀現象的程度已經略有下降）。自戀可能會引發對他人所顧慮問題的短視，以及侵略性、種族主義、霸凌和日常的無禮舉止。更不用說對自我的敵意：自戀助長了憂鬱症、焦慮、身體形象問題、自殘、藥物濫用和飲食失調等問題。

　　為測試愛默生提出的「刻薄的本位主義」假設，加州大學爾灣分校的皮夫教授和我帶著學生來到加州大學柏克萊分校的一片令人敬畏的藍桉尤加利（blue gum eucalyptus）樹林。那片「尤加利林地」（Eucalyptus Grove）非常靠近博物館，館內展示著一件暴龍的骨骼複製品，學生們就在館內進行了「我是」（I AM）研究來探討敬畏如何披露我們的集體自我。在樹林裡，其中一種情景，是參與者將目光投向樹皮、樹枝、葉子和藍桉樹上的光線，持續兩分鐘，感受樹木帶來的驚奇體驗。另一種情景的參與者則站在那同一處地方，但抬頭看著一棟科學大樓（參見底下的圖像）。

敬畏狀態　　　　　　　　　　　對照狀態

　　短暫仰望樹林之後，我們的參與者在答覆實驗者提問時表示，他們感覺到自己比較沒有特權感和自戀感受。當被告知參與該研究所得報酬，他們要求較少金額，並提出了諸如「我不再相信資本主義了，老哥」這樣的理由。就在所有參與者回答這些問題時，一個人走了過來──實際上那是我們的同夥──還失手掉落了一堆書和筆。感受荒野敬畏參與者組別拾起的筆，數量比仰望建築的那群所撿起的多。

　　當刻薄的本位主義在荒野敬畏中消退，我們是否能「回歸理性」？荒野敬畏的短暫體驗是否能使我們更清晰地看到我們的生活和世界？從最普遍的意義上來講，這是正確的：敬畏的體驗使我們更加意識到我們的知識斷層，更加嚴格地考慮論述和證據。接著來審視底下研究，其焦點側重在偏遠地區的背包客的荒野敬畏體驗和理性推論。一些背包客在進入阿拉斯加、科羅拉多、華盛頓和緬因的荒野健行之前完成了一項推理任務；另有些人則是在旅行的第四天完成了同樣的推理任務。推理的測量是從遠程聯想測驗（Remote Associates Test）中選出十個項目來進行，參與者會被給予三個詞語的組合，例如「時代」（age）、「里程」（mile）和「砂」（sand），然後依循指示構思出與所有這三個詞語連帶有關的另一個詞語。在這個例子中，答案是「石頭」（stone）〔編按：與上述三個詞語合為石器時代（Stone Age）、里程碑（milestone）、砂岩（sandstone）〕。這需要人們基於不同種類的推理來找出解決方案，好比引用同義詞、創建複合詞以及追蹤語義關聯。背包客進入偏遠地帶第四天時，他們在這個推理任務上的表現，比才剛起步的健行者高出了百分之五十。

如今最危險的偏離理性的行為之一，除了否認人為釀成的氣候危機之外，或許就是政治上的兩極分化趨勢。這是一種集體的刻薄本位主義。由於推理的偏見，導致兩極分化——將意識形態和道德問題，視為善惡雙方文化戰爭的問題——在過去二十年間逐步加劇。我們假定自己是理性裁斷世界事務的法官，當我們遇到抱持不同觀點的人時，我們會將他們的觀點歸因於意識形態偏見，認定他們不過就是流露狂熱眼神的極端主義者。

我的柏克萊協同研究人員丹尼爾・史坦卡托（Daniel Stancato）和我想知道荒野敬畏體驗是否可能緩解這種兩極分化現象。在我們的研究中，參與者觀看了BBC的《地球脈動》或一段對照組影片。接著他們因應指示表明他們對這個時代極具兩極分化性質的議題——警察暴行——的看法。在這之後，他們就這項議題把其他美國公民區分出不同陣營，並估計這些派系的支持者，有可能抱持哪些觀點。敬畏體驗促使參與者以兩極分化程度較低的方式來看待這個議題，這意味著，他們認為自己的看法與對手所見，並沒有那麼嚴重的分歧。

自然神明

當我們秉持浪漫主義精神回歸戶外之時，許多人不只發現了默認之自我的平息、健康的身心,和健全的理性;深度訪談還揭示了,美國人經常在自然中感受到神明,並覺得自己和至高的、無所不包的良善相當接近。當審視一條河川的流動,或者聆聽鳥鳴、觀看雲彩或者靜坐在一片樹林當中,民眾感到一股慈愛的力量,賦予周遭生命蓬勃生機,而且他們本身也隸屬這當中的一環。在其他的研究中,民眾表示在背包旅行、賞鳥、攀岩和衝浪中,湧現了靈性體驗。

另有證據表明,自然本身或許就是種獨特的神殿,提供了無數場合,讓我們可以體驗到我們心中所感受的神聖。在一項研究中,社會學家逐一評估了美國三千一百個郡的自然美景,衡量標準包括陽光、天氣、水域和地形多樣性。當一個郡的自然驚奇體驗豐富多彩,當地居民比較不會上教堂或堅守宗教教義。走出戶外本身就是種宗教,不過這種體驗會帶民眾離開正式教會的建築、集會、儀式和教義。

走出戶外讓我們重新回到原住民學者所稱的傳統生態知識(traditional ecological knowledge, TEK)。TEK 是一門探究我們與自然界之關係的原住民科學,見於世界上五千個左右的原住民文化當中,各自展現出互異的地方色彩。這種原住民科學已經演變成為一種文化信仰體系,或者一種求知方式或科學方法,累積自成千上萬小時的觀察結果,包括生態系統、天氣系統、植物的力量、動物的遷徙模式和生命週期等;投入編纂資料;以實證證據以及耆宿的文化薰陶來測試假說;並透過口頭、宗教和圖像傳統來傳遞知識。

在TEK中，物種被認定為**相互依存的**（interdependent）；它們在生態系統中相互連結，協力合作。

所有事物都被一種蓬勃的生命力量、靈性或**共通的物質**（shared substance）驅動了生機。在荒野敬畏的體驗中，我們有可能會感到與其他物種共享某種意識，這一點也已經過研究驗證，研究表明植物、真菌、花卉和樹木之間能夠相互溝通，甚至表現出種種形式的意向性、體悟，以及，大膽地說，對其他生靈的善良舉止。

傳統生態知識假定**世事無常**（impermanence）：所有生命形式都不斷演變，從不停止變遷，從生到死，從生命開始到終結那一刻。我們從身邊的種種週期都可以感受到這項原則，好比日夜明暗、四季、植物生長與腐朽，以及生與死本身。

最後，**自然界應受敬重**（the natural world is to be revered）。事實上，敬畏讓我們更加敬重地看待大自然。在一項研究中，經過短暫的敬畏體驗之後，中國民眾表示會更致力於減少使用量、增多回收再利用、減少購物，並減少食用肉類（前美國能源部長朱棣文注意到，單就全球牛隻的碳排放量而論，如果把它看成國家，則排名就僅次於中國和美國）。

荒野敬畏喚醒我們找回這種與自然環境相關聯的古老方式。在這種覺醒當中，我們找到了方法去解決當今惡化的危機，從壓力過大的孩子到誇張的修辭，再到我們燃燒化石燃料。荒野敬畏讓我們回歸到一個重要的理念：我們是某種遠比自我還更宏大的事物的一部分，我們是相互依存、彼此協作的自然界當中的眾多物種之一。倘若我們偏離理性的行為，並沒有摧毀荒野敬畏這種生命中最普遍的驚奇體驗，那麼上述那些關於它的好處，就能幫助我們應對當今的氣候危機。

弟弟去世之後的那個夏天，我計劃了好幾次高海拔健行活動，期盼羅爾夫能以某種方式待在我的身旁。第一趟行程是繞行白朗峰的一百英里路線，這座山由雅克・巴爾馬（Jacques Balmat）在嘗試了十五次之後，於一七八六年首次登頂。不久之後，登山家奧拉斯・貝內迪克特・德・索敘爾（Horace Bénédict de Saussure）也登上了白朗峰，而且他在那裡聽到了自然神明的聲音：

> 靈魂攀升，靈性的視野漸次擴張，在這雄偉的寂靜當中，你彷彿聽到了自然的聲音，也似乎能確信其最隱密的運作。

在這種攀升的感動下，詩人威廉・華茲渥斯（William Wordsworth）和妹妹朵蘿西（Dorothy）從英格蘭劍橋走了一千一百多公里來看那座山峰。他的敘事長詩的第六冊《序曲》（*The Prelude*）專事描寫這趟旅程。當華茲渥斯巡梭各處山谷、村莊、山脊，並在通往白朗峰的山隘之間漫遊，尋找「至高存在」的過程當中，他在山丘上找到了「生命的晨曦」，也感受到了「仁慈和祝福」。隨著自我的消逝，我們也把「生命中危險的虛榮心」留在身後。

這首詩的第一行會在我往後尋求敬畏時多次回頭浮現腦海：

啊，這柔和的微風中蘊含著祝福。

在悲痛中，我感到弟弟碰觸我，對我說話，在微風中。
幾行之後，華茲渥斯注意到：

或有根嫩枝，或有任何漂浮之物，
能否指引我在河上找到方向？

這句話引領我感受日常敬畏：審視尋常事物，例如漂浮河流水中的嫩枝；尋覓生命中新的驚奇；以及就悲痛中的我而言，找出如今我失去弟弟，生活能採行的新方向。

當我到達日內瓦並找到了我的健行團之後，我們搭乘一輛巴士前往法國霞慕尼（Chamonix）。《序曲》擺在我的背包裡，這是在我母親開啟教授這部敬畏典藏的數十年生涯時，她給我的禮物。我們攀升阿爾卑斯山途中，我看到一陣風吹過一片歐洲山楊樹林，午間陽光下搖曳的葉片交替呈現明暗模式。我聽到羅爾夫的嘆息晃動葉片。前一個夏季——在我們最後一趟的年度登山健行之時——他和我站在鋸齒山脈東部一片同樣這般搖曳的山楊林間，笑著觀賞這齣林木的相互依存與無常的演出。

第一晚的說明會結束之後,我們那個十二人團體當中一位女士向我走來,她的身材高挑,態度保守,說話明朗,措辭簡潔。倘若她生活在加利福尼亞淘金潮時期的鋸齒山脈,也就是羅爾夫當初住過的那處地方,她一定會感到非常自在。面對我時,她便問我說:「你是羅爾夫‧克特納的哥哥嗎?」

接著在步道上我得知,她是羅爾夫擔任言語治療師時任教學校的同事,她的辦公室就在他對門。她講了一些有關他在工作上令人感到敬畏的故事。好比當一些男孩失控時,他如何以熊抱來安撫他們。羅爾夫死後的那個春季,她種植的一株藤蔓多年來第一次開了花。在那綻放的花叢中,她感到他就在那裡。

每天健行時,我們總能透過變動不絕的雲層和快速飄動的霧氣,從變化多端的角度,瞥見白朗峰的形影,當我們在綠色的山谷中漫步,攀登岩石隘口,見證華茲渥斯所謂的「晨曦」,對阿爾卑斯山的「無盡演替」心生敬畏。白朗峰永遠不會相同。有一天它被雲層籠罩,翌日卻光明耀眼如奶油般絲滑。它經常難以看清。另有些時候卻壯闊又令人沉迷。我感到自己在「一切存在」(the all)之前變得透明了。我感到綠色滲入我的身體,像是與山脈滲透交融。清新的空氣將我的自我提升到無限、澄澈的太空。我感受到羅爾夫在阿爾卑斯山的山谷中擴散開來,納入了環抱群山高峰的空氣當中。

旅行的最後一天,我乘坐纜車登上白朗峰的山頂。所有人都擠在一起,有攀岩者、遊客、瑞士家庭和興奮的孩子們;當我們被帶上坡面時,大家全都高聲歡呼。回程時,纜車貼著白朗峰坡面下降，所有人都對瑞士的工程設計深自感佩。山上厚冰閃耀出細小密集的彩虹。它們不斷地變換、躍動，從綠色到藍色，再到紫色和紅色。對我來說，最後那種顏色是個提示，讓我想起羅爾夫的紅髮。然後在某些角度下，白光揭露出一幅令人震驚的光譜色系。前方仍有其他驚奇和奧祕體驗。然後，以某種方式，他依然是那其中的一部分。

第三篇

敬畏的文化典藏

第七章

音樂敬畏

音樂敬畏如何在社群中環抱我們

我以身體聆聽，而當熱情和哀愁在這音樂中體現時，
也是我的身體因應感受而隱隱作痛。

——蘇珊・桑塔格（Susan Sontag）

　　由美・肯德爾（Yumi Kendall）以音樂形式來感受世界。她告訴我，當她聽到本田汽車喇叭聲時，那是個升G和還原B之間的小三度。在費城的費城人隊一場棒球比賽上，一支界外球擊中附近一根梁柱——傳進她的耳中，聽來那就是個純淨的B音。C大調是她的本壘，她在這裡感受對世界的開放。

　　由美的母親在日本一處種水稻的傳統農村長大。當她得知父母主導安排了她的婚姻時，她展現年輕活力勇敢說「不」，然後搬到了密蘇里州的聖路易斯（St. Louis）。她在那裡展開新的生活，當起了保母，負責照顧跟隨約翰・肯德爾（John Kendall）學習小提琴的孩子們。約翰・肯德爾是由美的祖父，也是把鈴木教學法引進美國的人。在這樣的背景下，由美的母親結識了約翰・肯德爾的兒子，他們結婚並建立了一個非常音樂化的家庭。

　　由美吃母奶時就邊聽著哥哥學小提琴。五歲時，由美選擇了大提琴。假日就是和朋友一起玩音樂的時間。她每晚都在爸爸的搖籃曲聲中入睡。當由美向我講述這些，她開始輕聲唱起來：

搭著我的船，跟我一起越過海洋

波濤漫天高

我們起伏倘佯在

夏日藍天下……

　　搖籃曲是一種聲音媒介，父母以此創造出昏昏欲睡的敬畏氛圍，引領孩子進入睡眠與夢境的奇妙世界。這些悠揚的歌曲，結合了輕柔碰觸和溫言暖語的儀式，將孩子的生理狀態轉變為高活性迷走神經以及高含量催產素的狀態，而這種概況與歸屬感、連結感相關。一項研究發現，嬰兒確實有這種情況，即便聽的是來自其他文化的搖籃曲。搖籃曲將父母和孩子結合納入緊密接觸的同步社群模式當中，並引發我們關於安放自身所在的早期具體觀念。

　　如今由美是曾獲頒殊榮的費城交響樂團大提琴手，這個位置可不是輕易得來的。自從一九七〇年代以來，演奏家已有在屏幕後方演奏來進行面試的做法，然而依然有指揮家在發現由美的性別之後拒絕接受她，即便事前已經評定她表現最好。但是，見識大提琴家馬友友演奏巴哈的《無伴奏大提琴組曲》，本身就是種音樂敬畏和道德之美的體驗：這教導她知道，一個人可以一口氣奏出這些複雜的樂曲，不論那個時代有什麼樣的性別歧視和種族偏見。

　　在由美看來，音樂是激發敬畏的象徵性媒介。在這當中，我們可以一起表達並理解浩瀚、神祕的事物，還有如何體悟生命中的驚奇。這種理念充分表現在浪漫主義派作品當中，在這派音樂家眼中，音樂是崇高領域的藝術形式。貝多芬是浪漫主義的英雄人物，按照恩斯特・霍夫曼（E. T. A. Hoffmann）的說法，他創作的音樂「啟動了敬畏、恐懼、恐怖、痛苦等感受的運轉機制，喚醒了浪漫主義本質上的無限渴望」。

浪漫主義時代過後五十年，達爾文每天定時在庭院附近散步，聆聽劍橋大學國王學院小禮拜堂（King's College Chapel in Cambridge）裡傳出的音樂。當地的生態和音樂，滋養了他的思維，伴隨他在漫步中感受演化的驚奇。這些境遇讓他敞開心扉來思考這些問題：

> 我對音樂產生了強烈的興趣，當時我經常特別安排散步時間，這樣就能在平日聆聽國王學院小禮拜堂的聖歌。這帶給我極大的樂趣，有時還會讓我背脊發涼。我相信我的這種興趣，完全不含造作，也不是單純的模仿……然而我完全缺乏樂感，分辨不出不協和音，也沒辦法按照節拍唱準曲子；而我如何能夠從音樂中獲得樂趣，也依然是個謎。

這確實是音樂樂趣之謎。

音樂學者長期以來始終認為，我們創作、聆賞音樂是為了了解像敬畏這樣的情緒。這裡我們要問：如何實現？還有為什麼？

達爾文的反思暗示了三個答案。第一個見於達爾文的音樂

「冷顫」，也就是人與人共同面對謎團和未知之時所發出的身體信號。這是人類的一種普遍現象，受到音樂感動時，大家都會顫抖、落淚。這是因為，就像哲學家蘇珊·桑塔格觀察所見，我們是以身體來聆聽音樂。或者就如邁爾士·戴維斯（Miles Davis）第一次聆賞爵士樂巨匠迪吉·葛拉斯彼（Dizzy Gilles-pie）和查利·帕克（Charlie Parker）作品時所說的：

> 「什麼？這什麼東西？」天哪，那玩意兒太嚇人了，
> 恐怖啊……天哪，那玩意兒全都湧進我體內了。

音樂藉由影響我們的神經與生理系統，激起敬畏感受。

音樂也讓我們敞開心扉，湧現凌駕「造作」與「模仿」之上的崇高境界。在我們跨二十六種文化的研究中，人們常常寫到，音樂帶給他們澄澈、感悟和真理的時刻，讓他們真正認識到自己在生命大架構中的位置。作家瑞秋·卡森經常聆聽貝多芬的音樂，以這種方式打開心靈：

> 聆聽貝多芬的作品，我認為我的心情變得更有創造力，接著突然之間，我明白了這本選集應該是什麼樣子 —— 它應該講什麼故事 ——，它能具備的深遠意涵。我猜我是永遠沒辦法用語言來解釋的，不過我想各位不用文字也能理解。那是種極度振奮的激昂情緒，我淚流滿面。

音樂具有「深遠的意涵」：誠如哲學家蘇珊·蘭格（Susanne Langer）所述，它闡明了「生之模式」。底下我很快就會向各位介紹蘭格。音樂教導我們認識愛情、痛苦、正義、權力以及我們在哪裡和與誰形成社群。然而，就敬畏而言，聲音的模式如何引領我們認識生命的浩大謎團？透過仔細聆聽聲音的象徵性意義，我們就能發現箇中方法。

最後，我們不該忘了音樂具有何等的社會性；十萬年來，甚至可能更久以來，我們一直與旁人一起聆聽並演奏音樂。在音樂中，做為一個以聲音交織在一起的社群，我們找到了一種共通的特性——達爾文所說的「對音樂的興趣」。

聲音的羊絨毯

二〇一九年秋，我前往拜訪由美，聆賞她在普立茲獎得主、美國作曲家約翰·亞當斯（John Adams）指揮下演奏音樂。演出前十五分鐘，我和其他兩千名交響樂愛好者分別尋找座位，全場人潮在集體歡騰嗡嗡聲中湧動，聲浪從紅色天鵝絨座位的波浪曲線向上升起。由美踏上舞台向大家揮手，然後就與樂團其餘百名樂手一同坐下，所有人奏著不同音符。整個嘈雜一片。那是一場聲波攻擊。然而在一瞬間，一位雙簧管樂手吹奏出一個A音，所有樂手全都加入了。管弦樂團出現了。

演出期間，由美坐得筆直，她的身體挺直，雙臂擺出合乎規矩的角度，彷彿在聆聽她的大提琴呼吸。她的臉上表情不斷變化，傳達出專注、決心、兇猛、全神貫注，還有當她的眉毛揚起，雙眼閉上，表現出了極度喜樂。由美似乎在無形空間當中飄盪。當天早些時候，我在羅丹博物館（Rodin Museum）也看過這種表情，那時我站在羅丹的《地獄之門》（Gates of Hell）雕塑前方，在這件以但丁為靈感創作而成、引人敬畏的雕塑中，盤繞迴旋的身體在通往來世之門旁邊飄浮。

隔天由美和我在費城里滕豪斯廣場（Rittenhouse Square）附近一家露天小餐館喝了杯茶。這是個清新、閃耀的秋日，楓葉逐漸變色，城市居民腋下夾著報紙，還有繫上牽繩、適應了都市生活的狗。我問由美，和樂團一起為兩千名觀眾演奏是什麼感覺。她告訴我，亞當斯作的曲子在技巧上是多麼具有挑戰性，而且她還回顧自己每天練習前臂、二頭肌、手腕和手指的情景。

接著她改換語調。她談起演奏時她的身體感受。她感受到大提琴的震動。觸碰她手臂的木料。當她演奏時，她的思緒會飛往新的空間，升騰飄盪，不知道會飛去哪裡。當她說話時，她的雙手旋轉向外，指尖也如煙火閃爍般動作。她繼續說道：

> 當我拿到一首曲子的演奏樂譜，我看到構成那首音樂的數十個部分當中，我的那一部分。我有種感覺，覺得自己和我們這個物種的過去連貫起來，也和我們幾萬年的音樂創作史相連。並與我們的現在和未來相連。這令人深感謙卑。當我們演奏時，我們將某種東

西……我們樂器的某種音符模式……放進了空間裡面，我想，所有曾在音樂廳演奏過的音符，全都還在那裡。我的意思是，倘若音樂廳的屋頂被拆掉，這些音符會去哪裡呢？我演奏時，我感受到我心臟的震動。那些聲音模式向空間擴散，把人們包覆起來，以質地包裹著他們。這超越了語言，超越了思想，超越了宗教。那就像一床聲音的羊絨毯。

我們與他人一起演奏音樂時會感到敬畏，這是好幾萬年來音樂創作史的一部分。音樂帶給我們的敬畏似乎超越了語言；這是種新的思維方式，對許多人來講，其影響力更超過宗教（對於許多有宗教信仰的人來說，音樂是通往神性的路徑）。但是，我們該如何解釋由美使用的隱喻，也就是她奏出的音符，讓聽眾包裹在一床「聲音的羊絨毯」當中呢？

當由美拉弓擦過她的大提琴琴弦，或者當歌手碧昂絲（Beyoncé）的聲帶由於空氣通過而開始振動時，或者當甘比亞的格里奧（griot）超級巨星索娜・喬巴特（Sona Jobarteh）撥動她的科拉琴（kora）琴弦時，這些碰撞就會推動空氣粒子，產生音波——振動——並在空中向外傳播。這些聲波衝擊你的鼓膜，引起節奏振動，從而撥動位於鼓膜另一側的耳蝸膜上的毛細胞，並觸發從你大腦兩側的聽覺皮層開始的神經化學信號。

聲波被轉換成神經化學活化模式，這種模式從聽覺皮層傳播到前島葉皮層（anterior insular cortex），該腦區能直接影響並接收來自你心臟、肺、迷走神經、性器官和腸道的輸入。就是在這個時刻，當腦子創造出音樂意義之際，我們也確實是用身體來聆聽音樂，而這也是音樂感受開展的時機。

如今與身體基本節奏同步的這種音樂的神經表徵，通過腦中一處名叫海馬迴（hippocampus）的區域移動，這處腦區會為不斷積累的聲音意義增添記憶的層理。音樂很容易將我們從現在帶往過去，或從現實帶往可能的處境，這是可以引人敬畏的時空旅程。

最後，這些神經化學信號的交響樂，就會傳達我們的前額葉皮質，到了那裡，我們便藉由語言來為這個聲音之網賦予個人和文化上的意義。音樂使我們能夠理解社會生活的重要課題、我們的身分認同、我們社群的組成結構，而且通常還包括我們的世界應該如何改變。

最近的研究揭露了，音樂是如何將我們的身體轉化為感受敬畏的神經生理狀態。悅耳、緩慢的音樂能減緩我們的心率，這是迷走神經活化的一個徵兆，它還能降低我們的血壓。較快、較響亮的音樂——在某項研究中是瑞典流行樂團阿巴合唱團（ABBA）演出的音樂——會提升我們的血壓和心率，同時也會降低皮質醇含量。於是，更具活力的前衛音樂，能讓我們昂揚振起，然而皮質醇含量升高所帶來的危險感受卻不會伴隨出現。當我們聆聽音樂並受感動時，腦中的多巴胺神經元回路被活化，這讓我們敞開心扉來接納驚奇和探索。在這種音樂敬畏的身體狀態下，我們往往會流淚和顫抖，這是與他人融合面對神祕和未知的具體跡象。

在我們的歷史中，音樂大多數時候都是與他人共同欣賞的。當人們一起聆聽同一曲音樂時，他們的腦部負責賦予音樂情緒意義（杏仁核）、愉悅感（尾狀核）以及語言和文化意義（前額葉皮質）的區域就會相互同步。在依循這個脈絡的一項富有想像力的研究中，參與者頭戴腦電圖紀錄帽，並在一處為這項研究租下來的俱樂部內一起聆聽現場樂隊演奏。可以發現，參與者的腦部在delta波帶出現同步現象；delta波帶是與身體運動連帶有關的腦波頻段，讓我們傾向於一致行動。重點在於，這種共通的腦活化現象，預測了個體受音樂感動以及與其他聽眾之間的親密感程度。音樂打破了自我與他人之間的界限，並能以敬畏感受將我們團結在一起。

大衛・拜恩（David Byrne）在他的著作《製造音樂》（*How Music Works*）書中闡述了以下觀念的歷史：音樂的聲音使我們的身體轉向一種共享的敬畏體驗。約兩千五百年前，希臘哲學家畢達哥拉斯指稱，太陽系發出完美和諧的聲音，而這些就是生命節奏的起源──包括天氣、季節、自然週期、清醒和睡眠週期、愛與家庭生活、呼吸、心跳、生與死。畢達哥拉斯推論，當我們演奏和聆聽聖樂時，這些天界的聲音會與我們的生命節奏同步，正是這些節奏將我們融合納入希臘人所謂的「共同體」（communitas），也就是社會和諧之中。當我們與其他人一起聆聽音樂，我們身體的宏大節奏──心跳、呼吸、激素波動、性週期、身體運動——一度都區隔開來，如今則融合化為一種同步的模式。我們感覺到自己是一個更大整體的一部分：一個社群、一種能量模式、一種時代觀念——或者我們可以稱之為神聖的東西。

音樂將我們包裹在一床聲音的羊絨毯中。

聲音和感覺

那晚在費城演出結束之後，由美發給我一封電郵，講述了她在祖父去世的那一週演奏莫札特的《安魂曲》（*Requiem*）時體驗了音樂敬畏的情節：

> 這是爺爺的樂曲。莫札特的《安魂曲》，我們演奏這曲是個巧合，就在他去世的那個星期，二〇二一年一月……當我們開始演奏〈受判之徒〉（Confutatis），我在他去世時沒有落下的眼淚全都湧了出來……充滿憤怒、咄咄逼人的連串三十二分音符，出自我們所有四十名弦樂手，一起演奏出尖利的重音……每個音符都像重拳。突然之間，天堂在「召喚我」（Voca me）聲中開啟了，光明全部透入，耀眼白光，令人無法逼視。陽光彷彿從聲音射出。天使歌唱，爺爺和奶奶就在這裡與我同在……照耀著我們。接著記憶的閘門開啟了，回到了高中合唱團唱這首歌的時候，那時有吉

布森先生（Mr. Gibson）以及我的朋友們，在音樂室中……回溯到了過去。然後，突然又返回到了現在，極強重音再次出現，還有錯失的機會以及悲痛與憤怒。我感到淚水湧現流下我的臉龐，因為我的眼睛再也約束不住它們了。在這瞬間，我意識到自己正在演出……於是我放手，舞台是個安全的處所。我感到湧動的憤怒逐漸消退，當我們完成了《安魂曲》，並以《聖體頌》（Ave Verum）結束音樂會時……甚至可以說是以我的淚水，我仍感到身體發熱、平靜、深深的哀傷，還有祥和。我感覺爺爺彷彿聽到了我。

由美的故事遵循了我們熟悉的敬畏開展方式。起初是她感受到祖父的死亡之浩瀚。她覺得已故祖父母現身，一種神祕感受縈繞在她的心頭。由美的自我轉化，穿越了聯想蛛網——高中時唱歌的記憶，一種被稱為聯覺（synesthesia）的感官經驗融合。她感受到亮光的觸摸——那是種感悟——從聲音中迸發出來。她的身體也投入其中，發著熱，體悟到一切的浩瀚深遠，淚水止不住地流淌。藉由這種體驗，她感覺自己正在與爺爺交談。

由美就音樂之意義方面的觀察，在一項影響深遠的藝術哲學研究中找到了歸屬，那項研究的作者是蘇珊·蘭格。在她的《感覺與形式》（Feeling and Form）和《心靈：論人類情感》（Mind: An Essay on Human Feeling）兩本書中，蘭格提出了她的核心論點：藝術的目的在於使感覺具體化。蘭格詳細說明，每一種藝術都是種獨特的情緒表徵。身處某種文化與歷史時刻，當我們創作音樂或視覺藝術時，我們也將關於蘭格所稱的「生命之模式」（底下我就稱之為「生命模式」）的信念典藏起來。生命模式是社會生活的重要主題，也是我們情緒經驗的核心要項，讓我們體悟這些經驗代表什麼意義，好比受苦、經歷失去之痛、感受愛、反抗不公、臣服於比自己更強大的力量、與神明建立關係、遇上不解之謎和生老病死等。

蘭格接著指出，藝術是在有別於口頭語言的象徵意義領域，展現出我們的生命模式體驗。我們的口語通常遵循真實性或可信度的準則。語言的語法結構與其主、賓、動詞的排列，目的是在我們尋常、清醒經驗下的三維空間中來表述事件。事件是以時間線性方式逐漸開展。因果關係是單向的。

蘭格推斷，音樂擺脫了真實性的桎梏，而真實性正構成了我們大半的口頭語言規範。因此，我們的美學情緒體驗——好比透過音樂或視覺藝術而得——遵循了種種不同的空間、時間和因果法則。在這個經驗領域中，我們湧現出快速、整體的直覺，來體悟生命模式或者關於生命可能的真相。蘭格歸結表示，藝術中的意義領域，「在任何語彙中都找不到可與之比擬的措辭」。音樂「是情緒生活的音調類比」。

由美針對音樂敬畏的論述和這種思維相符。對由美來說，三十二分音符是「充滿憤怒」、「咄咄逼人」的。極強重音傳達悲痛。聲音「重擊」、眼淚「湧流」、憤怒「湧動」，就像詩句的隱喻描述。她在時間中迅速倒退，被帶到一處與已故祖父母相聚的空間。由美在演奏莫札特的《安魂曲》中體驗的敬畏，讓她得以理解生命的最可靠模式——那就是結局，即便對於我們最愛的人來說，都是面臨死亡。

音樂如何讓我們與生命模式連上關係？就敬畏而言，它如何令我們的心靈探索生命壯闊奧秘的關聯性？簡單的做法就是藉由歌詞來解答。事實上，在我們那項跨二十六種文化的研究中，世界各地的人們都寫到了特定歌詞是如何改變了他們的想法。你現在或許就能引述激起你敬畏之情，認識生命模式的歌詞。

比較複雜的可能選項是音樂本身，與構成歌詞的文字無關的聲音，也能喚起特定的情緒。這讓瑞士情緒科學家克勞斯·舍勒（Klaus Scherer）投入四十年來了解內情。

舍勒的理論如下所述。當我們處於某種情緒狀態，好比憤怒、悲憫、恐怖或敬畏，我們的神經生理狀態就會出現變化：我們的呼吸、心率、血壓、迷走神經活化程度，以及全身肌肉的運動，全都改變來支持適應性行為，好比逃逸、退縮、撫慰、擁抱、歡欣或探索。這些身體變化會改變發聲器官的機制，進而暗示性地影響我們聲音的音響特性。例如，當處於焦慮狀態時，肺部周圍的肌肉就會繃緊，我們聲帶緊繃時，能發出的音高變化就較少，也由於口腔內唾液減少使嘴唇繃緊，結果就會發出音高很高，固定不變的快節奏聲音，表達出心中的焦慮。

舍勒繼續論述，音樂家藉由發出與我們聲音上的情緒表達相仿的音效來傳遞情感。在針對這個構想進行的實證測試中，音樂家依指示使用自己的聲音、樂器，或甚至只是一面鼓來傳達不同的情緒。研究發現，他們的做法是發出在音高、節奏、旋律輪廓、音量和音色等方面都與特定情緒特徵雷同的聲音。例如，憤怒是以慢速、低音調而且上升的旋律輪廓來傳達，就像抗議的咆哮聲。而喜悅的音樂表達則是使用較高音調、快速變化，且呈現上升的旋律輪廓，就像好友的嬉笑聲或春天的流水聲。研究把這些音樂片段播放給普通聽眾聽，這時我們就可以輕鬆地辨別出十種不同的情緒，即便只播放了鼓的節拍。

為了記錄音樂如何表達敬畏，艾倫‧科文和我讓中國和美國的參與者提供他們認為傳達出不同情緒（包括敬畏）的一分鐘無歌詞音樂樣本。我們還讓中國的參與者使用傳統中國音樂進行相同的操作，這類音樂是我們的美國參與者從未聽過的。當我們將這些簡短的音樂選曲播放給兩個國家的新參與者聆聽時，這些新的聽眾都能夠可靠地在音樂選曲中（包括在其他文化的參與者所提供的片段中）感知十三種情緒，這也同樣發生在美國參與者聆聽傳統中國音樂選曲的情況。我們在音樂中感受到的情緒包括：有趣的、充滿活力的、平靜的、情色的、勝利的、憤怒或挑釁的、恐懼的、緊張的、煩人的、夢幻的、悲傷的、安祥的和激發敬畏的。與舍勒的理論相符，表達敬畏的音樂在音響效果上類似於我們感受敬畏時所發出的「嗚喔」和「哇嗚」以及「啊」等聲音。

　　最近的神經科學研究表明，當我們聆聽音樂，我們所感知的不僅只是某種類別的情緒，也是我們目前為止關注的重點。我們從音樂家的聲音中推斷他們的身體狀態和可能的行動，從而想像出特定情緒的行動。這些行動的形象，觸發了我們的模仿傾向，促使我們表現出類似的身體動作。而我們生活中的影像和記憶，也在我們的心中具體地浮現。這就意味著，當我們聽到傳達敬畏的音樂時，我們的身體和心靈就會出現變動，朝向敬畏的驚奇體驗和聖潔傾向轉移，即便程度相當輕微。

　　這段分析和關於神聖音樂力量的古老觀念相吻合，這類音樂往往與敬畏的聲音表現有相似的聲學特徵。當我們聆聽聖樂，或者念誦、唱詠、演奏聖樂時，我們會被帶往敬畏的境地。在這種具體呈現的經驗當中，我們感受到自己與音樂的起源或其部分，是連帶有關的，最常見的是與某種靈性人物或力量相關。印度教認為神聖的聲音「唵」（om）可以讓念誦者與梵（Brahman，即普世之魂）產生直接的連繫。在伊斯蘭傳統中，念誦《古蘭經》能使個體進入類似先知穆罕默德在神示時刻的狀態。如同許多原住民文化，巴西中部的嘎拉巴洛族人（Kalapalo）也進行儀式性念誦、唱詠和特定舞蹈，這種經驗使他們進入一種與神明連結的狀態。

　　倘若你仔細聆聽，你或許就能在節日的合唱演出時聽出敬畏的「嗚喔」、「啊」的蛛絲馬跡，相同情況也發生在日本僧侶吟誦拉格（raga）音調的入神時刻，還有艾瑞莎·富蘭克林（Aretha Franklin）或波諾（Bono）的歡欣歌唱當中。而你的身體動作，你的心智、顫慄，以及共同體的感受，都向你表明，你正與一種持久的生命模式遭遇，還有我們正與某種宏大的事物連結，即便那只延續一首歌那麼長的時間。

一起來

大約五萬到六萬年前，當人類走出非洲，我們是以一種音樂性的物種形式，以四處漫遊的小群體方式一致行動。我們最基本的社會往來——父母與子女之間、朋友之間、調情的年輕人之間，以及共同工作的團體成員之間——通常都是構建於音樂的模式當中。我們用骨頭製作長笛，用葫蘆製作響葫蘆，用種子製作搖鈴，用緊繃的動物皮製作出早期的鼓。音樂與舞蹈和說書交織在一起。音樂成為相聚共處的媒介。

音樂促使我們同步動作。從一、兩歲開始，孩子們就會隨著歌曲的節拍擺動身體、點頭、踏腳、拍手和扭動臀部，與歌曲節奏緊密同步。在一項具有代表性的研究中，西非和東非的民眾，能夠更好地依循自己文化中的音樂節奏打拍子，至於非洲其他地區的歌曲，他們就比較不容易跟上，這也顯示了他們與誰更能輕鬆地達到同步。

見到陌生人跟著相同節奏打拍子，而不是打出不同的節奏，這時他們會感受到更高度的憐憫和提供援助的意願。聆聽令我們起雞皮疙瘩或感受敬畏的音樂，會使我們更傾向於信任陌生人，也更樂意分享。

在世界各地，音樂確實具有深刻的普世性，如我們之前所見——音符的時間結構如何賦予音樂一種節奏感；音高的使用能傳達意義；唱出文字；下行的聲線輪廓；還有打擊樂、重複和非等距音階（好比C大調）的使用。與此同時，各文化在本身音樂中發展出特定的節奏、拍子、音高、聲調、旋律輪廓和音色——音樂反映和保存了各文化的生命模式，好比愛情、權力或神明是什麼。被我們自己文化的音樂所感動時，我們就是被引導至它的感知、感覺和存在的方式，這有可能會激發我們心中對於感悟的敬畏——對於體認到我們是誰。例如，青少年傾向喜歡那些表達身分認同的音樂主題：一項研究發現，工讀學生更喜歡以生活掙扎為中心的音樂——如饒舌和鄉村音樂；上層社會的學生在傳達個人主義和自由的音樂（好比另類搖滾和爵士）當中找到身分認同，無疑也在這裡找到一些音樂敬畏。

音樂將個體定位在更廣泛的文化身分認同當中，所造成的影響十分深遠，以至於當兩種文化在基因上相似時，其音樂特徵很大程度上也會相似。這一點能見於非洲三十九種文化的音樂、臺灣九個原住民部落的合唱歌曲，以及對歐亞三十一種文化〔涵括範圍從蒙古到愛爾蘭乃至於納瓦荷文化（譯註：納瓦荷是北美民族）〕的民謠旋律和音高分析。

音樂家創作音樂來傳達他們對生命模式的感受，而其傳達方式則能將他們與所屬文化中的其他成員連繫在一起。這當然也適用於黛安娜‧加梅羅斯（Diana Gameros）。

　　戴安娜在墨西哥華雷斯（Juárez）長大，出身自一個擁有五個孩子的熱鬧家庭。她對視覺和聲音感應敏銳，並開始使用母親給她的一個小玩具風琴來演奏音樂，這將她帶進了一處寧靜的想像空間。後來她還學習鋼琴，接著還學了吉他，但很少唱歌。在她的家庭中，唱歌的是她的兩個叔伯，他們以豐厚的胸膛共鳴和深沉的音色，來演唱墨西哥民謠。

　　今天，戴安娜屢獲殊榮的音樂，依循墨西哥遊唱詩人的唱腔和她的童年牧場歌曲形式，並融入了她在美國尋找自己的聲音時，習得的大提琴和古典吉他演奏技法。她的歌曲象徵墨西哥移民切身有關的事項，以及遭受剝削及遠離家鄉的生命模式。

　　後來戴安娜拿到了綠卡，於是她在離國十六年之後，獲准回到墨西哥，並得以在祖國巡迴演出，其過程在《親愛的家園》（*Dear Homeland*）紀錄片中如實呈現。底下是她充滿音樂性的感想，記述她於該次返鄉中在墨西哥城中央索卡洛（zócalo，即廣場）的感受。在那裡，她從眾多來源找到了敬畏：當她和民眾一起行走；從一處地方的臉孔、聲音和色彩；還有從音樂以及她祖母昔日唱過的一首歌曲當中：

　　　　現在我能感受到它。我在這裡。我終於來到墨西哥。我只需要把它們關掉 —— 我的電話、我的思維 —— 接著深深呼吸，深深感受並聆聽，真正地聆聽。而且觀看，如實地觀看。我認得這些聲音，它們講著我的母語。我認得這些色彩，我是它們養大的。

我認得那首歌，那是我祖母在契瓦瓦州托雷翁西托斯（Torreoncitos, Chihuahua）唱過的歌。我認出我自己，在這處地方和這些聲音裡面、在那些牆上還有臉上、在那幅旗幟上。現在我是它們的一分子。我終於領會現狀。我在這裡，在我親愛的、親愛的家園。墨西哥。我感到極度幸福。

我感到極度幸福。

在音樂敬畏中，我們聆聽那些語音並感受我們文化的聲音。我們認知、我們理解，我們在某種更宏大事物內的個別認同，那是一種集體認同、一處地方和一群人。我們找到了往往看似遙遠的地方——家。在這當中，我們可以找到無比的幸福。這點或許可以在聆聽具有深刻文化根源的音樂中落實體現，也可以在我們一開始未必能理解的音樂中找到。

雨中歡笑

我在費城聆賞由美演奏大提琴那晚，交響樂團還演奏了一首約翰·亞當斯作的《舍赫拉查達2》（*Scheherazade.2*）。各位大概記得，舍赫拉查達講了構成《天方夜譚》（*Arabian Nights*）的一千個故事。這是一部講述民間傳說、傳奇故事，和當地神祇神話的故事集——深植於中東文化核心的敬畏典藏，也是世界各地電影和書籍的靈感來源。

故事從國王山魯亞爾（Shahryar）開始講起，他發現他的妻子和兄嫂都與他人私通。丟臉惱怒之下，山魯亞爾每天娶一名處女，夜晚與她銷魂，第二天早上就將她梟首。舍赫拉查達就在這時介入（在古波斯語中，「舍赫拉查達」可以解譯為「解放世界的人」）。她博學多聞，熟知神話和民間傳說，自願成為國王的下一位妻子。

在她的第一個夜晚，她為國王講一個故事直到黎明（《天方夜譚》一千個神話故事之一）。國王心懷敬畏並要她講出故事結局。接著到了下個夜晚，她又講了另一個故事。舍赫拉查達靠講故事引發敬畏之情救了自己。她重複這個模式一千個夜晚，國王和舍赫拉查達陷入愛河。國王娶她為妻並封她為王后，他們生了三個孩子。就亞當斯而言，這個故事是有關於壓迫、女人在男人手中所面臨的暴力，以及女性語音的力量。

演出當晚，亞當斯登上舞台，隨後不久，小提琴家萊拉·約瑟夫維茨（Leila Josefowicz）也跟著上台，亞當斯創作這首曲子時，腦中便想到她。她演奏時站在亞當斯身旁，身穿一席飄逸的薄紗禮服（伴隨鼓起的二頭肌）。這首交響樂有四個樂章，勾勒出舍赫拉查達如何講述她的第一個故事、墜入愛河、對抗男性的威脅，以及解脫並找到庇護的過程。

在《舍赫拉查達2》演奏當中，我大半時間都在努力尋找我的感受。和許多人一樣，我也喜歡某類音樂風格，卻說不出為什麼喜歡。聆聽許多當代作曲家的作品，都讓我陷入無法言喻的狀態，缺乏概念和語言來辨別，他們的樂音有可能納入了哪些符號化的生命模式。

隨著交響樂開始奏出，我的默認之自我的語音也變得嘈雜：它不斷嘮叨，怪我為什麼從來不穿對衣服；還有在這樣的高雅場合，我為何感到格格不入；明天我的航班幾點起飛；以及當我刻意尋求音樂中的敬畏時，卻也削弱了這種可能性。

樂曲以嘹亮的鼓聲起始。它們就像突然湧現的海浪或雷鳴那般向我衝擊。我的心跳放慢——那是對新事物的定向反射。我僵住、呆若木雞、靜默、一動不動，並與身旁的人保持一致。我們彼此交融的身體轉向了，我們把共同注意力集中在舞台上。

演奏進入〈舍赫拉查達和鬍子男〉（Scheherazade and the Men with Beards）樂章——旨在描繪女性對抗父權壓迫的努力——約瑟夫維茨所奏那些表達抗議的高亢上行音符，被弦樂器更深沉、更響亮、更具主導性的聲音給抵銷了——那是譴責她犯下通姦罪行的男性聲音，以榮譽處決威脅著她。這些聲音代表了一種普世生命模式，那就是強弱之間的抗爭，強權者橫施壓迫，而軟弱者則努力求生並尋求反抗之道。

我感到焦躁不安，強權暴力讓我心神不寧。一幅幅影像在我腦海中閃現。一趟意外行程讓我前往鋸齒山麓丘陵地帶一處急診室——羅爾夫罹患癌症，這時陷入了近乎昏迷的狀態。他被緊急送往一家小型醫院，在那裡他恢復過來，重新找回了模糊的意識。在我逗留期間，我們在螢光燈照明的廊道走動，經過一對父母，他們的兒子正從精神崩潰狀態逐步好轉。羅爾夫體重六十七公斤，身穿藍色長袍，低俯身軀，在一條單調無趣的米色廊道上緩慢移動。踏著踉蹌步伐，穿著細薄的醫院白色拖鞋。他淡然表示：「我想我已經和以前不同了，對吧？……那次我差點就走了。」

當交響樂奏至終曲，舍赫拉查達解脫並找到了庇護。約瑟夫維茨的演奏變得柔和。音樂在某些段落騰飛，接著以溫和、延伸拉長的祥和音符結束。一位單槍匹馬勇敢進言的聰慧女性，以她說書激發敬畏之情的天賦，面對權勢坦率直言的鬥爭就此結束。掙扎和屈從的尾聲是平和，從亞當斯作品緩慢、感恩的樂音，在他飄散空中的音符當中感受得到那份寧靜。在表演結束時的寧靜中，觀眾爆發出一片歡呼。我感到淚水湧現，瞬間全身起了雞皮疙瘩。

演出結束之後，我在大廳給由美一個熱烈的擁抱，然後朝向一場傾盆大雨走去。困陷堵塞交通中的車頭燈投射出道道光束，照亮數以百萬計的雨點，它們從天空墜落地面，在柏油路面上彈射開來，在圈圈向外輻射的水分子中消散無蹤。人們奔向優步（Uber）和計程車，頭上遮著節目單和外套。身著寬鬆長褲、禮服和高跟鞋，他們發出熟悉的聲音──「啊」、「哇嗚」、「嗚喔」和「嗚呼」。接著邊笑邊開車離去。

我身邊沒有任何熟人。我走錯了方向，找不到我的旅社。我在街上渾身溼透，看著那亮晃晃的光線中充滿水滴，創造這番景象的傾盆大雨包圍著我。但我感到自己在世界上占有立足之地，被那個夜晚的聲音，還有周遭民眾的動作和共通節奏所形成的毛毯環繞。

第八章

神聖的幾何結構
我們對視覺設計的敬畏如何幫助我們
理解生命中的驚奇和驚恐

> 許多藝術作品，說不定是大部分藝術作品，實際上都
> 是自我安慰的幻想……而從現在開始，當我提到「藝
> 術」時，我指的是優秀的藝術，而不是幻想藝術，它
> 讓我們對卓越的獨立存在，感到一種純粹的趣味。
> 無論是創作過程或者鑑賞樂趣，它都是一種完全與自
> 私迷戀相對立的事物。它激發了我們的最優秀能力，
> 以柏拉圖式的語言來說，它在靈魂的最高境界激發了
> 愛。它之所以做得到這點，部分是由於它與大自然共
> 通的特質：一種形式上的完美，它鼓勵進行不求占有
> 的沉思，並抗拒沉溺於意識自私的夢想生活當中。
>
> ——艾瑞斯·梅鐸（Iris Murdoch）

《侏儸紀公園》（*Jurassic Park*）是對生命驚奇的視覺頌歌。它以豪情激昂的敘事，穿插勾勒出強大無匹的大自然——好比陣陣熱帶風暴、宏大觀點——基因編輯、混沌理論、恐龍，以及，就像史蒂芬·史匹柏（Steven Spielberg）的眾多電影一樣，孩子們道德之美的相遇。在電影中，這些驚奇體驗都受到謀求敬畏商品化的資本家所威脅。

當十一歲的麥可·弗雷德里克森（Michael Frederickson）在那部電影中第一次看見了雷龍，他心中湧現敬畏之情。對於CGI（電腦合成影像）領域的人來說，這種移動緩慢、啃食樹木的恐龍，就是梅鐸所稱「優秀的藝術」所產生的作用，讓我們能「對卓越……感到純粹的趣味。」對於CGI藝術家來說，

它就像拉斯科洞窟壁畫（Lascaux cave painting）、喬托的濕壁畫、荷蘭大師的家居生活和光線畫作、北齋的畫作，以及激發塞尚立體派靈感的蘋果一樣：一種看待世界的全新視角。透過神奇的特效，史匹柏和他的團隊創造出了令我們身為觀眾感受就如真實存在的暴龍、三角龍、劍龍和雷龍。

為了向父母解釋為什麼《侏羅紀公園》這麼讓他感動，麥可買了那部電影的原聲帶，並在晚餐時播放。當他們坐著聆聽，麥可突然迸出淚水。他的父母還以為他消沉沮喪。一年之後，麥可六年級，有次他拿到這個寫作題目：「你這輩子能享有的最美好一日會是怎樣呢？」麥可的回答是：「午餐後，為皮克斯做電腦動畫。」修讀了電腦科學之後，他經常在電腦碼的模式和系統中感受到數位敬畏，事實上，他後來也確實加入了皮克斯，展開了視覺敬畏領域的職業生涯。

如今麥可已經成為皮克斯的「場景藝術家」。他運用電腦製圖、大數據和機器學習各領域的最新發展，創造出皮克斯電影中的視覺世界，包括《料理鼠王》（Ratatouille）片中的巴黎街景、《海底總動員2：多莉去哪兒？》（Finding Dory）片中的珊瑚礁生態，以及《腦筋急轉彎》片中萊莉的心思內部空間。

對麥可來講，《腦筋急轉彎》讓觀眾反思喪失身分和尋找認同的議題。在參與這部電影的製作過程中，他對自己的生活有了更洞徹的認識。然而，當電影在戲院上映，他也開始感到迷惘。當他向我講述這點，他引用了赫爾曼・梅爾維爾（Herman Melville）的《白鯨記》（Moby-Dick）中的一句話：「只有陷入全無立足之處，你才能找到最高的真理。」敬畏確實讓我們置身於一種「全無立足之處」的狀況，不受限於默認之自我和社會現狀的束縛。他開始聊起皮克斯，邊喝咖啡邊與我交談。閒聊一陣子之後，麥可打開筆記本電腦，放出他的第一張幻燈片，標題是「第六種情緒」。那種情緒就是敬畏。

對麥可和其他許多人來說，視覺藝術的一個要點就是喚起敬畏。藝術讓我們能夠超越，用梅鐸的話來說，超越「意識的自私夢想生活」。或者就我們在本書所發展的框架範圍，藝術可以平息默認之自我的壓迫性過剩，引導我們「以靈魂的最高境界去愛」，也讓我們在對有意義和賦予生命事物的欣賞中，感到與他人產生了連結。他說明時使用的幻燈片，提供了一種證明，確認了敬畏在視覺藝術中的核心地位。他放出一張幻燈片，裡面顯示了多部電影中數十種敬畏表情。史匹柏指出，他之所以選擇茱兒・芭莉摩（Drew Barrymore）在《E.T.外星人》（*E.T.: The Extra-Terrestrial*）片中演出要角，是由於她敬畏時的表情。接著，他維妙維肖地模仿了《駭客任務》（*The Matrix*）中的基努・李維（Keanu Reeves）——「天啊，這鬼東西真的太棒了」——然後他雀躍地說道，《駭客任務》「整個就是**它**」。路克・天行者（Luke Skywalker）是「銀河中的敬畏傳播者」，在這裡麥可提到了喬瑟夫・坎伯（Joseph Campbell）對於神話中由敬畏引導的英雄之旅的論述，而這也是《星際大戰》（*Star Wars*）的靈感來源。這是一趟令人眼花繚亂的旅程，展現電影是如何記錄敬畏。

考古紀錄顯示，我們在約十萬年前創作視覺藝術，起初我們是使用赭土顏料來裝飾我們的身體，用貝殼來美化項鍊，埋葬先人時置入聖物，最終——約六萬年前——開始在岩石和岩壁上進行繪畫和雕刻，而且通常是在洞窟中進行。如今，我們從視覺藝術中感受到的熱情有眾多類別，涵蓋了對於美、對於震驚、對於滑稽荒謬的感受，乃至於被嘲弄的感覺。還有，也別忘了，當你在博物館中艱辛跋步，納悶藝術的意義何在時，心中感受的那份煩悶。我們在這裡探討的問題是：一幅畫作，或者一棟建築的設計，或者一匹紡織品，或者一部電影，如何能夠激發我們產生敬畏的感受？

837號展覽廳內的生命模式

一九七七年，我的家人跨越海峽前往英國諾丁漢度過一年學術假，在此之前還先去了一趟羅浮宮朝聖。當時羅爾夫和我分別是十四歲和十五歲，我們在博物館內往來疾奔，用柯達的傻瓜相機（Kodak Instamatics）拍攝《蒙娜麗莎》的照片。保安人員要我們平靜下來——「冷靜！」老實講，完全沒什麼敬畏之情。

到了837號展覽廳，一切都改觀了。我爸爸建議我們在荷蘭大師們的作品面前停留一會兒，特別是約翰尼斯・維梅爾（Johannes Vermeer）、彼得・德・霍赫（Pieter de Hooch）和揚・斯滕（Jan Steen）的作品。遊客們圍繞在維梅爾的作品周圍，輕聲發出「喔」和「啊」聲，讚嘆中帶著崇敬的語氣。他的作品，縱然光輝四射，卻讓我感覺過於做作，也太過拘謹；在我渴望解放野性的少年眼光看來，它顯得過於「形式完美」。相形之下，維梅爾的前輩德・霍赫就深深打動了我，按照藝術史學家彼得・薩頓（Peter Sutton）的說法，他是號稱創作「寧靜革命」畫作的畫家。

德・霍赫描繪十七世紀荷蘭臺夫特（Delft）百姓的畫作，通常呈現婦女烹飪、洗衣、摸狗、掃地、抱著嬰兒、幫孩子抓頭蝨、哺乳，或者鑑賞杯中麥酒。這些畫作改變了我對世界的看法。我們的審美敬畏嚮導，蘇珊・蘭格就此現象提出了一個假設：

> 也許是透過對自己所創造元素的操控，他發現了種種新的可能性，包括感受、陌生的情緒，或許還有濃烈程度超過他本身性情所能產生的，或者超過他的際遇業已喚起的熱情。

看著德・霍赫的作品，讓我發現了「種種新的感受可能性」。在一個母親凝視孩子的眼神中，我感受到了類似數學的道德之美。透過他的繪畫，我能夠感受到，當我們一起做家務，或一起為晨光所觸動之時，連結我們的宏大力量。儘管在十五歲時，我大部分時間都感到疏離，但未來有朝一日，我也會透過有朋友相陪的一杯啤酒體驗崇高的社群。德・霍赫讓我對日常敬畏的理念，產生了新的視野。

我在二○一九年回到了巴黎，並前往羅浮宮參觀，走過等著與《蒙娜麗莎》合照那漫無盡頭的人龍，不覺來到了837號展覽廳。再次，敬畏之情又湧上心頭，這次是在德‧霍赫一六五八年的作品《喝酒的女人》面前。在這幅畫中，一名男子站在桌旁，為一位年輕女子倒酒。她擺出輕鬆的不對稱姿態接受了，雙腿閒散伸展。她的臉上洋溢靦腆的微笑，雙眼眺望可能的契機。桌子對面，一名男人抽著煙斗斜視遠方。一位年長婦女手撫胸膛站在近處。

我該如何描述這幅畫讓我感到敬畏的方式與原因呢？我所能使用的概念和語言，無法充分道出視覺藝術是牽動了哪些直觀的、整體性的歷程，從而使我們感到敬畏。我們以語言為本的理論，往往無法成功解釋我們心智的實際運作方式，因為心智的眾多運作層面，早在我們以語言提出故事和解釋之前，就已經出現了。神經科學有助於更深入釐清潛意識歷程。在腦部研究領域中，神經美學——試圖解釋我們的腦部如何對藝術作品做出反應的學問——強調視覺藝術是以四種方式來促使我們體驗敬畏之情。

想想最後一次你所遭遇讓你感到敬畏的視覺藝術作品，那或許是一幅畫、一幀照片、一座寺廟的花紋雕刻或者主教座堂的拱頂後殿和彩色玻璃窗，又或者是電影中的一個高潮場景。當你注視這項視覺敬畏根源之時，神經化學信號便從你的視網膜傳遞到大腦後方的視覺皮質，並開始以線條的角度、明與暗的格式，和形狀、質地和色彩的早期跡象，來建構出影像的雛型。在這個感知的初級階段，藝術揭示了我們當下可能尚未察覺到的**視覺模式**，而這能觸發敬畏的感受——好比無家可歸流浪漢臉上的五官結構結構、城市建築立面上的光影圖案，或者在德・霍赫的畫作中，村民們齊心協力，敬謹處理日常事務。

這些神經化學訊號接下來就會活化你腦中負責儲存物體**概念**的區域。藉由視覺技巧，藝術家可以激勵我們尋思種種觀點和概念；例如我們與生命中的驚奇存有哪種關係。《喝酒的女人》（*La Buveuse*）畫中灑落四個人物身上的光線，或許便觸發了關於陽光的溫暖力量，或者時間如何隨著光線在一天中不斷變化而無盡流轉的想法。

接著，視覺藝術的這種神經化學表徵，就會活化神經元網路，好比前扣帶皮層和前島葉皮質的網路，從而驅動你的身體（好比心臟、肺部、肌肉群和免疫系統）。在這一刻，視覺藝術可以喚起對敬畏的**直接體現經驗**，一切來自於站在一幅往往有數百年歷史的二維畫作或照片的前方。

最後，這些神經化學訊號便傳到了前額葉皮質，在那裡我們用言語、概念、由學習得知的詮釋、故事，和關乎社會生活的文化理論，來賦予藝術作品**意義**。視覺藝術能夠激發我們重新設想現實。它可以讓我們敞開胸懷，接納新的理念，例如在性別認同和社會組織形式等方面，針對我們的身分和我們集體生活的可能樣貌方面來深思考量。十五歲時，我觀賞德・霍赫的畫作時便感受了敬畏之情，那次經驗激發了我心中的一個想法，在我生命的那個時期是個基進的觀點：敬畏之情是每天都有可能體驗的。

在「優秀的藝術」中，我們有許多機會觸及「靈魂的最高境界」。

神聖的幾何結構

發表關於敬畏的演講時，我通常都從本書卷首的定義入手：當我們遭遇浩大謎團，超越了我們對世界的理解時，我們就會感到敬畏。多年以來，經常有人舉手發問，接著提出這個精明的問題：那麼我們從細微事物感受到的敬畏呢？比如在顯微鏡下觀察細胞？或者在芝加哥藝術博物館（Art Institute of Chicago）參觀六十八間索恩微型房間模型（Thorne miniature room），看它們如何以驚人細節呈現從十四世紀到二十世紀的家居室內景象，甚至詳實到外界光線如何射入灑落房間，而且每個房間只占兩呎乘兩呎的空間？或者揚·范艾克（Jan van Eyck）近乎顯微尺度的筆觸？接著這些激發微小敬畏的出類拔萃者，便可能引述威廉·布萊克（William Blake）的「一沙一世界」或華特·惠特曼對一片草葉的心靈致敬，接著他們交叉雙臂，昂起下巴表示，這沒什麼了不起。他們是意識到了某種東西──微型敬畏。

攝影師蘿絲─琳恩·費雪（Rose-Lynn Fisher）典藏微型敬畏。她投身奉獻多年，拍攝蜜蜂的眼睛構造、牠們的蜂巢結構、血球和骨骼組織。就是她的淚水照片促使我與她聯絡。

　　在明尼蘇達州的童年時期，費雪在雪花的圖案中，在褪色柳（pussy willows）枝上密密麻麻的柳絮軟毛中，在科學和工業博物館的校外參觀時，以及在絎縫（quilts）和鑲嵌藝術（mosaics）課程上，感受到了敬畏。她感受到了各種模式、關係，以及深奧而統一的結構。費雪一再地說，那是「神聖的幾何結構」，她希望表達這樣一個想法：看到世界的深奧幾何結構時，我們就能找到超越的，甚至靈性的感受。在音樂象徵性的聲音當中，以及在視覺藝術當中，我們可以聽到和看到生命模式的幾何結構。

　　當我前往加州雪曼奧克斯（Sherman Oaks），到蘿絲—琳恩的住家兼工作室拜訪她時，我見識了她對神聖幾何結構崇敬感受的全面展示。一張桌上散置了形狀互異、大小不等的石頭；她拿起其中幾塊，指出上面永恆的圖案，那是關於地球地質演化的視覺敬畏故事。一張梳妝台擺在走道上，台面放著一個她在藝術學校時期製作的構造物，那是個以平行四邊形互連組成的金字塔。從簡單的幾何形狀，湧現出令人敬畏的複雜性。

　　蘿絲—琳恩的臥房牆上掛了幾幅她三十多歲時完成的畫作，並以「解構消失點」（deconstructing the vanishing point）為題材核心；在文藝復興時期的畫作中，當主教座堂或宮殿等等的棋盤地板格線，朝遠方匯聚並消失，消失點就顯得十分醒目。對於蘿絲—琳恩來說，她畫作中的消失點代表沒有終結、沒有內容，甚至沒有東西存在。聽到她這樣說時，我領悟了藝術的視覺技巧如何讓我們理解敬畏的一個重大觀點：在自我的消融之外，還存有擴張和無限。

有一天在為工作預作準備時，蘿絲—琳恩在窗台上發現了一隻死蜜蜂。她把死蜂擺在顯微鏡下，用一顆能拍出顯微細節的鏡頭拍了張照片。這第一批系列照片納入了她的《蜜蜂》（*Bee*）書中。她給我看了這個系列中的一幀照片，那是一隻蜜蜂的眼。接著她指著一張照片，畫面展現構成蜂巢結構的大量燦爛六角形。

敬畏！

她告訴我：「自然界存有超越其物理形態的模式，而它們的更深層共鳴，使我感受到了我們內在的一種黃金比例。」接著蘿絲—琳恩聊起六邊形的神聖幾何結構——它存在於大衛之星、土星上的雲朵形狀、北歐傳統中的哈格爾符文（Hagal rune），以及我們的DNA當中。藝術使我們在見識生命統一的幾何結構時感受到敬畏。

有一天，蘿絲—琳恩接到一通電話，那是她朋友的兒子打來的。一九七〇年代晚期，她念書周遊歐洲時認識了一位男士，當時她待在巴黎，遇上高雪氏症（Gaucher disease）急性發作，這種遺傳性基因疾病會誘發她的髖骨退化等問題。（高雪氏症患者缺乏一種酵素，導致某些細胞無法完全分解，最後就沉積在脾臟、肝臟和骨骼當中，釀成嚴重後果。）她搭上了一班夜車前往佛羅倫斯；到達時她幾乎無法行走。她撥通了一個朋友給她的電話號碼，結識了帕特里克（Patrick）。帕特里克餵她喝湯，還背著她穿過廣場，讓她至少能夠看到喬托的壁畫和米開朗基羅的墓地，然後送她去了醫院，從此展開了一段終生的友誼。當帕特里克的兒子打電話來告訴她，父親去世的消息，她止不住淚流滿面。

於是她將自己的淚水安置在載玻片上，並開始對它們拍照。她從一千多張照片中，選出一百種情感經歷呈現在她的《淚水的地形學》（*The Topography of Tears*）書中。其中前兩種是〈永恆的重聚之淚（在一片廣闊的場域中）〉和〈悲痛與感恩〉。它們看起來就像（對她而言，她的情緒地形）空拍地圖、組成身體系統的抽象形式——血管、微血管和細胞核。其他照片的標題類型繁多，包括：〈無可辯駁的〉、〈到頭來那終究是無關緊要〉、〈剎那瞬間（失序中）失去你〉，以及〈短暫片刻的喜悅之淚〉等。

蘿絲—琳恩解釋道：淚水的線條、形狀、圖案和運動揭示了她感受中的神聖幾何結構。這些影像呈現了痛苦的樣貌，還有感恩、悲痛和敬畏的寫照。科學家利用超過三十種身體生理指標，模糊地勾勒出了約二十種情緒的特徵。透過她的攝影作品，蘿絲—琳恩讓我們看到數百種複雜感受在淚水的形狀中展現出獨特的神經化學輪廓。威廉·詹姆士見了應該會「嗚喔」讚嘆。

觀看蘿絲—琳恩針對人類情緒淚水的攝影作品時，我被

〈依戀與釋放之間的拉扯〉深深吸引住了，底下是這幅作品的影本。在我看來，較淺色的形狀似乎逐漸漂離。悲痛在轉瞬即逝的依戀和釋放波浪中湧現而來。

視覺藝術也記錄了我們社會生活的幾何結構：拉斐爾（Raphael）或達文西描繪的聖母子畫作中的親子對稱之愛，或

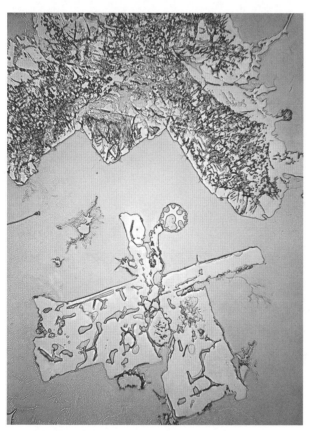

〈依戀與釋放之間的拉扯〉，蘿絲—琳恩・費雪

者同樣可見於羅浮宮837號展覽廳、荷蘭大師揚・斯滕筆下醉酒晚宴場景中的集體歡騰浪潮。在高峰期曾聘僱五萬人工的巴西塞拉佩拉達（Serra Pelada）金礦礦坑，塞巴斯蒂昂・薩爾加多（Sebastião Salgado）在此所拍攝、一群群汗流浹背的強健軀體一致工作的照片，捕捉到以開採為本的資本主義所致崇高而地獄般的威脅，還有它如何將個別心靈和身體化為生產工具。

視覺藝術也讓我們能夠看到自然界中的深層結構，或者說是神聖的幾何結構。十九世紀中葉，恩斯特・海克爾（Ernst Haeckel）對四千多種單細胞原生動物提出了科學敘述。海克爾還認為，他可以藉由描繪研究的物種來揭曉科學真理，於是他製作了一百幅插圖，以十張為一輯分期發表，最後並在一九○四年出版完整彙編《自然界的藝術形態》（*Art Forms in Nature*）。這本書收錄了超過一百幅引人入勝的水母、海葵、蛤蜊、沙錢、魚類插畫和零星出現的昆蟲描繪。觀看他的繪畫帶來一種奇異、美妙的感悟：這些繪畫以誇張的藝術細節，展現出了每個物種的獨有特徵，讓我們得以設想它是如何以極其特殊的方式來適應和生存。透過鑑賞他所繪製的物種之間共同具有的對稱性和幾何結構，海克爾讓觀眾能夠看到不同物種之間的關聯性，亦即生命採行的多樣形式，是以一種生命力，或者用海克爾的措辭來說，以一種「藝術驅動力」所統一。他的繪畫使我們能夠看到關於達爾文「物種從早期原始型態演化而來」的理念。

蘿絲—琳恩向我展示了一個比較新近系列的照片，圖像中這些幽靈般的細胞，源出她自己的一塊骨頭碎片。它們看起來就像無限的標誌——四散飄浮，而且在我眼中，它們並不知曉，身為一群細胞中簡單的遺傳變異產物，它們是如何將複雜的痛苦、驚恐、洞察力和驚奇體驗導入一個人的生活當中。我們所有人生活中的幾何結構，我們所經歷的創傷，或者你可能感受到的、在你家族歷史中流轉的美麗、詛咒和祝福，都存在於我們無法看見的細胞形狀和我們DNA的隨機突變當中。

我們的交談即將結束之際，我坐在客廳裡面，旁邊就是那張表面散置石塊的小桌子，蘿絲—琳恩在廚房泡茶，這時她大聲說道：「令人敬畏的（awesome）與可怕的（awful）。它們兩個詞同時並存，真是驚人。」

我們討論了「敬畏」（awe）這個詞的第九世紀詞源，以及它的詞義如何發生了變化。

她繼續說。

「令人敬畏的與可怕的……它們是我必須調和的。」

對於羅絲—琳恩來說，「藝術是一種語言，藉由洞察力的閃現來揭曉存在於問題當中的答案」。在藝術中，我們看到了生命的模式，是生是死都是如此。在那個調和的瞬間，我們或可思考如何看待這個生死循環。

宏大奧祕的線索

　　我們的默認心智，過於注重獨立性和競爭優勢，無法很好地理解宏大的事物。我們被先前的知識和對確定性的需求所引導，以致於我們迴避生命中的神祕之處，或只以輕描淡寫的解釋打發。然而，視覺藝術為我們提供了理解宏大與神祕的線索。

　　就這個觀點，再沒有比一七二九年生於都柏林的哲學家埃德蒙・伯克更好的嚮導了。他在一七五七年出版《崇高與美的哲學探索》（*A Philosophical Enquiry into the Origin of Our Ideas of the Sublime and Beautiful*），這本輕薄的書籍理當納入藝術、建築、電影和設計學校的必讀書目。

　　伯克的薄薄一冊著述，讓十八世紀的人們對日常敬畏產生了新的認識。在這些篇幅中，他詳細描述了我們如何在種種不同的感官經驗中體驗敬畏，如雷電、陰影、路上的光影，甚至是公牛的眼光（但不包括更美麗又親切的母牛眼神！）。這本書固然有一些怪異之處：伯克將視覺和聽覺置於優先的位置；根據他的觀點，氣味無法讓我們感受到敬畏（這項觀點讓一位從事香水業的法國女士合理地感到不滿，她是我在一次健行途中認識的）。最重要的是，伯克提出了對於美與崇高兩者的體驗之間有何差異的想法。

　　對於伯克而言，美感源出熟悉感和深情感受；相比之下，敬畏則源於對強大、朦朧和令人憂懼之事物的體認。有關美學科學的最新研究與上述區分兩相一致。我們對於大小、空間、時間、物體、他人和因果關係的預期，使我們更容易理解世界。當遇到的事物與我們心中的預期相符，我們就會感到安心、愉悅。這一點在臉孔、氣味、家具圖像和日常場景的研究中已經獲得證實。

在視覺藝術中，我們喜歡並偏好反映出世上與統計規律性相符的熟悉場景——這是我們默認之自我的視覺期望。我們喜歡看起來熟悉的擺放方式，例如將物體放在場景的中心。當屬於天空的事物，例如鳥類，在高空飛翔而非靠近地面之時，我們就會感到愉悅。我們偏好符合我們典型世界觀的地平線，而位置過高或過低的地平線，就會引發不悅感受。視覺藝術若能捕捉到我們一般如何感知世界，也就能帶給我們安適感，以及它在美學情緒領域中的夥伴，那就是美的感受。

伯克繼續說明，視覺藝術要能激發敬畏，它就必須蘊含浩大的神祕感。其中一個方法是暗示廣大的因果力量。受感知的充實景象——好比教堂正面外觀的雕刻、庭院中的長排林木、軍人公墓中的墓碑——都暗示了組織我們社會和自然生活的深層力量。舉一個例子，卡米耶・畢沙羅（Camille Pissarro）的《蒙馬特春天早晨的林蔭大道》（Boulevard Montmartre）畫作中擠滿了眾多行人、街燈和咖啡館，暗示著十九世紀晚期巴黎的轉型文化能量。

伯克觀察到，簡單的重複展現了在反覆形式中的宏大因果力量。例如，海浪或山脈的影像便存在強大的統一力量——海洋的潮汐或地球的地質演變。瑞典電影製片人米克爾・卡爾森

（Mikel Cee Karlsson）則是仰賴日常行為的持續重複現象──刷牙、撫摸伴侶的頭髮、腿部顫動、神經性抽動──來強調彰顯組織我們社會生活模式的習俗。

在伯克看來，光線和運動的模式可以讓我們集中注意力。當藝術作品中的場景藉由光線〔好比林布蘭（Rembrandt）的畫作〕、受感知的運動〔好比莫內《蒙托蓋伊街上的旗幟》（*Rue Montorgueil with Flags*）畫中的旗幟〕或者普遍的色調（好比畢卡索的藍色時期）統合起來之時，我們便推斷，有種浩瀚的力量將該影像中的物體結合在一起。

同時視覺藝術還能藉由顛覆我們對「時間」的預設期望，來激起敬畏感受，好比在電影中使用慢動作的效果〔想想馬丁‧史柯西斯（Martin Scorsese）的《蠻牛》（*Raging Bull*）〕。同樣地，它也可以藉由改變我們對「空間」的預設期望，來激發敬畏感受：梵谷的《盛開的杏花》（*Almond Blossoms*）沒有地平線，也沒有透視法；細長的樹枝似乎延伸超出畫作的邊緣，產生出一種令人眩暈、迷失方向的效果。他是為他剛誕生在這個世界的侄子，小文森繪製這幅畫。根據梵谷的弟媳喬安娜（Joanna）記述，這幅畫似乎是把她的兒子小文森給「迷住」了。

正如梅鐸所暗示，視覺藝術幫助我們超越對現狀的期許，和我們以默認之自我的鏡頭來感知生活的尋常方式。相反地，藝術藉由對浩瀚和神祕感的暗示，讓我們能夠看到我們周遭生命的更深層結構，並讓我們在這些相互關聯的模式中立足。

直接感知

　　長久以來，人們一直認為視覺藝術能夠開啟新的「感受可能性」，也讓我們能夠透過情緒的鏡頭直接感知世界。觀看二十世紀德國藝術家凱綏・柯勒惠支（Käthe Kollwitz）對悲痛的描繪——她有兩個孩子年紀輕輕就夭亡——讓我們見識了在體驗失去的期間，我們眼中的世界樣貌。吉姆・戈德伯格（Jim Goldberg）納入《富人和窮人》（*Rich and Poor*）書中的照片，讓我們看到生命的岌岌可危，還有貧困生活中的原始柔情。因深度憂鬱而在六十六歲時自殺的馬克・羅斯科（Mark Rothko），其畫作能喚起深度憂鬱的思緒模式。

　　對於俄羅斯畫家瓦西里・康丁斯基（Wassily Kandinsky）來說，視覺藝術的一個重點是透過這樣的「氛圍」（Stimmung）來喚起神祕的感覺並「保障靈魂」：

> （在偉大的藝術中）觀眾確實會在自己內心感受到相應的激動……的確，一幅圖畫的氛圍能加深並淨化觀畫者的情緒。這樣的藝術作品至少能保障靈魂遠離粗鄙；它們可以為靈魂「調音」並提升到一定高度，就像調音弦軸調整樂器的琴弦一樣。

　　視覺藝術微調我們的敬畏體驗。將目光放在墨西哥的惠喬爾（Wuichol）繩繪作品上，你可能會感覺自己出現幻覺。南非藝術家恩內斯特・曼科巴（Ernest Mancoba）的靈性體驗畫作充滿了亮麗異世界的神祕敬畏之光，傳達出種種形式的互聯屬性。柏林無處不在的街頭藝術——描繪出狂喜的舞者或奇異的夢幻般生靈——可以讓你透過敬畏的視角來看待這座城市。還有一些迷幻藝術家，好比亞歷克斯・格雷（Alex Grey），則試圖捕捉在嗑藥的那個神祕片刻看到的世界。藝術是一扇感知之門，可以成為敬畏的鏡頭。

視覺藝術如何令人直接感知敬畏，這項理念激使蕾貝嘉・史東（Rebecca Stone）投入四十年光陰來研究中美洲藝術。她為此發表的論文，題材包括安地斯紡織品、墨西哥墓葬雕塑、印加農具上的雕刻、厄瓜多岩刻以及瓦里帝國（Wari Empire，存在於西元六〇〇年至一一〇〇年間，位於秘魯中部）建築等方面。她將這些發現匯總呈現在她的《內心的美洲豹》（*The Jaguar Within*）書中（在中美洲傳統中，美洲豹是種神聖的動物）。

在許多中美洲文化中，視覺藝術保藏了某些人口中所稱薩滿教的敬畏體驗。藉由使用藥草、舞蹈、夢境和儀式，薩滿使社群成員經歷了神祕敬畏，使自我與他人之間的界限消失，感受到相互依存以及與一種普世生命力的親近，並感知與其他物種和超自然生靈的共享意識。

這些經驗都記錄在吟誦、歌謠、儀式、記述植物和其他物種相關力量的知識系統，以及視覺藝術和設計當中。雕刻、繪畫、面具、編籃，還有用來妝點公共和私人空間的小雕像，它

我在柏林一趟敬畏漫步中看到的街頭藝術

們的圖案激發我們藉由引人敬畏的起伏運動、螺旋、虹彩色澤和不尋常的照明來觀看世界。人類和非人類的混合形影——即類別之融合——是個常見的視覺主題，挑戰著預設的期望。

觀看藝術作品會活化腦中的多巴胺網路。當公共建築和辦公室壁面以畫作來美化時，人們的心智也就對驚奇敞開心扉：他們表現出更高度的創造力、靈感啟示和解決問題的能力，並對其他人的觀點抱持更開放的態度。藝術能夠激發我們的內在聖潔傾向。英國一項令人印象深刻且涉及超過三萬人的研究發現，表示自己較頻繁參與藝術活動，例如繪畫和舞蹈，以及較常欣賞藝術，例如參觀博物館或欣賞音樂表演的參與者，在研究完成過後兩年，依然更頻繁參與社區志願工作並捐贈更多金錢。

激發更多日常敬畏的視覺設計，也促進集體健康和集體福祉。丹麥一項新近研究發現，在醫院牆壁上懸掛畫作，能使患者更有安全感，讓他們更願意離開床位並與他人社交，並在更廣泛的生命週期敘事中理解自己的疾病。在從照片判斷為更能激發視覺敬畏感的城市中，民眾報告身體狀況更為強健，即便將收入和當地污染水平納入統計控制之後依然如此。有些城市為市民提供步行通道、定位地標、廣場和圖書館等公共建築——將我們定位於都市社交生活之幾何結構當中的都市設計元素——這裡的民眾感到更為開放，並享有更好的健康和福祉。單只是接近主教座堂和待在小禮拜堂裡面，就能使民眾更願意合作。以敬畏為本的視覺設計，讓我們能夠透過敬畏來看世界，將我們的個體自身置於相互依存的更宏大生命模式當中。

震撼與敬畏

在她於俄亥俄州度過的童年期間，蘇珊・克萊爾（Susan Crile）的家人喜歡進行深海潛水。在那個異世界般的液態以太水下世界中，她發現了漂浮在無垠寧靜中的壯麗景象。時間延展了。她看到了生命形式的模糊輪廓。她感受到了神祕，也體驗了寧靜。

這段回憶令人想起她告訴我的另一個故事，那是關於她的家人和一群貝都因（Bedouin）人共進晚餐的情景，當時那個社群正在敘利亞沙漠搭帳篷露營。璀璨的星空、悸動的音樂、搖擺晃動的身體、芳香的滋味，所有這些都在她的記憶中留下了十分深刻的印象，至今當她在紐約市公寓裡向我講述這段故事時，依然讓她熱淚盈眶。

一九九一年當美國布希總統發動沙漠風暴行動，克萊爾感到激動難安。那些「精靈炸彈」的影像讓她沮喪。「遇害的那些人是孩子和母親。」她告訴我。歷史建築被摧毀。新聞中的預設語言——「附帶損害」、「精準打擊」——讓克萊爾在工作室內往來踱步。

當薩達姆・海珊點燃科威特油田，這激起克萊爾開始行動。她聯繫了負責撲滅油田火勢的博茨與庫茨（Boots &

Coots）公司，同時她也啟程前往科威特。到了那裡，她行進在不久前還是戰場的道路上，看到散落的兒童玩具、燒毀的坦克、焦黑的哨所和用過的彈殼。沸騰的石油湖沼散發的高熱，讓她幾乎站立不住。天空被黑煙籠罩。大火的咆哮聲響聽起來就像死亡的呼喊。後來，她根據自己拍攝的照片，畫出末日般場景：熾烈火焰、漫天濃煙、石油池沼中令人迷失的倒影。敬畏與驚恐混合交織。

二〇〇一年九月十一日，克萊爾穿越中央公園，前往亨特學院（Hunter College）教授藝術課程，途中她看到滿身灰塵的人們緩慢走過，表情駭異、滿臉驚恐，就像一隊朝聖的幽魂。這次她從錄影著手創作。她的畫作捕捉到了時間的延展：建築物以慢動作倒塌；灰塵大量散落；曼哈頓建築重複出現民眾爬出窗外。這些畫面，如今仍在許多人回憶中被視為激發敬畏的片刻。

當阿布格萊布（Abu Ghraib）監獄中的伊拉克戰俘遭受美軍凌虐的照片被公開時，她臨摹這些影像創作出系列畫作，混合呈現出驚恐、殘暴、敬畏和悲憫的情懷，這種融合生成的情緒，正是當初促使我前往拜訪她的原因。在她位於曼哈頓上西區的公寓裡，堆滿了藝術書籍。一疊疊的素描安置在大桌子底下。鉛筆、蠟筆和粉筆，整齊列置在托盤上，就像一道繽紛的涼拌生菜。藝術的塵埃和芳香彌漫在空氣中，讓我回憶起童年在父親工作室中的瞬息片刻。

當你進入公寓，視野中央出現一個黑色盒子，高九十公分、寬六十公分——尺寸就像一個大型聖誕禮物。這個盒子的大小，正是美軍在關塔那摩灣（Guantánamo Bay）用來單獨囚禁戰俘所採用的盒子大小。克萊爾的黑盒子讓你感受到一種生活模式：對極度強權卑躬屈膝並困陷其中。它讓我顫慄發抖。我敞開心靈來凝思人類的驚恐。「在那個空間裡我多久就會死去？倘若我沒有死，那麼我的心智會變成什麼樣子呢？」

克萊爾的《阿布格萊布：權力的濫用》（*Abu Ghraib: Abuse of Power*）系列作品描繪了犬隻撲咬生殖器、昏迷腫脹的臉孔、囚犯在水槽中竭力吸氣、堆疊的裸體等。畫面裡的身體都只呈現輪廓，像透明薄紗，籠罩映現光澤。其中一具被綁縛在黑盒子裡面，看來是認命了，甚至變得安詳。「我希望人們在他們的體內感受到這種痛苦，」蘇珊向我解釋，「感受到惻隱之心。」她翻閱啟發她敬畏和驚恐感受的檔案：哥雅的《戰爭的災難》（Disasters of War）系列，八十二幅描繪折磨、殺戮、強姦，以及拿破崙帝國和西班牙交戰期間的饑荒和審訊迫害的版畫。當她翻閱這些版畫時，她指出了驚恐中的悲憫時刻。

藝術創造了一種美學的距離，一處安全的空間，也讓我們能夠思考人類所犯下的驚恐惡行。在相關的研究中，當人們見到了陰莖切割或性騷擾的圖像，同時被告知那些都是藝術作品之時，他們的腦中和體內的壓力相關區域，就比較不會產生反應。在這種想像的安全空間中，我們可以自由徜徉，以更廣泛、更開放的方式來思考，這些舉動該如何從界定我們各種社群的道德框架來審視？我們怎麼能把一個人擺進一個聖誕禮物般大小的盒子裡？我們回到了羅伯特‧哈斯對詩歌、戲劇和文學如何典藏敬畏和驚恐的導覽當中。我們依循《戲劇論》的邏輯來思考。藝術讓我們能夠共同思考驚恐感受，並設想由敬畏和驚奇感受驅動的社會變革。

這就是麗達‧拉莫斯（Leda Ramos）教導她的勞工階級拉丁裔族群和移民學生的內容：藝術讓你能夠典藏生命的模式並尋思社會的變革。麗達的父母於一九五七年從薩爾瓦多移民到洛杉磯並在回音公園（Echo Park）落腳，於是麗達就在那裡長大，成長過程還與巴西人、墨西哥人、尼加拉瓜人、一位從奧克拉荷馬州乘坐科內斯托加（Conestoga）大篷車來此的年長婦女，還有家裡媽媽不穿胸罩的一個嬉皮家庭一起度過。年紀很小時，麗達就對印度彈棋遊戲（carrom board）的魔力深感驚嘆，因此她自己製作了一套，擺在她家後院一處荒草蔓生的地方。後來那裡成了一處社區中心，充滿笑聲、調情、打鬧和友好競爭——一個關於街坊孩子之間玩耍的神聖社交結構。

在高檔博物館工作了短暫時期之後，麗達選擇進入加州州立大學洛杉磯分校（California State University, Los Angeles）擔任低薪兼任教授。當我前往她設於洛杉磯銀湖區（Silver Lake）的工作室參觀時，她為我指出一幅勾勒她移民故事的圖解藝術作品；裡面包括了她父親在薩爾瓦多時期的圖像——「兒子（El Hijo）」、一張沙漠植物的關係網，以及右上角的一架飛機。在這件作品旁邊，還有一幅麗達和她的學生們臨摹中美洲資源中心（CARECEN）的壁畫而共同創作出的數位畫作，那幅原創壁畫是藝術家茱蒂‧巴卡（Judy Baca）的《金色人民的遷徙》（*Migration of the Golden People*）。畫中場景包括激進主義分子里戈韋塔‧曼朱（Rigoberta Menchú）、辛勤耕耘滿臉滄桑的農場工人列隊前行、警察在小村莊泥路上毆打非暴力抗議者，以及鬱鬱蔥蔥的中美洲景觀。

　　麗達遵循中美洲和墨西哥裔美國政治藝術的傳統，就這項傳統，公共藝術（壁畫、繪畫、海報，以及現今的T恤還有民眾拿來貼在筆電上或街道號誌上的貼紙）記錄並喚醒我們注意對道德的傷害。這項傳統的最著名人物是迪亞哥‧里維拉（Diego Rivera），不過麗達是受了大衛‧希奎羅斯（David Alfaro Siqueiros）感動才湧現敬畏之情。當初希奎羅斯從墨西哥被帶來洛杉磯教授壁畫藝術，他還繪製了《被帝國主義壓迫和摧毀的熱帶美洲》（*Tropical America: Oppressed and Destroyed by Imperialism*），這幅畫描繪了資本主義對移民的殘酷行徑。該作品慘遭洛杉磯市議會字面意義上的粉飾，但最終仍被J‧保羅‧蓋蒂博物館（J. Paul Getty Museum）整修恢復原狀。

　　麗達詳細論述她為「中美洲家庭：網路與文化抵抗」（Central American Families: Networks and Cultural Resistance）展覽而做的一件藝術品，該展覽是為慶祝加州州立大學洛杉磯分校的奇卡諾人和拉丁裔研究系（Department of Chicana(o) and Latina(o) Studies，譯註：奇卡諾人即墨西哥裔美國人）成立五十週年而籌辦，在加州州立大學洛杉磯分校圖書館展出。

　　她的作品包含了一位穿著學位帽和學位袍的拉丁裔女性、

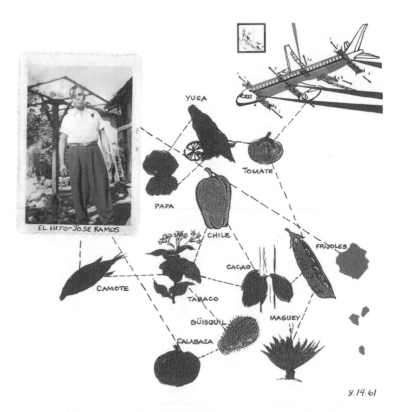

《現代馬雅——皮皮爾人的移徙》（Transmigración del moderno Maya-Pipi）（1997）是一幅以藍圖紙為底的複合媒材作品。藝術家麗達・拉莫斯創作。作品納入「麗達・拉莫斯選集」（Leda Ramos Collection），存放於加州州立大學洛杉磯分校的中美洲歷史記憶檔案（Central American Memoria Histórica Archive）特藏部門。

身披鬼魂般床單抗議瓜地馬拉獨裁者埃弗拉因·李歐斯·蒙特（Efraín Ríos Montt）的民眾、她的家人移民美國的經歷，還有蘇姆普爾廣播電台（Radio Sumpul）一座廣播塔的圖像，該電台播放音樂和故事，來警示薩爾瓦多人，美國培訓的軍事敢死隊就在附近。那次展覽由多洛雷斯·韋爾塔（Dolores Huerta）發表主題演講，她曾在一九六二年與塞薩爾·查韋斯（Cesar Chavez）共同創辦了美國農場工人聯合會（United Farm Workers of America）。麗達的藝術品就展示在附近的牆上。韋爾塔在演講尾聲以底下這段話畫下終點：

> 當我們談論我們的歷史，我們也就是在談論美利堅合眾國的歷史……這是我們的機會和時刻。讓我們創造更多歷史來慶賀奇卡諾研究。

就她那天的工作，麗達告訴我：「當我向多洛雷斯·韋爾塔致敬，同時我也是在向我的薩爾瓦多母親和我的原住民祖先致敬。」

當視覺藝術讓我們湧現敬畏之情，它就有可能改變歷史。研究指出，我們認為當藝術從一種傳統（例如現實主義）進展到另一種傳統，或者當它偏離當時代的藝術慣例，並以嶄新形式震撼我們的時候，這種藝術也就更具有力量。比較令人驚訝和敬畏的文化形式——不論那是視覺藝術、《紐約時報》的報導、音樂或是都市傳說——也比較可能在數位平台上分享，並改變我們對世界的看法。克萊爾的藝術將酷刑的驚恐記錄下來。在拉莫斯的藝術和教學中，她和她的學生在殖民主義、暴力、抗爭和變革歷史的政治敘事內涵中，記錄了移民的位置。我們對這種卑躬屈膝的生命模式感到震驚和敬畏，也納悶我們可以怎麼做來終結這樣的壓迫。

視覺敬畏的生命

在我們的演化進程，身為擁有最高文化的靈長類動物，數萬年來，人類不斷在視覺藝術中找到敬畏。我們對於創作和鑑賞的審美能力，讓我們能夠看到自然界和社會界的幾何結構，並以高度智慧航行於這些世界之中。縱貫歷史，引人敬畏的視覺藝術讓我們得以找到線索，一窺我們如何共同創造出不斷變化的生命之謎。視覺藝術讓我們能夠直接體驗敬畏，享有它帶來的個別的和集體的益處。為了藉由改變心智和歷史來促進文化演變，視覺藝術震撼人心、激發敬畏，從而促使人們以嶄新方式來看待世界。這些主題貫穿了史蒂芬·史匹柏從他的視覺敬畏生活中提取出來與大家分享的系列故事。

史匹柏和他的妻子凱特·卡普肖（Kate Capshaw）在洛杉磯舉辦了一場關於科技和社會進步的小型聚會，我很榮幸能夠參加。輪到我發表演講時，我談到了如何從顫慄、淚水、迷走神經、語音和面容，以及從DMN來衡量敬畏，還有敬畏如何引領我們進入驚奇和聖潔傾向。當我談到顫慄時，史蒂芬舉手意欲發言。我停下了演講，以略顯滑稽的動作，請他發言。他講述了一段心生敬畏的故事，當時他看著新生孫子出世，凱特則坐在地板上，貼靠著他的腿。

那天晚上外出晚餐時，我碰巧坐在史蒂芬和凱特旁邊。他們談到他們在電影和繪畫方面的事業。他們談到了《西城故事》（*West Side Story*）二〇二一年翻拍版的製作，這部電影史蒂芬才剛完成拍攝。還談到了寇克‧道格拉斯（Kirk Douglas）的葬禮，以往他經常光顧史蒂芬母親開設在洛杉磯的餐廳來與她調情。他們講述了在《辛德勒的名單》（*Schindler's List*）拍攝時，現場嚎哭得十分厲害，以致於一位女演員需要三天的治療干預，才能從這段令人敬畏的大屠殺可怕紀錄的再現中恢復過來。

我不禁問道：

「史蒂芬，在你小時候，敬畏是什麼樣的感受？」

他毫不猶豫地回顧述說自己五歲時第一次看電影的經驗。他的父親是一位參與電腦發明的工程師，當時帶著他從位於紐澤西州肯頓（Camden）的家出發，去了費城的一家電影院。當他們在電影院磚牆旁邊的長龍中緩慢前進時，年幼的史蒂芬伸手向上緊握著他父親的大手，心中以為他們是要去看馬戲團。結果他們卻是去看西席‧地密爾（Cecil B. DeMille）的一九五二年影片《戲中之王》（*The Greatest Show on Earth*）。一陣失望過後，史蒂芬開始注意到電影中的顆粒狀影像。兩列火車在軌道上猛衝。一個角色駕車沿著鐵軌奔馳，試圖警告他們。但徒勞無功。兩列火車相撞，車廂四散飛舞，一具具身體被拋向空中。年幼的史蒂芬感到時間似乎停滯了，心中充滿了驚奇和敬畏之情。

回到家中，史蒂芬開始拿他的模型火車玩撞車遊戲。他的父親必須一次又一次地修復這些火車，因此他改讓史蒂芬借用家裡的攝影機，史蒂芬安排劇情並用它拍下了一百多次玩具火車撞車事故。在這個想像力國度裡並沒有產生任何損害，只有帶來假裝毀滅的神聖幾何結構。

一天晚上，他的父親把他叫了過來，匆忙帶他上了車。他們前往一處野地，鋪了毯子仰躺上去。一場流星雨從天空灑落。史蒂芬回憶起那陣光芒、那批繁星、夜空的廣闊浩大，以及他的凝望實驗，包括直視以及用眼角餘光來觀看瞬息萬變的星空模式所帶來的敬畏。

正是這種對生命的驚奇體驗，史蒂芬期望能透過《E.T.外星人》和《第三類接觸》（*Close Encounters of the Third Kind*）來帶給其他人。

當史蒂芬準備結帳時，他總結說明，他為什麼仍然看電影、為什麼拍片給其他人看：

「在敬畏中，我們全是平等的。」

第九章

最基本的存在
靈性生活如何從敬畏生成

當我躺在那裡思索我的靈視幻象，我能夠再次看到一切，感受到其中的意義，而且我的一部分就像一股奇異的力量在我的體內發光；然而，當我的那個部分，講話的那個部分，嘗試以詞句來傳達意義，這時它卻像迷霧飄散般離我而去。

——黑麋鹿（Black Elk，譯註：蘇族領袖）

不是我，而是主。我總是告訴祂：「我信任祢。我不知道該去哪裡或該做什麼，但我期待祢引導我。」而祂也總是這麼做了。

——哈莉特・塔布曼（Harriet Tubman，
譯註：美國非裔廢奴領袖）

在俄亥俄州一個白人城鎮長大的珍妮弗・貝利（Jennifer Bailey，今天大家稱她為「珍牧師」），五歲時首次感受到種族主義的灼燒。當她從公園一座滑梯上跳下來時，一個同學問道：「為什麼妳的臉髒髒的？」她跑進伯特利非洲衛理公會聖公會教堂（Bethel African Methodist Episcopal Church），感到她被擁抱在那處空間的寧靜當中。多年之後，在同一座教堂中，她聽到了奧利弗修女（Sister Oliver）彈奏風琴，感受到那種如羊絨毯般的神聖樂聲。在這些經歷中，她覺醒感悟了一個重要的理念：

「在神的眼中，我是蒙愛的。」

十幾歲時，貝利為窮人和無家可歸人士服務。在神學院期間，她受到雷恩霍爾德·尼布爾（Reinhold Niebuhr）等學者的啟發，但她也滿心衝動，期盼將基督教轉變成更具包容性，更多元化的信仰。如今，她所創立的組織——信仰事務網路（Faith Matters Network）——吸引了成千上萬人探究有關靈性、信仰、靈魂和神性的問題。她穿著緊身牛仔褲牧養教徒，除了《聖經》和其他神聖典籍之外，也引用碧昂絲的話語。

我們在一個緊張時期通電話交談：就在COVID-19大流行席捲紐約之際，她懷孕了，偏偏COVID-19對有色人種特別致命。我們談話開始時，珍牧師盤點了當今的靈性傾向。無宗教信仰的人數持續增加，特別是像她這樣正值三十多歲的民眾。他們沒有按時上教會，也不遵循單一教義或歸屬於某特定宗教。這是個宗教無所依之狀況愈益普遍的時代。與此同時，當今民眾卻也深自潛心靈性。這一點自人類開始成為人類以來就一直如此，因為與神建立關聯是人類的深層共通特性。美國年輕人當中有三分之二信神，就所有美國人而言則有九成相信，世上有某種神靈或浩大力量為他們的生命進程賦予活力，也相信存有超越肉體生命的靈魂。

當我問珍牧師，她從哪裡尋找神祕敬畏之時，她的回答來得容易：非洲裔美國婦女的力量和勇氣。她的祖母輩逃離了一九五〇年代採用吉姆·克勞（Jim Crow）法的美國南方的恐怖主義、私刑和種族隔離空間。她的母親在芝加哥長大，隸屬一九六〇年代首批就讀種族融合高中班級的學生。想到這些女性時，珍牧師放緩了思緒。她提到種族主義的創傷，如何從一代傳遞給下一代，表現在對我們身體細胞所造成的傷害當中。她對過去和現在的非裔美國女性如何克服困境表示景仰。她說，她們是秉持精神力量來實現這點。她們的精神產生自廚房。產生自講故事、歡笑、歌唱和舞蹈當中。以及產生自教堂。就在教堂裡面，在認同黑人文化的社群中，她們就像她的祖母喜歡說的，「從無路可走，開出一條道路」。

正是信仰支持了這些女性。對上帝的信仰，對愛的信仰，對正義的信仰，對希望的信仰。她在當代的朗誦詩活動、咖啡廳、即興表演、音樂和餐桌上感受到這種精神。最近，在她帶領的「假死行動」（die-ins，目的是激發大眾對警察暴力的關注）中，她感受到了精神的引導，就像當初哈莉特・塔布曼（Harriet Tubman）帶領奴隸走向自由那樣。

就在珍牧師的敬畏故事進展到現在時，她停步並開始思索。短暫的沉默之後，她反思道：「我想我正在『把宗教做成堆肥』。」

數千年來，我們一直倚賴自然的隱喻來描述神祕敬畏，也就是遇上我們所謂神明時所產生的感受，我們覺得那是初始的、真實的、善良的和無所不在的。在某些原住民傳統、印度教和道教等信仰中，太陽、天空、光、火、河流、海洋、山脈和山谷等形象和隱喻，都被引用來解釋神祇。底下是老子對於「道」這種不可或缺之生命力量的描述：

上善若水，水善利萬物而不爭，處眾人之所惡，故幾於道。

珍牧師「把宗教做成堆肥」的比喻，在我們這個充滿有機農場、都市庭園、植物性飲食和農夫市場的二十一世紀來說或許顯得特別具體。然而，堆製肥料是存在數千年的概念。當我們堆製肥料時，我們收集原料——食物殘渣、草、樹葉、動物糞便——並讓它們在一個儲存場所腐朽。隨著時間流逝，微生物、細菌、真菌和蠕蟲分解這些原料，消耗毒性物質，提煉出一種腐殖質，一種無定形、散發甜香、像果凍一樣的黑色混合物，由植物、動物和微生物原料所組成。腐殖質中的氮被植物的根系吸收，滋養生命。

珍牧師的堆肥隱喻暗指，神祕敬畏依循腐朽、提煉和生長的模式來進展。這似乎符合她自己的生活故事，也就是分解基督教中的性別歧視和殖民主義傾向，提煉出她在非裔美國婦女的信仰中找到的精神滋養，並與她事工（編按：指教會成員執行教會指派的工作）中的其他人一起產生出神祕的感受。或許我們自己的神祕敬畏體驗（或者你也可以稱之為靈性體驗），也遵循這種腐朽、提煉和生長的模式，將默認之自我對世界的預設觀念分解，結果便提煉出一些重要的感受，從而促使我們自己的靈性信仰和實踐得以成長。也許當今活躍的四千兩百種宗教也正在經歷這相同的進程，隨著文化和人類的演變而經歷腐朽、提煉和生長的改變。

精神腐殖質

　　馬爾科姆‧楊（Malcolm Clemens Young）讀六年級的時候，他和同學們前往奧勒岡州的阿什蘭（Ashland）觀賞了幾場莎士比亞戲劇。晚上他們露營過夜。一天清晨四點，馬爾科姆醒來後走出帳篷。在這片刻的寧靜當中，他對附近湖上的月光圖案心生敬畏。回想起這件事時，馬爾科姆告訴我，在那個自然敬畏的時刻，他心中湧現的問題：「是什麼造就了這樣的美？」這種美他可以「隨時感受得到」。這種感覺就像是「上帝賜予的非凡禮物。」

　　馬爾科姆在青少年時期讀了佛教的經論（編按：應為印度教經典）《薄伽梵歌》、梭羅和愛默生的作品，也多次閱讀了《聖經》。大學畢業之後，他進入一家金融顧問公司，短暫工作了一陣子，但這份工作不能讓他感到滿足，因此他決定就讀哈佛神學院。他告訴我，在麻薩諸塞州劍橋市，他住在距離愛默生於一八三八年七月十五日發表哈佛神學院歷史性演講的地方只有幾棟房子的地方。在當時只聚集了幾位教職員工的聽眾面前，愛默生勸戒眾人讓宗教教條腐朽，起身尋找自己提煉出的神祕敬畏體驗：

> 對這種萬法之法（law of laws）的感知（在愛默生看來，那是一種慈悲的生命力量統一了所有生命形式）喚醒了心靈中的一種情操，我們稱之為宗教情操，而

這也成就了我們的最高幸福。它具有令人驚嘆的魅力和管制力量。它就像是山間的空氣。它是世界的防腐香油。它是沒藥、安息香、氯和迷迭香。它讓天空和山丘變得崇高，而且星星的寂靜之歌就是它。宇宙之所以變得安全和適居，正是透過它，並不是透過科學或力量。思想在事物中有可能是冷冰冰又不能交流的，也找不到收束或統一；但心中美德情操的曙光，卻給予了這一切，並擔保該法支配了所有本性；而宇宙、時間、空間和永恆，似乎都爆發出喜悅的氛圍。

對於愛默生來說，神祕敬畏與自然緊密交織——如山間的空氣、迷迭香的香氣、山丘、星星的歌聲。它像沒藥（從樹木中提取的樹脂，用作香料和藥物）一樣能療癒。它是美德的源頭，比之冷冰冰的思想或科學更是如此。它是通往我們最高幸福的途徑——融入比自我更宏大事物的感受。

馬爾科姆最終成為莊嚴地座落於舊金山俄羅斯山（Russian Hill）丘頂的恩典座堂（Grace Cathedral）的主任牧師。進午餐時，我請教馬爾科姆關於他最早的那些敬畏體驗，希望能瞥見一個受靈性啟發的孩子的吉光片羽，或許還能聽聽關於異象、召喚或者年輕神祕主義者的夢中徵兆。描述了湖邊那次經歷之後，他露出燦爛的微笑，並告訴我有關⋯⋯他在一場街頭籃球比賽時第一次灌籃的體驗。

接著其他體驗傾瀉而出：在他長大的地方，加利福尼亞州戴維斯市（Davis）的鄉間漫步。廣闊夜空下的道路。席捲中央谷地（Central Valley）那片平坦農田的暴風系統。愛默生在哈佛神學院的演講。還有當天令人敬畏的時刻：祈禱、衝浪、騎著他的腳踏車前往恩典座堂、聖經中的段落、以變化多端的幾何形狀環繞舊金山的霧氣。

我問馬爾科姆，投身以神祕敬畏為關鍵的行業工作是什麼感覺。他回答說，他對證據、教條、定義或對術語的語義學論辯沒有真正的興趣，諸如「上帝存在嗎？」「靈魂存在嗎？」「什麼是罪？」或者「來世是什麼？」他手指向外，指向我們周圍的某種空間感受：

> 我有機會在其他人生命中最私密的時刻陪伴他們。當有人去世時，或是有嬰兒誕生時，或者我在聖壇上，站在兩個人的身邊。我說這就是上帝，就在這裡，就在我們周邊……
>
> 我最近一次講道是關於讓思想去殖民化，以此來向肯亞作家恩古吉・瓦・提昂戈（Ngũgĩ wa Thiong'o）致敬。我們有殖民主義和奴隸制度的歷史。這些歷史根植於我們的思想中。同性戀者幾十年來一直感受到這種自我譴責。何等憾事。但這裡沒有分好人或壞人。這是歷史賦予我們的。
>
> 這個星期天，我講道之後，一位八十歲的男士走到我面前，他哭了起來。他擁抱我。

這是敬畏。

馬爾科姆的牧師生活到了這個時刻，我們看到了腐朽（打破殖民主義殘存影響和恐同信念）、提煉（導致那位老人崩潰落淚的感受），以及成長（交互連結的最單純擴展，擁抱）。

在高中和大學時期，馬爾科姆經常隨身攜帶威廉·詹姆士的《宗教經驗之種種》（*The Varieties of Religious Experience*）一書，夾在自己臂彎下，這（有充分的理由）引起了他朋友的訕笑。馬爾科姆·克萊門斯·楊這是在分解威廉·詹姆士一百二十年前的神祕敬畏體驗並提煉化為心靈滋養。

詹姆士在一個十九世紀的紐約家庭中成長，他有足夠的資源和自由奔放的精神去遊歷和追求驚奇體驗。他曾就讀於實驗學校，兒時還曾與家人一起在歐洲生活，十八歲時他開始學習藝術。儘管享有這些優待，詹姆士仍遭受了種種焦慮的折騰。恐慌、自我懷疑、廣泛性焦慮。他還患了幽閉恐懼症，導致他對百葉窗心生疑慮，除非它們打開得恰到好處，否則他就會深感不安。二十多歲時，詹姆士遭受嚴重憂鬱症折磨，曾認真想過要自殺。

詹姆士展開了一生的追尋，尋找他所謂宇宙最基本的存在，也就是神祕敬畏：

但這感覺就像是場真實的戰鬥——彷彿宇宙中存有真正狂野的東西，必須由我們動用我們的所有理想和忠誠來予以救贖。

在詹姆士看來，神祕敬畏是可以體會到的經驗，它是野性的，超越了預設的自我和社會現狀的觀念。

詹姆士追尋這種「宇宙中的野性」，他聆聽遊方唯靈論者的演講，參加降神會。受到業餘哲學家本傑明・布拉德（Benjamin Paul Blood）的啟發，詹姆士拿俗稱笑氣的一氧化二氮來做實驗。這種藥品能活化類阿片系統，從而產生融合感，以及簡稱GABA的 γ -胺基丁酸，這是能強化思維的神經傳遞物質。在一次笑氣衝擊體驗中，詹姆士喊道：「哦，我的神啊，哦，神啊，哦，神啊！」他預設自我的焦慮正逐漸分解。他用「破碎不堪的片段」詞語來描述提煉出的「比語言更深奧的思維」。他藉由如今去看牙醫就可以取得的藥物，發現了神祕敬畏。

就是這些經歷促使詹姆士動手蒐集、整理敬畏的故事。他編纂了與神聖事物遭遇的親身紀錄，這些故事往往是不可解釋的，有時還稱得上超凡的經歷，來自神職人員、托爾斯泰和惠特曼等作家、熟人和普通市民。後來到了一九〇一年和一九〇二年，他就會前往蘇格蘭愛丁堡，在吉福德講座（Gifford Lectures）中提出他的思想，並集結這些演講內容，出版《宗教經驗之種種》一書，成就了二十世紀最具革命性的宗教書籍，也是當今宗教研究學者的試金石。

在這本書中，詹姆士將宗教定義為「民眾在孤獨中的感受、行為和經歷，只要他們自認與他們認定的不論哪種神聖事物存在關係。」宗教涉及我們與神聖事物之間所存關係的經驗，詹姆士將神聖事物描述為宏大、原始且涵納一切的存在。我們可以在幾乎任何情境中找到這些感受，包括極度喜樂、無限的愛、恩典、恐怖、絕望、懷疑、困惑和神祕敬畏。它們存在於所有宗教當中——印度教、佛教、猶太教、耆那教、基督宗教、伊斯蘭教和蘇非主義。存在於大自然中、音樂中、思想中，甚至存在於我們攝入體內的化學物質當中。詹姆士的論點是基進多元主義的，通往神祕敬畏的途徑幾乎是無窮盡的。日常神祕敬畏。

在這之後一百年出頭，一門新的宗教科學，投入研究這種最複雜的文化形式，專注於諸如對神的信仰、儀式和禮儀、教義和解釋，以及宗教的演變歷史等議題。而詹姆士以及我們的關注焦點則是神祕敬畏。

神祕敬畏往往源於超越默認自我所預期的、難以解釋的經歷。就像詹姆士使用笑氣產生的經歷，或者珍牧師初次進入教堂聖地時湧現的感受。還有就馬克吐溫而言，那是一場夢，夢中他看到弟弟死亡；兩週之後，他的弟弟死於一次江輪船難，而且就像他的夢中情景，死後是穿著馬克吐溫的西裝下葬。還有其他不可解的異象，例如十九世紀時生活在法國盧爾德（Lourdes）附近的貧困女孩貝爾納黛特（Bernadette）的經歷。她在一處洞窟的黑暗中見到聖母瑪麗亞十八次，這引領她發現了一道具有療癒力量的泉水（如今每年有五百萬人前往盧爾德朝聖尋求治療）。根據調查研究，多數人都表示曾經有過這種不可解和超凡的經歷：他們感受到了上帝或者靈的存在，或聽到上帝的聲音，或覺得命運的奇妙轉折是受了神力的引領。在我悲痛的最初幾個月，我在兩個不同場合明確感受到羅爾夫的大手撫在我的背上。

這樣的神祕經歷有必要解釋；我們的心智對不可解釋的事物感到不耐。這種企求解釋的傾向在不同的文化中產生了有關疾病、身體感官、聲音和視界，以及夢境或幻覺等神祕意識形式的靈性信仰體系。試舉其中一例，日本的鬼魂、惡魔、小妖精和精靈——統稱為妖怪——的豐富傳統，便提出了變化多端、非常地區性的超自然形式的解釋，來闡釋不可解的聲音、光線、自然事件、身體狀態，或在黑暗中感到被盯視的感覺。

這個論點是宗教和靈性的科學研究的核心：我們依賴古老的認知系統，將超凡的經驗轉化為對神明的信仰，以及神的形象、描述和故事。我們將不尋常的經歷，歸因於一個超凡行為者的意圖和行動；就上述論點而言，行為者就是一位或多位神祇。地震變成是神靈撼動大地。癌症的緩解是上帝的干預。受到荒野敬畏的感動，十歲的馬爾科姆‧楊覺得是上帝賜予他湖上月光之美。

我們的感知系統將不可解的經驗塑造成可感知的超自然形式。當我們在黑暗中，或者看著雲彩、觀察樹皮上的螺旋線條，又或者驚詫讚嘆岩石中的地質圖案時，我們的各處腦區可能促使我們無中生有察覺到臉孔，而這些我們就認為是上帝的形象。我們根深蒂固以為聽到人聲的想法，讓我們在一陣怪風或令人敬畏的雷暴中聽到神的聲音。當我們獨自在一處詭異的或陌生的地方，很可能是在黃昏或黑暗當中，這時我們就會感到自己被上帝觀看、觸摸，甚至被祂擁抱——反映了我們古老的依戀觸覺系統的活化作用。在神祕的經驗中，我們的心智構建了對神明的感知，一個全能的存在，正注視著我們、聆聽著我們、對我們說話並擁抱我們。

隨著神祕敬畏逐漸開展，默認之自我也逐漸消融，這種自我意識的轉變，詹姆士稱之為「交托」（surrender）。研究發現，採用不同方式促使民眾感受神祕敬畏時，便能在腦反應指標中觀察到DMN的活化作用。這些研究發現，加爾默羅會（Carmelite）修女回憶起一次神祕經驗、虔誠信徒在實驗室中祈禱、宗教傾向人士冥想神明，或者冥想民眾靜坐修練時，DMN就會平息下來。神祕的經歷不僅使DMN停止活動：它們還活化與喜悅和極樂有關的腦皮質區。當我們被神祕敬畏淹沒，或許就會起雞皮疙瘩、流淚、悸動或顫抖。我們可能會屈身或仰望，向天振臂，顯現尋求擁抱的痕跡。有時我們甚至會呼喊，或靜靜地發出「哇嗚」或「嗚喔」這些與聖潔音節「唵」密切相關的驚嘆聲。

這種神祕敬畏的經驗，這種心靈的腐殖質，深受文化、歷史、地方和時代觀念的塑造。地理景觀、當地的生態，都會影響我們的隱喻、形象和信仰，而這些也正是我們對神祕敬畏的表述。富士山的威嚴孕育出一個崇拜它的佛教宗派，塑造了那個宗教社群的實踐和信仰。伊格魯里克區（Iglulik）的因努伊特人（Inuit）阿瓦（Aua）留下了一些詳實記載的神祕經驗，不過這些經歷都受到渲染，肇因於他所處冰封荒瘠物理環境和食物嚴重匱乏下對動物湧現的崇敬情懷。

亞西西的聖方濟各的神祕經驗，產生自十三世紀迷戀聖痕的背景環境。聖痕指的是出現在身體上，類似基督受難十字架上蒙受的傷口。聖方濟各禁食時見到了異象，他看到一位雙手、雙腳都帶了聖痕的天使，還注意到他自己雙手和雙腳的皮膚上，也浮現了相仿的血痕圖樣。這種非比尋常的異象引領他體驗了一種神祕敬畏，他感覺自己與被釘在十字架上的耶穌合而為一。（然而，人們也想到當時義大利流行瘟疾，其症狀之一就是皮膚上浮現血痕。）神祕敬畏受到當時有關於自我、社會和身體概念的影響。

科學和技術的進步，滋養了神祕敬畏的文化演變。今天，許多人將自己的靈魂視為能量、場域、纏結和振動的模式，這些概念都是愛因斯坦和量子物理學帶給我們的。或許我們的靈魂是種「量子自我」，一種由我們身體的細胞散發出的振動能量模式，這種能量源自大霹靂，而且在我們死後依然存續。在某些形式的基督宗教的週日講壇、正念運動以及以盈利為導向的心靈靜修處所，我們經常聽到有關於自由市場、選擇和享樂的快感這些與神祕敬畏相關的經濟學觀點。神祕敬畏始終在我們所知事物的腐朽分解，以及新生事物的成長中取得滋養。

智慧設計

　　非比尋常的經歷以及我們提煉這些經歷的方式，可以孕育出新的靈性信仰和實踐。從神祕敬畏中產生出了關於神明的表述、形象、符號、音樂和故事。

　　尤里婭‧切利德溫（Yuria Celidwen）親身經歷了這一切。身為納瓦（Nahua）原住民族的後裔，尤里婭在墨西哥的恰帕斯州（Chiapas）長大。她在雙親撫育下成長，父親是墨西哥一位著名的詩人，母親是臨床心理學教授。尤里婭八歲時，母親被一名青少年駕駛撞死，她的家庭陷入深深的悲痛之中。她的祖母塞利娜（Celina）帶她走出去，進入恰帕斯州鬱鬱蔥蔥的森林，這是世界上生物多樣性極其豐富的地方，美洲豹在其中遊蕩，享有神聖的地位。她告訴我，在森林中，她的祖母為她開啟了神祕敬畏的世界，也帶她聽到了「成長」和「呼吸」的歌聲。

　　到了十幾、二十幾歲時期，尤里婭沉溺於墨西哥城一個藝術社交圈，包括音樂、夜生活、狂野聚會和藥物。有一晚，她險些死去。對於瀕死經歷的研究發現，這些事件遵循神祕敬畏的腐朽、提煉和成長的模式演變。仔細研讀尤里婭的敬畏故事、她對於所發生事情的回顧，並請注意其中對於浩瀚與神祕的描述（「漆黑一片」；「天空開啟」）。以及顫慄（「閃電點燃我的身體」）。還有威脅（「一群群火一般的螞蟻」）。以及自我的消融（「我化為水」）。底下引用她的故事的開端。

我眼前一黑⋯⋯

大地撕裂──漆黑一片──在我腳下。

天空開啟──清澈無瑕──在我頭頂上方。

我的身體顫抖，出現嚴重的不自主運動。

閃電點燃我的身體。

一群群火一般的螞蟻、馬陸、蠕蟲、細小的蟑螂⋯⋯

地底生物爬滿我全身。

光在我的眼瞼後方舞動。

它流動⋯⋯從不停滯。

我的身體還失去了定形。

我化為水。

我的四肢被大地吸收。

我感覺不到我的身體。

一種高音尖銳的聲音充滿了我的雙耳。

水蒸發了。

口渴把我舌頭的水分吸走。

我感到冰冷、凜凜寒氣、刺骨嚴寒。

尤里婭後來恢復意識，卻無法移動她的雙腿。她的朋友們聽不懂她發出的聲音，急忙將她送往醫院。她到了那裡又喪失意識，飄進了遵循另一套空間、時間和因果關係法則的國度。

我的眼睛在煙霧中消散。

我墜入了濃厚的迷霧之中。

我漸漸融入空間……

我來到急診室時，我的身體沒有反應。

這是在發展中國家一處人手不足醫療中心出現的幻象。

似乎沒有人注意到我是清醒的。

我身體上方有一隻眼睛睜開了。

它看到了護理師、醫師和鬼魂。

它還看到我的父母——在遙遠的地方——還有好幾位親友。

他們沒有人知道我在這裡。

沒有人能聽到。

好幾段生活回憶浮現出來，

簡短片段映現在最內層的光屏上。

護理師脫去了我的衣物。

他們拿走衣物換來一條沒有名字的外科手環。

他們講出口之前，我幾乎就能聽到他們的思想。

「沒有，」他們說，「沒有生命徵象。她走了。」

但我沒有走！

我在這裡……

我在這裡嗎？

一切似乎逐漸褪去。

連同支配、憤怒、悲痛也逐漸褪去。

最後只剩下撫慰的月光祥和。

飄盪……

融入薄暮微光……

在空間的臨界邊緣

棲居著裸露的靈……

我對這種感覺已經渴望很久了，

現在它終於來了。

清澈

黎明前的天空

明亮、燦爛、清朗

……愛……

這段非比尋常的經歷結束之際，尤里婭的祖母來找她了：

她在我舌下放了一顆種子。

「這是治療悲傷和絕望的藥物，」她說，「讓它發芽

吧。」

那是我的祖母死而復生來到這裡……

一個原始的蛋破裂，水流湧出。恰克大神（Chaahk）

和無數母世之神（Bolon Dzacab）放聲大笑。

風之太陽放射閃電擊中我。

我吸進第一口氣。

電擊器放射閃電竄過我的身體。我的心跳動了。

我醒來了。

在這個腐朽和提煉的過程中，尤里婭被成長激發了生機。後來她便踏上朝聖旅途，前往世界各處聖地，而且通常是以一位原住民女性身分獨自旅行。她使用博士獎學金來研究喪葬儀式，探究墨西哥的亡靈節儀式和西藏水供法會的深層模式，兩者進行時人們會觸摸並握持死者遺骸。如今，她在聯合國從事原住民權益相關工作。閒暇時間，她致力保護恰帕斯州的雲霧森林。

當我詢問尤里婭有關她的經歷時，她解釋那是一趟冥府旅程「涅基亞」（nekyia），一種敘事形式，向荷馬的史詩《奧德賽》第十一卷致敬（涅基亞的詞源「nékys」在古希臘語中意為「屍體」）。尤里婭解釋道，在大多數宗教中，都有以故事、傳說、詩歌和神話等表述形式，來傳達有關前往來世的旅程——古希臘的冥王黑帝斯（Hades）、亞伯拉罕傳統中的暗黑冥界「希奧爾」（Sheol）、北歐信仰中的瓦爾哈拉大廳（Valhalla）、藏傳佛教的「中有」（bardo），納瓦原住民族的地府「密克朗」（Mictlán），還有就瑪雅原住民族而言則是冥界「席巴巴」（Xibalbá）。涅基亞旅程就像瀕死經驗，包含腐朽——自我消解；提煉——在交托、混亂和死亡中獲得的天界昇華感；還有成長——當我們回到清醒的生活中。尤里婭告訴我，以神祕敬畏的科學來理解，涅基亞是我們為了理解不可解而講述的故事——目的在闡釋我們將死之時的意識像什麼。尤里婭告訴我，許多宗教和靈性傳統，從儀式到圖像學，都從我們為解釋生命奧祕投入的集體努力發展成形。

　　基於這項見解，我們可以尋思宗教和靈性實踐是如何從敬畏經驗滋長成形，實際上那些方式我們也已經斟酌過了。我們與敬畏相關的發聲方式，變成了神聖的聲音、吟誦和音樂，於是我們就能將我們對神明的感受象徵化並與他人分享。藉由視覺藝術——好比繁多中美洲傳統——我們展現出神祕敬畏中所感受到的神聖幾何結構。我們以激發敬畏的舞蹈來講述神靈的象徵性故事。瑜伽提供了一系列身體姿勢，而且通常都能展現出我們對敬畏的身體表達，讓我們用身體感受到神聖感，就像這則來自二十世紀瑜伽修行者和神祕主義者戈皮・奎斯納（Gopi Krishna）的敬畏故事：

> 照明變得愈來愈亮，轟鳴也愈響了，我感受到一種搖晃的感覺，接著還感到自己脫離了我的身體，完全被一圈光暈環繞……我感到意識的核心，那就是我自己，變得更加廣闊，被一波波光線環繞……這時我全然就只是意識，完全沒有輪廓，沒有關於肉體附屬的任何概念，沒有任何來自感官的感覺或知覺，完全沉浸在光之海當中……沐浴在光線之中，處於一種難以言喻的歡欣和幸福狀態。

　　一致行動成為一種宗教儀式。與敬畏有關的鞠躬、顫抖、叩拜或仰望天空，促成了儀式化的崇敬行為。這樣的儀式帶來了共有的生理、感受和隸屬於比自我更宏大存在的關注。穆斯林在實踐「薩拉特」（salat，每天五次祈禱）時，他們與接納有關的腦區活化程度提升，反映了他們感覺自己和比自我更宏大的神聖力量產生了連結。

這許多呈現神祕敬畏的方式，經常彙整融入以敬畏為本的智慧設計、表達、符號和儀式當中，從而讓社群能夠共同體驗集體敬畏感受。具有宗教傾向的人——約六成美國人——在教堂、祈禱、閱讀靈修文本、聆聽神聖音樂以及思索生死議題之時，會感受到神祕敬畏。沒有正式宗教信仰的人則創造出自己的「聖殿」，在大自然中，或者在唱詩班演唱，或舞蹈等集體活動當中尋找神祕敬畏，而這也正是阿格拉沃爾的做法。他們還可能透過冥想或瑜伽鍛鍊，或者——就如由美・肯德爾所採做法——在音樂中找到神祕敬畏。如今，神明有眾多形式。

共有的神祕敬畏經驗會改變我們的個別自我，從而讓我們的群體變得更為強大。例如，牽涉到數千名參與者的實證研究發現，靈性投入感與較高的幸福感、較少的憂鬱傾向，以及更長的預期壽命有關。此外這還能提升謙卑、合作、犧牲和善良等在群體中的傳播。一個新的理論系列主張，歷經我們的演化進程，藉由種種宗教形式來孕育這些傾向的群體，與那些沒有孕育這些傾向的部落相比，表現得更為出色。更有智慧的設計。

環繞神祕敬畏核心演變的社群所受毒害也有詳實的歷史記

錄，這為世界帶來了部落主義、種族滅絕以及對於不屬於優越群體的弱勢者（包括歷史上的婦女、有色人種和九十多個國家中的原住民族）的壓迫。壓榨型和專制型政權，以及具有魅力型反社會人士，往往能在崇尚神祕敬畏的社群中攀登至受敬重的地位。基於他們的生活故事和文化背景使然，珍牧師、馬爾科姆・楊和尤里婭・切利德溫對這項事實瞭如指掌。他們正以某些方式來分解宗教化為滋養，讓這些傾向腐朽，並精煉出一些要素來推動信仰和實踐的增長，循此促成族群團結而非分裂。

迷幻敬畏

鮑勃・傑西（Bob Jesse）曾在甲骨文公司（Oracle）擔任工程師。來到加州大學柏克萊分校之後不久，我在用午餐時得知，鮑勃由於宗教致幻劑（entheogen）使用經驗的影響，出現了徹底改變。這是一類化學物質，通常都源自植物，深植於原住民文化當中，包括賽洛西賓、死藤水、烏羽玉（peyote）以及麥角酸二乙醯胺、搖頭丸和二甲基色胺（DMT）等合成藥物。得知我對敬畏感興趣，鮑勃在二〇〇四年邀請我參加一場關注迷幻藥物科學研究的專題研習營。

我自己的迷幻體驗是通往神祕敬畏的快速通道，試圖實現詹姆士所說的「宇宙中真正狂野的東西」。彷彿受愛默生哈佛神學院演講的啟發，羅爾夫、我們的朋友和我，在體驗迷幻藥物的同時，沉浸在生命驚奇當中，我們在伊吉・帕普（Iggy

Pop）一場演出的台前衝撞區同步衝撞移動，仿如置身太平洋咆哮轟鳴聲中，驚嘆感受沙粒般湧動；也如在戶外聆賞莫札特樂音並與光和尤加利樹的香氛交融；漫步於金門公園（Golden Gate Park）的幼稚園藝術展場；目睹一隻岸鳥因藻類感染病害身亡，並經歷我們所感知的死亡之舞。

二十歲出頭時，我和羅爾夫去了一趟墨西哥的芝華塔尼歐（Zihuatanejo），我們在那裡體驗了迷幻敬畏，那次經驗自此一直留存在我體內細胞中。而芝華塔尼歐也正是提摩西·李瑞（Timothy Leary）逃避法律制裁的庇護所。我們繼續旅行前往「埃爾法洛」（El Faro），意即燈塔，這對我們來說是個很合宜的方向：我媽媽曾在她的課堂上教授吳爾芙開創變革的小說《航向燈塔》（*To the Lighthouse*）。我們搭乘小船到達「埃爾法洛」座落的地峽，走過數十隻挖洞棲身的紅色螃蟹，每隻螃蟹都朝外放射拋出球狀沙團，標示自己的領域，並用大得荒唐的爪鉗保衛地盤，我們深深被牠們的奇異和美麗所吸引。沙灘上有一株傾倒的樹木向我們伸手，那有可能是一棵小型熊果木（manzanita），現在已經變成了扭曲的漂流木；它平滑的樹枝傾斜著、嚮往著、尋求著觸摸、盤算著，且是有意識的。

我們在步道上走了好幾公里，左邊是一片險峻海景。太平洋放射光芒。洋紅色的九重葛閃爍繽紛。到達燈塔時，我們滿身是汗，身上被太陽照暖，我們站在一處小小的圓形空間裡面，透過兩扇窗戶向外探看。大海的地平線消失化為純淨的折射光芒。室內白牆在墨西哥豔陽下閃耀發光。風聲和海浪轟鳴環繞著我們，迴盪、徘徊、移動、反覆。窗台上放著一塊粉紅色的肥皂和一些生鏽的釘子。

那天，對我來說，腐朽的是「干擾性神經質，它……試圖掌控一切」。我體驗了難以言喻的，有時還非比尋常的感覺——風；環抱一切的強烈陽光；羅爾夫和我之間滲透交融的邊界；同步脈動的呼吸節奏、比肩邁開的步伐和規律的腳步踩踏聲。還有對生命荒誕現象的崇高笑聲，它破裂成聲音碎片，消散在風中。這是超越兄弟情的提煉進程。

約十五年後，在加州米爾谷（Mill Valley），我與一群科學家一起思考如何研究迷幻敬畏體驗。我們首先探討的問題之一是：我們如何衡量神祕體驗？幸運的是，拉爾夫・胡德（Ralph Hood）在場。這裡不得不說，拉爾夫與惠特曼具有驚人的相似之處。他將詹姆士的著作，還有追隨效法的神祕主義論學者們的作品，轉變成了一份問卷——「胡德的神祕主義量表」（Hood's Mysticism Scale）——這往後會在新興的迷幻科學中扮演要角。

下一個問題是：迷幻劑真的能改變人嗎？如同眾多敬畏體驗，人們總說迷幻劑讓他們改頭換面。然而，另一種假設是，人們自以為他們發生了改變，實際上卻是回歸個人根深蒂固的思維和感受習慣當中。詹姆士曾暗示過這種可能性，亦即神祕敬畏體驗揭示了我們的個別性情：他觀察到，有些神祕體驗比較樂觀（想想惠特曼），另有一些則較為悲觀（想想托爾斯泰）。如今，一項重要的理論主張，在改變轉型時刻，我們的身分認同更強烈地浮現，來構建出當下的體驗。這種推理得出了一個諷刺的預測：迷幻經驗讓我們更接近我們的原本相貌，卻不是以任何方式讓我們產生出持久的改變。神祕的改變是一種幻覺。在這些非比尋常體驗的腐朽歷程當中，我們只是提煉出了真正的自我。

我的柏克萊同仁奧利弗‧約翰（Oliver John）也參與研討，他是身分認同改變研究的專家。他直覺感到：迷幻劑讓我們更開放接納經驗。這種傾向在一些陳述中清楚道出，好比「我想出了個新的理念」、「我對藝術、音樂和文學相當著迷」、「我有獨創本色」。研究表明，對經驗敞開胸懷的人，很能接受種種觀點和新資訊，他們具有創新性和創造力，往往對藝術和音樂感動顫抖、落淚，而且傾向於表現出同理心和慷慨舉止。你可能已經猜到了，開放性的定義情感就是敬畏。或許迷幻劑使我們變得更加開放。

神經科學家羅蘭‧格里菲斯（Roland Griffiths）很仔細地傾聽。在幾年時間裡，在傑西悄悄協助之下，格里菲斯淬煉出一項針對迷幻經歷的最早期開創性實驗，探究迷幻經歷的核心：神祕敬畏——來自數千年的原住民傳統——並檢視迷幻經驗是否能促進研究參與者的成長。該實驗採雙盲實驗，其中實驗者和參與者都不知道參與者接受的是賽洛西賓或是安慰劑。參與者在旅程中輕鬆地躺在沙發上，戴著眼罩聆聽音樂，旁邊有治療師和引導人陪同。實驗嚴謹地導入了所謂的「情境和環境」（set and setting），也就是人們對經驗的取向以及產生經驗的舒適背景環境。

在這項研究中，接受賽洛西賓的參與者當中，有百分之十三表示自己感到強烈的恐懼。百分之六十一的參與者表示，當天經歷了一種神祕的體驗。換句話說，這組受試者在胡德的神祕主義量表上陳述表示他們：

- 與某種比自己更宏大的力量合而為一
- 遇到了有關生命的基本真理
- 感到對神聖事物的崇敬
- 體驗到強烈的喜悅和敬畏
- 以及體驗到時間的無限還有自己與周遭世界之間界限的消融

這項發現已然經過了重複驗證：在多項研究當中，百分之五十到七十的參與者表示迷幻藥物造就了他們生命中最重要的神祕敬畏體驗之一。

而且，是的，人們會成長。與研究之前的自我評估相比，兩個月過後，攝取了小劑量血清素調節化學物質的參與者，變得更能接納體驗，他們的心靈和內心對於重大理念、音樂、藝術、美、神祕以及他人，都變得更加開放。我認為沒有其他體驗可以像這樣可靠地產生神祕敬畏感，若有例外或許就是見識一個孩子誕生、險些死亡，或是與達賴喇嘛共舞。

　　自從格里菲斯的突破性實驗以來，已經有一系列研究投入探究能不能拿迷幻藥物來應付我們的最複雜困擾，例如：憂鬱症、焦慮、飲食失調、強迫症和創傷後壓力症候群（PTSD）。研究發現，迷幻藥物能夠減輕憂鬱和焦慮水平，同時減輕罹患末期疾病患者有可能感受到的恐懼。在經歷指導式迷幻體驗之後，百分之八十的癮君子的吸菸量明顯減少了。酗酒成性者的飲酒量減少了。迷幻體驗使我們比較不會犯罪。

　　迷幻藥物如何能夠讓我們敞開心胸，體驗生命中的驚奇呢？阿拉巴馬大學伯明罕分校（University of Alabama at Birmingham）的科學家彼得・亨德里克斯（Peter Hendricks）和約翰霍普金斯大學的科學家大衛・亞登（David Yaden）提出了一個直截了當的論點，他們主張，這當中的魔法成分就是敬畏。依循這條思路，加州大學舊金山分校的神經科學家羅賓・卡哈特—哈里斯（Robin Carhart-Harris）發現，迷幻藥物能夠持續地關閉DMN，從而顯示迷幻體驗的核心現象──如自我的死亡、或逐漸消逝的自己相關體驗──與大腦活化變動作用，有相對應的因素。迷幻藥物和敬畏一樣，減弱了與威脅相關的腦區（如杏仁核）的活化作用，使人們擺脫對創傷、強迫觀念，或成癮的威脅警惕，甚至擺脫對自己生命有限性的覺察。迷幻藥物使人們感受到更強的共同人性，減少與他人的差異感受。這些化合物使我們在一次指導式旅程過後的一年內更具利他性情，更加好奇，也更開放接納他人。通過這些由原住民文化帶給我們的植物藥物，感謝它們在數千間，不斷分解提煉來滋養在這些分子中發現的神祕敬畏，於是我們確實重新發現了「宇宙中真正狂野的東西」，那種東西已經非常接近我們的「最高的幸福」。

在印度的敬畏漫步

二〇一〇年，尼潘（Nipun）和古里・梅塔（Guri Mehta）賣掉了他們在矽谷生活時擁有的一切事物，步行上千公里，穿越印度各處村莊，面對華氏一百二十度高溫以及季風豪雨，每天只花一美元生活費來維持生計。這對夫婦依循聖雄甘地的食鹽進軍（salt march）傳統路線行進。當年甘地便曾與數以萬計的示威者一道徒步三百九十公里，前往海邊抓起一把鹽，以違抗英國的一八八二年《食鹽專營法》。這場以道德之美和一致行動為動力的抗議行動，後來就會推翻英國的殖民統治。這確實是一場政治上的集體歡騰。

一天午餐時，尼潘向我描述了他在這次朝聖中所感受到的神祕敬畏之情。貧困的村民總是會給予他們食物——人性的第一項道德之美善行。後來在賓夕法尼亞大學的畢業演講中，尼潘便將在這次敬畏之旅中學到的內容以WALK縮略總結：見證（Witness）、接納（Accept）、愛（Love）和認識自己（Know thyself）。在以每小時三公里多的速率體驗到的廣闊而神祕的一百八十度生命視野中，還有在齊克果所稱與陌生人的「偶然接觸」中，我們發現了神祕敬畏。

　　二〇二〇年，尼潘邀請我參加他稱為甘地3.0的專題研習營，舉辦地點在印度亞美達巴德（Ahmedabad）。受邀會眾包括科學家、政府官員、科技界領導人，以及非營利組織的工作人員。於是我和二十歲女兒塞拉菲娜飛行十六個小時，前往參與甘地3.0研討會，會場設在環境衛生研究所（Environmental Sanitation Institute, ESI），短短幾公里之外就是聖雄甘地的修道場。這處樸實的研究所的設立宗旨，是要把馬桶洗手間帶到印度各地，也是向甘地致敬，推崇他一個最滿懷激情要達成的目標之一，那就是促使全國都能使用馬桶洗手間（在他那個年代，所謂的賤民階層負責為高層種姓處理糞便堆製肥料）。環境衛生研究所的入口處設了一間馬桶洗手間博物館，展出帶了註解的照片、模型、流程圖以及馬桶洗手間和下水道系統的歷史。海報提供有關堆肥生命周期的教材。我們房間的馬桶洗手間將我們的排泄物化為堆肥，為環境衛生研究所綠意盎然的場地提供滋養。

　　有一天，在甘地的修道場，薩巴爾馬蒂河（Sabarmati River）河畔近處，我們安靜地坐在充滿沙堆的廣場上，那是甘地每天冥想的地方。我們在他用小書桌書寫、紡織處理羊毛、眺望外面庭院的房間中反思。從這樣一個簡樸的房間中誕生出了宏大的思想，隨後還激勵小馬丁・路德・金恩勇敢行動，從而激發一九六四年柏克萊學生團結行動，發起自由言論抗爭，而這也就滋養掀起學生反戰運動，並在歷史激盪起伏中為隆納・雷根（Ronald Reagan）的崛起鋪平了道路。歷史往往依循敬畏的起伏而發展。

在那次研習營期間的某一天，我在一棵菩提樹（印度國樹，一種榕樹）的溫暖圍繞下訪問了一對姊妹。妹妹叫做特魯普蒂‧潘迪亞（Trupti Pandya），她讀了尼潘和古里的朝聖經歷，並決定自己也啟程朝聖。她的姊姊絲娃菈‧潘迪亞（Swara Pandya）很擔心，不知道這個妹妹會做出什麼事，於是躊躇猶豫地跟隨。在五個月期間，特魯普蒂和絲娃菈沿著訥爾默達河徒步走了兩千五百公里，這條河在印度就像許多其他河流一樣，也被稱為「母親」。一路上，她們受到了陌生人的款待和提供住宿。對於特魯普蒂來說，我們的最大錯覺——現代生活的匱乏心態——開始腐朽。日子天天提煉出非比尋常的經歷。河川——它的水流、倒影、旋轉的光芒，以及急湍和嘶嘶聲——聽起來就像是上帝的聲音，告訴特魯普蒂，生活就是「在一種溫和、仁慈的力量的引導下，走在路上的每一步」。她和絲娃菈創造了一些儀式：每天向河流問候，向打開櫥櫃給予她們食物的家庭表達感恩之情。在參觀寺廟時，特魯普蒂握著被朝聖者足腳觸摸過的小卵石。她滿心感動、覺得力量變強了、無所畏懼而且充滿生機。如今她在一個為被虐待和被遺棄的年輕女性提供庇護的機構工作。腐朽、提煉和成長。

到了甘地 3.0 研討會的最後一天，我們參加了一次敬畏漫步，匯集世界各地的信仰和實踐並予以分解提煉。我們環繞一處表面蓋滿落葉，用來收集雨水的深色水池行走。依循佛教傳統，我們每走四步就屈身伏臥，額頭觸地。我們中的許多人在經過樹木時都會伸手觸摸。在這三十分鐘無聲的一致行動當中，志工邀請我們從一處大鹽堆拿取一把，模仿甘地本人那源於正直勇氣的自主行動。我伏臥，額頭觸地，眼神轉向一側，與賈耶什‧帕特爾（Jayesh Patel）四目相對。帕特爾是環境衛生研究所的負責人，這所機構就是他的父親創辦的；老帕特爾是由兩位女士養大的，她們兩人還曾在甘地遇刺之時將他擁在懷中。

接著我們來到一處空曠的地方，大家靜靜地坐著。我感受到太陽溫暖地照在我的右臉頰和額頭上。附近鬱鬱蔥蔥的植物和林木，從我拿來堆肥的排泄物中生長出來，鳥兒們在其中交織唱出一曲樂音；我幾乎可以聽到牠們歌聲中的「嗚呼」和「嗚喔」，傳遞出喜悅和震撼。一陣輕柔的微風從樹梢急速下湧，拂過大地。我感覺自己融入了明亮的天空中，被光暈環繞、擁抱。我感受到羅爾夫露出微笑，在天空中分散開來，散布在光芒當中。與無法言喻的事物相互關聯。找回了宇宙中的某種野性事物。還有良善。

第四篇

讓生活中有敬畏

第十章

生與死

敬畏如何幫助我們了解生死循環？

你想，那些年輕男子和老年男性，如今怎樣了？

你想，那些婦女和孩子們，如今怎樣了？

他們在某個地方活得健康、活得很好。

最纖小的芽苗昭示，真正來講是沒有死亡的，

即使真有，它也引領生命前行，

不會等在終點來拘捕它，

它終結在生命初始的那一刻。

一切都向前向外延伸……沒有任何東西崩潰，

死亡與任何人所想的都不同，也更幸運。

——華特·惠特曼

在我們那項跨二十六種文化的研究中，不論他們的宗教、政治、文化、醫療水平或預期壽命如何，大家都講述了關於生命初始和早期開展階段令人敬畏的故事，還描述了當他們看著生命終結，心中如何湧現超越式的感動。

生命

與其他靈長類動物相比，我們人類的生命週期是定義我們演化的一個特徵。由於我們人類轉變為直立行走，導致女性骨盆變窄，加上人類擁有尺寸不成比例的頭部，來容納我們能產生語言的大型腦部，因此我們人類的嬰兒出生時都是早產兒。實際上，若考量得經歷十到五十二年，身體功能才能達到半健

全的狀態，這是極度早產。我們這些極度脆弱的嬰兒，需要多年的面對面、肌膚接觸的密切照料，需要照護者網路、一個安全的家，和文化薰陶才能生存下來。

分娩是人類歷史上最被低估的英勇行為。我們跨二十六種的文化研究揭示了新生命的出現是多麼地非比尋常，並激發了種種不同感悟。精子和卵子能創造生命並在母親的子宮孕育成形，這赤裸裸的事實震撼了人們，好比這則來自俄羅斯的故事，便暗示了這點：

> 那是我女兒的誕生。是透過另一人帶來世上的亮相。
> 這是個奇蹟！生命，你所賦予的，經歷重重苦難，一
> 個新生兒出現了。第一聲啼哭。面對那個新生命。我
> 愣住了，目瞪口呆。很難用言語來表達我當時的感
> 受。

一些人寫到了他們對自己寶寶出眾之美的驚豔，好比這則來自墨西哥的例子，儘管有些自負，卻也可以理解。

> 我的第二個女兒誕生了，她出世時非常漂亮，和其他
> 剛出生時並不好看的新生兒完全不同。

嬰兒擁有令人著迷的身體特徵：嬰兒那引人入勝的寬闊額頭、動畫般的大眼睛、小巧的雙唇和細小的下巴，讓觀者陶

醉，彷彿沉浸在敬畏般的吸引力中。在這種驚嘆的狀態下，心醉神迷的照護者會忘記他們新衣上的嘔吐物、多年的睡眠不足、非自願的禁慾，以及晚上再不能外出用餐或與朋友共處。至今我仍能敬畏地憶起我第一次看著女兒娜塔莉的臉，就在她從莫莉的子宮娩出之時，還有從她的眼睛、嘴巴、顴骨和額頭——這個由六十個基因構建而成的面部形態系統——我如何能夠看出，這些代代相傳的幾何結構，從祖母、祖父、姑姨、叔伯和一位母親，接續塑造了她臉部的特徵和輪廓。

人們將新生命的降臨視為一份禮物，就像這則來自印尼的例子所描述的情節：

目睹我第一個孩子的誕生。等待的時間很長，大約八個小時，從晚上十一點到早上七點。我陪伴著我的妻子度過了她痛苦的分娩過程。但當他終於出生時，我簡直無法相信，上帝賜予我妻子一個多麼美麗又多麼美好的禮物，我禁不住一直露出微笑，對上帝的恩賜感到敬畏和感激，謝謝祂賜給我們一個兒子。

對某些人來說，孩子的到來激發了他們對時間的感悟，就像這則來自南韓的故事所描述的內容：

懷孕時我湧現了一種朦朧的驚奇感受，當我產下孩子，那種感受變成了對生命的驚奇和敬畏。我還感到

對下一代的期望和喜悅，因為這是自然法則。這同時
也是一個機會，讓我體悟生命是多麼寶貴。

還有關於保護新生命的責任，如同這則來自日本的故事所
述：

第一次生下孩子時，我深深感動，因為我意識到自己
成為爸媽，也體認了雙親的責任，還有生命的寶貴。
從這時開始，我覺得自己會全力以赴，只為保護這個
生命而活。

許多敘事都提到了敬畏的身體反應，包括眼淚、顫慄、刺
痛感以及想要抱嬰兒、觸摸和感受肌膚貼肌膚的溫暖。這些敘
事通常都會提到一種超越、邊界消融的連結感，其神經生理作
用現在正逐漸被人們了解。最近的研究發現，在第一個孩子出
生過後六個月，父母雙方的催產素水平都會升高，那是種神經
肽，能促進導致邊界消融的開放性和連結性。哺乳動物下視丘
（hypothalamus）有個區域稱為內側視前區（MPOA），能促使
女性和男性（不論他們是異性戀或同性戀者）的育兒行為模
式。內側視前區對看到和聽到嬰兒有靈敏的反應，能敏銳地感
知他們的肌膚觸感、咕嚕聲、擁抱、觸摸、相互凝視，以及他
們頭頂的香氣和柔軟。這個腦區會激發釋出多巴胺，並且抑制
對威脅敏感的杏仁核。父母和孩子之間的這種同步式神經生理

現象，成為雙方共同的關注與交互的主觀性分享，也孕育出普見於生命驚奇中的敬畏體驗。

許多故事都提到人們在孩子的誕生中發現了自己的道德之美，就像這些來自俄羅斯和中國的敘事中所描述的內容：

我兒子的誕生。那是九年前的事了。我在產房非常開心，我想擁抱整個世界。

我孩子的誕生讓我真正感受到了敬畏之情。它讓我看到了生命中的奇蹟，也讓我在與周圍的人交往時更加堅強和寬容。

有些故事顯示了孩子的到來，如何觸發人類在分娩前表現出築巢本能，這位巴西父親便是在購買新家具和填寫表格等事情上意識到這點！

我第一個兒子的誕生。那是在一九九二年，那時我住在北里約格朗德州的納塔爾（Natal Rio Grande do Norte），和我在一起的是我第一任妻子。在此之前，我買了新家具來歡迎他！不久之後我就著手為他辦理健康保險計畫。

除了鳥類，很少有物種像我們一樣表現出「築巢」的行為。牠們建造的巢穴是幼雛的誕生地，也是社群成員外出覓食、回歸並一起安全進食的地方。我們所建造的「巢穴」通常包含了對敬畏的文化典藏——音樂、搖籃曲、書籍、具有道德之美的人物形象、具有美麗幾何圖案的懸掛物、具有生命模式的壁紙等。這些巢穴成為了家，一個進入文化敬畏之道的入口。

對於新照護者的情況，對祖父母也同樣適用，他們常常對孫子女的到來感到驚嘆不已，就像這則來自法國的故事所述：

> 我孫子的誕生是個充滿敬畏和高漲情緒的時刻。超聲波檢查時我也在場，看到了這個美妙的小小人兒。即使我已經是六個孩子的母親，我依然以敬畏之情度過了這一刻。我被感動得淚流滿面，充滿喜悅，就像迎接我的孩子出世時一樣。我離開產房時振奮至極，想向整個世界喊出我的喜悅，而且我也深深地受到感動。這些時刻充滿了非常高漲的情緒。

所有靈長類當中，只有我們這個物種的雌性過了更年期很久依然持續存活。我們物種歷史中的這種壽限變化，確保了專精分娩和撫育後代的祖母們，能活得夠長久來將她們的智慧和生理技能傳授給年輕女性，而在狩獵者——採集者時代以及我們晚近歷史中的年輕女性，一般都在十九歲左右就生育子女。我們的後代十分嬌弱，必須靠來自各方的密切關愛，其中也包括年邁的祖父母，他們大有指望在對孩子新一波愛的支持中，找到新的敬畏形式。

分娩帶來的驚奇體驗和驚恐經歷，讓楠西・巴達克（Nancy Bardacke）投身一項卓絕的事業生涯，致力推廣更充滿敬畏的分娩方式。一九六〇年代晚期，巴達克受了費爾南・拉梅茲（Fernand Lamaze）的自然分娩研究影響，想法徹底改變了。在那時候，美國文化對分娩過度醫療化，女性生產時往往在藥物麻醉下完全失去意識。她們初次見到新生兒時，經常認不出自己的寶貝。楠西曾擔任助產士，後來便創辦了一種正念式分娩計劃，並循此方式把數千個新生命帶到這個世界。她見證了一切，從把她心知肚明即將死去的新生兒交到父母懷中，到經歷了成千上萬次迷走神經高漲、滿含催產素的分娩。她在我們交談時描述了她的工作如下。

誕生……
你看到頭頂，然後眼睛和臉孔慢慢出現。哇！每次我都不敢相信嬰兒會出來。然而，每次它都出來了。這是個奇蹟。很榮幸能看到生命成形。
我的工作就像個孩子……它不屬於我……它通過我到來……
生與死是一切的隱喻。
吸氣，我在這裡。
呼氣，我退場。
驚奇！

　　在合宜的情況下，分娩是對生命中的八種驚奇展開多年探索的最開端。我們的遊戲方式為孩子們引進了不同種類的驚奇體驗——同步動作跳舞、露營、音樂、繪畫和繪製野生生命形式，以及發現神聖的幾何形狀。童年階段充滿敬畏對孩子是有益的。在一項說明性實例研究中，一群五歲孩子觀看了一部引人敬畏的自然影片，與對照組的兒童相比，他們玩新玩具時更能發揮想像力，而且描述自己時會選擇較小的圈圈——這是衡量小我的另一種方式。我的協同研究人員包括密西根州立大學教授丹特・迪克森（Dante Dixson）和克雷格・安德森（Craig Anderson），他們和我發現，隨著孩子們成長發育，頻繁感受敬畏之情會激發他們在學校的好奇心，並且預測出身資源不足社區的學生會表現出較高的學業成績。

　　當今兒童的生活中最引人警惕的趨勢之一，就是敬畏逐漸消失。我們沒有給予他們足夠的機會去發現和體驗生命中的驚奇。美術和音樂課程沒有被納入學校的預算當中。下課自由活動的遊戲時間和午餐時間，都被拿來進行提高考試成績的訓練，然而這些考試與孩子在校表現好壞的關聯性卻十分有限。教師必須按照這些考試的要求來教學，而不是引導學生進行開放式的提問和探索，這種以未知為核心的課程。如今每一分鐘都被安排得井井有條。於是孩子們所體驗到的自然界，也陷入了大滅絕歷程。難怪壓力、焦慮、憂鬱、羞恥、飲食失調和自我傷害，在年輕族群中也不斷增長。他們被剝奪了敬畏體驗。

　　早在一九五〇年代，瑞秋・卡森就看到了箇中處境。她知道敬畏的重要性，而且她一生都在與製藥公司，以及與科學、新聞學的社會和生理性別偏見對抗，她還克服了姐姐的早逝、自己的癌症和長年的經濟困頓，投入寫作她喜愛的自然系統，警告世人有關像DDT這樣的殺蟲劑，並在美國發起重要行動，成就如今拯救我們這顆星球的種種措施。

當她意識到年輕人如何被剝奪了敬畏體驗時，她在《女人的家庭伴侶》（*Woman's Home Companion*）月刊上發表了一篇出色的文章，提出了另一種途徑。那篇文章就夾在美乃滋食譜、馬鈴薯沙拉食譜，以及最佳食品（Best Foods，編按：美國美乃滋品牌）的廣告之間。她的文章標題為〈幫助你的孩子體驗驚奇〉（Help Your Child to Wonder），文中卡森鋪陳出一種以敬畏為本的教養方法。

事情從她二十個月大的外甥，羅傑的敬畏故事開始，後來她的姊姊早逝，於是羅傑就由她養大。在一個狂風暴雨的夜晚，他們閒逛來到大西洋岸。全身溼透，冒著感冒的風險，朝泡沫海浪大笑，「對著浩瀚的轟鳴海洋和周遭的狂野夜晚，湧現背脊發麻的反應。」隨後一次在緬因州林間散步時，被雨水淋得溼漉漉，羅傑歡喜感受此時如同海棉質地的岩面地衣：「跪下來用胖嘟嘟的膝蓋去感受它，從一片地衣跑到另一片……邊發出愉快的尖叫聲。」我敢說那聽起來就像是「嘻——」、「哇嗚」，夾雜在時間更長、瞠目結舌的靜默之間。

依卡森所見，「對於美麗的和會激發敬畏之情的真正本能，在我們成年之前就會逐漸減弱，甚至消失。」她希望每個孩子都能按照「一種堅不可摧，因而能延續貫穿一生的驚奇感受來生活，如此就能成為往後歲月中紓解煩悶、撫平失望的萬靈藥，填補對於人為事物的空洞專注，矯正與我們力量之源泉的疏離。」

如何與年幼的孩子一起過敬畏的生活？我們如何獨自做到這一點？首先，卡森建議我們在感官中找到敬畏和驚奇的體驗。藉由簡單、無拘無束、放慢節奏的觀察行為。觀看雲彩，仰望天空。傾聽大自然的聲音，風聲。就如卡森所說，在這裡你能夠找到「活生生的音樂」，在「昆蟲交響樂團」中觀賞「昆蟲拉奏小提琴」。

她和伯克同樣建議我們敞開心扉接納廣闊無垠的感受。以下是一種方法：追蹤昆蟲的聲音源頭。我們也可以用這相同做法來觀察其他自然系統，如雷聲、波浪、雨水、風、雲、鋪散在地面閃耀光芒的松針、鳥鳴，以及丘陵或山脈的輪廓。

不要輕易相信貼標籤和分門別類的行為——這是默認之自我的價值評定手法。避免將自然現象簡化為文字。從神祕之處開始會比較好。昆蟲的聲音去了哪裡？種子的奧祕是什麼？用以下問題來探究自然世界（和生活）：如果我以前從未見過，那會怎樣？

神祕讓我們察覺到系統的存在。仰望天空，聆聽鳥類的遷徙。追蹤潮汐的變化。觀察幼苗的生長及其與大地的關係。感受森林的土壤、腐殖質、真菌和樹根，我們現在知道它們是藉由緩慢的神經化學信號相互溝通，在協作物種的生態系統中交織糾結。

　　在這些充滿驚奇的探索中，我們會遇到這樣的感悟，那就是「凡是棲居……在地球的美麗和奧祕當中者，從不會孤獨，或對生活感到厭倦。」卡森這篇令人震撼的文章，是在她本人與癌症對抗時寫成，文末她引述了海洋學家奧托・佩特森（Otto Pettersson）的論點，對她來說，他是個具有道德之美的人。佩特森在魚類生物學、潮汐、海洋深處和海面下大浪的研究方面都做出了開創性的發現。將近九十二歲時，佩特森觀察到：「在我生命的最後時刻，支持我前行的是對於接下來會怎樣的無盡好奇心。」

死亡

　　瓊恩・荷里法斯禪師（Roshi Joan Halifax）是二十和二十一世紀敬畏故事中的英雄。二十歲出頭時，她參與了美國的民權運動的抗議示威。她的博士論文研究以馬利的原住民多貢人（Dogon people）為題材，後來還研究墨西哥的惠喬爾人（Huichol），期間她目睹了幾千年傳統原住民文化中，神祕敬畏典藏是如何藉由故事、儀式、典禮、音樂和視覺設計保存了下來。然而，後來她對研究所感到失望，於是在一九六〇年代，她做了大多數特立獨行的博士生只在腦中想想的事情：她買了一輛福斯廂型車，開上渡輪跨海前往北非，接著她獨自駕車穿越村莊和鄉間，尋找更偏集體公有的精神。好一趟敬畏漫步。

一九七〇年代她與斯坦尼斯拉夫・格羅夫（Stanislav Grof）短暫婚姻期間，荷里法斯進行了一些早期的麥角酸二乙醯胺療法實驗。她與喬瑟夫・坎伯協同進行他的神話學研究。她受了佛教僧侶釋一行（Thich Nhat Hanh）啟迪，投入多年受訓成為一名禪師，這對於一位女性來說是非常罕見的。如今，瓊恩禪師是新墨西哥州方便禪修中心（Upaya Zen Center）領導人，該中心培訓人們如何以冥想方式面對死亡。

瓊恩禪師的書《與臨終共處》（Being with Dying）講述了瓊恩禪師投入這項工作歷四十餘年學到的經驗，特別是與患了愛滋病重症垂危的年輕男子共度的時光。書中詳細記錄了死亡過程如何被過度醫療化，患者被移到無菌的、螢光燈照明的醫院病房裡，身邊擺滿了機器、電視和裝了吃剩一半「食物」的餐盤。儘管有些儀式、典禮、故事、音樂、歌曲、碰觸和冥想實踐，能夠幫助即將離世的人和他們所愛的人熬過這段過渡時期，然而它們卻都無緣進入醫院病房——這正是與以敬畏為本的智慧設計相對立的情況。瓊恩禪師的終身工作，就是要讓我們回歸看著他人離世的驚奇體驗。

在與垂危者相伴時，一個首要原則是「不知」（not knowing）。讓默認之自我的喋喋不休沉寂下來。我們並不真正知道死亡是什麼樣子。也不知道死後會發生什麼事情。保持開放的心態。觀察。感受驚奇。

第二項原則是「見證」（bearing witness）。讓垂危者引導經驗。當面對瀕死的不確定性、恐懼和驚恐之時，我們往往傾向於採取行動，提供一種充滿希望的解釋，重新框架或者迴避。然而，瓊恩禪師表示，其實只需要在那裡。傾聽。靜默地坐著。把手放在垂危者的手臂上。呼吸。並跟隨垂危者前往他要引領你去的地方。

最後，尋求「慈悲的行動」（compassionate action）。對於苦難及其伴隨的善意抱持開放的態度。研究表明，我們對他人的痛苦有兩種一般反應：一種是傳達自身的困擾，從而導致我們以皮質醇驅動的逃避方式來迴避，另一種是報以慈悲之心，這對於遭受和見證苦難的人來說還更有益。瓊恩禪師教授的一種實踐是，你攝入一個人的苦難，接著轉化之後呼出。生死循環就像我們的呼吸循環，也是眾多循環之一。

當我目睹羅爾夫度過他生命循環的最後一個夜晚，看著光之脈動場將他帶走，進入一個浩瀚壯闊的未知。期間我受了這種智慧的引導，滿心感恩自己讀了瓊恩禪師的書，還曾與她交談，使我能夠開放地見證生命循環的這一部分。我對羅爾夫最後的思想和感受充滿了好奇，那些就是吳爾芙所稱的「在腦中閃現無數信息的那股最深處火焰的搖曳光芒」。

為尋求理解那些「搖曳光芒」，如今科學家正在研究死亡後大腦的細胞活動。另有些對歷史感興趣的人們則編纂出了斬首後仍有意識的故事，好比夏綠蒂・科黛（Charlotte Corday）的遭遇。科黛於一七九三年被押上斷頭台斬首，隨後遭行刑者掌摑時，她的臉漲紅露出憤慨神色。我在文獻中搜查，尋覓我不確定的目標，結果在瀕死經驗（near-death experiences,

NDEs）這門新科學中找到了慰藉。

這門科學的基礎是像尤里婭・切利德溫這樣從死亡邊緣回來的人的故事。都是從幾乎致死險境生還的人的敘述，包括心臟病發、中風、車禍創傷，或攀岩墜落摔得傷痕累累躺在花崗岩板上。瀕死經驗的故事聽起來就像敬畏的故事，實際上這在我們跨二十六種文化的研究中也出現了，比如來自澳大利亞的這則故事：

> 分娩時我被宣告死亡。那時我處於一種意識改變的狀態，我感到一種不可思議的無比平靜和安寧。我看著他們對我的身體施行復甦術，我記得當時心中還想「他們根本可以停手……我和自己，也和世界和平相處。」我當時的丈夫匆忙趕來，我知道現在還不是時候，因為我兩個年幼的女兒需要我。我立即回到了我的身體。然後花了大約七個小時才生下我的兒子凱爾。

在有關瀕死經驗的科學文獻中，就像上面的故事一樣，民眾表示他們的默認自我消失了。他們與一個更宏大的力量或意識形式融合在一起，帶來了一種無限、純淨、原始和仁慈的感受。經驗的開展似乎不受默認心智的時間和空間法則的支配。超越性的情感就像慈悲、愛和極樂，還有敬畏，泉湧沖刷那些法則。我在我弟弟生前最後一夜，感受到了這種情感。

羅爾夫去世數月之後，我和莫莉一起去了趟日本。在京都的第一天黃昏，我們就遇上了一場創紀錄颱風帶來的豪雨。我前往城外一處山丘上的墓園。日本家庭以花崗岩墓碑碑林來紀念逝者，這些墓碑相互貼近，長了青苔，隨著時間慢慢傾斜倒地——這就是日本特有的侘寂原則，所有形式的演變，從自然的到「人造的」，都遵循著創造、誕生、成長、衰老和死亡的循環。在草木繁生的土質坡面、錯綜糾結的邊岸附近，我站在約十五座、分三排的墓碑行列陣前，每座墓碑約六十公分高，有些刻了日文，並有獨特的圖案。其中一座較小碑石，花崗岩面簡樸光滑，傾斜倚靠在緊鄰一座較高的墓碑上。它們在雨中相互碰觸、休憩。

那個夜晚，目睹著我弟弟的生命循環結束，讓我心生敬畏，同時卻也深深感到缺乏敬畏之情。我開始尋找敬畏，設法重返正軌。遍歷生命中的八種驚奇帶來的敬畏之後，我知道了我們的存在，不只是跟著身體最後一口氣消逝的生機。我還意識到，我能夠在輕柔的微風中感受和聽到羅爾夫，也能夠在強大溫暖的陽光環抱下感受到他。還有他和我在超越了我們平常所見、所聽的感覺領域中共享某種意識。還有我們所愛的人，以及我們在敬畏的生活中的伴侶，在離開之後仍然以更為神祕的方式與我們同在，讓我們得以敞開心扉迎接生命中新的驚奇體驗。這些教訓可以在尋求敬畏中找到——於是這就引領我們進入最後一章。

第十一章

感悟

敬畏的重大理念：
我們隸屬比自我更宏大的系統

而這個行星則根據固定不變的重力定律不斷旋轉，從
如此簡單的開始中演化出了最美麗、最奇妙的無盡形
式，並且還繼續不斷演化。

——查爾斯·達爾文

達爾文的情緒經常激發出他的重大理念，包括情緒科學，
其中敬畏的故事只占了當中的一章。照顧他的十歲大女兒安妮
（Annie）直到她去世的經驗，塑造了他對同情演化效益的思
維。他對於人類同胞的謙恭好奇心，使得出身特權背景的達爾
文，能夠與工人階級的鴿子培育戶們對話，進而開啟了他對於
他們以獨特品質或適應為目標培育物種的科學洞見。他在小獵
犬號上表現的友善和爽朗性情，使船員在船長羅伯特·斐茲洛
伊（Robert FitzRoy）情緒崩潰時，仍能齊心一力，從而促成
了一趟五年半的航行，帶來一段無與倫比、難以解釋的驚奇體
驗。

敬畏是否形塑了達爾文對演化的思維？

在一八七一年出版的《人類的由來》（*The Descent of
Man*）和一八七二年發表的《人類和動物的表情》書中，達爾
文將我們今天所體驗的種種情緒，安置於哺乳動物演化的壯闊
故事當中。閱讀他對超過四十種情緒表達的描述是種感悟，其
豐富程度能與任何情緒表達描繪相提並論，唯一例外或許就是
日本藝術家小林清親（Kobayashi Kiyochika）於一八八三年創
作的《百面相》（*100 Faces*）系列印刷作品。然而，達爾文在

這些描述中從未使用過「敬畏」一詞。

　　或許敬畏——這往往也是種宗教情緒——對達爾文來講是一個心靈戰場。要講述關於哺乳動物敬畏演化的故事，將挑戰他所處時代的創造論教義，而這也是他虔誠的妻子艾瑪（Emma）奉守不渝的信念。那種教義主張，我們的自我超越情緒，好比極度喜樂、喜悅、同情、感恩和敬畏等情緒，都是上帝的傑作，藉由某種智慧設計安置於人體解剖構造和社交生活當中。或許達爾文避免提及敬畏，是為了在家中保持和平。

　　弗蘭克·薩洛威（Frank Sulloway）比你所能結識的任何學者，都更了解達爾文的生平和工作等細節，於是我造訪他的辦公室，試圖解開一個謎，達爾文的敬畏之謎。弗蘭克的辦公室是他思想的外在表達。牆上掛著他十八次前往加拉巴哥群島旅途中拍攝的相片，包括引人矚目的陸龜、粉紅色紅鶴和遍布點點仙人掌的火山景觀。他電腦上的黃色便利貼上潦草寫了統計方程式。最引人注目的是一落三尺高新書，那是他新推出的童書《達爾文和他的熊：達爾文熊和牠在加拉巴哥群島的朋友們如何啟發了一場科學革命》（*Darwin and His Bears: How Darwin Bear and His Galápagos Islands Friends Inspired a Scientific Revolution*）。書中主角是一隻熊，內容講述牠如何引導達爾文成就發現。

　　一九六九年，弗蘭克投入撰寫哈佛大學學士論文，文中他描述了前一年暑期他組織的八人拍片探勘隊，目的是要追溯達爾文在他那趟小獵犬號航行期間於南美洲的行進腳步，並專注探究小獵犬號航程對達爾文的科學發展，以及演化理論轉變產生的影響。這篇論文還包括了針對航行期間達爾文寫給家人和導師約翰‧亨斯洛（John Stevens Henslow）的所有信件進行的電腦輔助內容分析。

攻讀哈佛大學科學史博士學位時，弗蘭克投入撰寫關於佛洛伊德的論文，那部論文後來成為《佛洛伊德：心智的生物學家》（*Freud, Biologist of the Mind*），還讓弗蘭克獲頒麥克阿瑟天才獎（MacArthur genius award）。但是弗蘭克告訴我，佛洛伊德的吸引力很快就消耗殆盡——他的思想看來很封閉，而且傲慢自大難以否證。

弗蘭克不斷回頭談起達爾文。他理智的勇氣、謙遜和善良，吸引弗蘭克這位學者深入探究達爾文的生活。在他的研究所學習階段和隨後四十年的學術生涯中，弗蘭克根據小獵犬號的航海日誌和達爾文的素描，回溯了達爾文在加拉巴哥群島的前行腳步。他寫了暢銷書《天生反骨》（*Born to Rebel*），勾勒出達爾文做為一個晚生子的身分地位——他在六個兄弟姐妹中排名第五——如何影響了他開放的思想、博學多才、冒險精神和受到敬畏啟發的革命性生活和思想。他現在正在修訂達爾文的《物種起源》（*On the Origin of Species*），整合了成千上萬份科學新研究。閒暇時間，弗蘭克還帶領保育工作，在加拉巴哥群島上限制山羊的數量，這種入侵物種破壞了島嶼的生態系統。他人的道德之美可以成為我們自己生活中的道德指南，而對弗蘭克來說，達爾文就是一個具有道德之美、能改變生命的人物。

我們共享印度食物，弗蘭克吃得很少，就像他還在哈佛大學那時，身為優秀的一英里賽跑選手時的情況。我問他達爾文的敬畏相關問題。

「弗蘭克，為什麼達爾文寫到『震驚』、『敬佩』和『虔誠／崇敬』等，卻沒有提過『敬畏』呢？是否寫到宗教情緒會讓他憂心？或者擔心會與艾瑪起衝突？」

弗蘭克搖搖頭。

「那樣很蠢……更可能的原因是，在十九世紀中葉時期，大家並不使用『敬畏』一詞。用谷歌搜尋趨勢試試看能找到什麼……」

果真沒錯，谷歌搜尋趨勢發現，自一九九〇年以來，「敬畏」一詞的使用頻率急劇提升。達爾文之所以使用「敬佩」、「崇敬」和「虔誠」，只是為了符合當時的語言慣例。不過，這項小小的偵查工作，引導弗蘭克投入另一項思考。他繼續說。

「但是達爾文確實體驗過顫慄。其中一次和他在劍橋大學國王學院聆聽管風琴音樂有關。」

當晚，弗蘭克向我發來達爾文關於音樂顫慄的故事，這則故事我們之前是把它當成音樂敬畏的指標。他還附上了達爾文自傳中關於對繪畫心生敬畏——「一種莊嚴的感受」——的這段話：

我經常去費茲威廉畫廊（Fitzwilliam Gallery），我的品味應該是相當不錯，因為我確實敬佩欣賞最好的畫作，並與老館長討論它們……這種品味，儘管對我來說並不是天生的，卻也延續了好幾年，而且倫敦國家美術館（National Gallery in London）的許多圖畫，帶給我很多樂趣；塞巴斯蒂亞諾・德爾・皮翁博（Sebastian del Piombo）的作品激發我心中一種莊嚴的感受。

在他的辦公室中，弗蘭克繼續尋思。

「還有當然了，當他在亞馬遜雨林中談到『大自然神殿』的時候。」

弗蘭克繼續說明。

「現在我想起來，在他的日記中，他寫到在智利的奇洛埃群島（Chiloé）從夢中醒來。達爾文醒來時，他對河岸上交織在一起的藤蔓心生驚嘆，這些敘述出現在《物種起源》的最後尾聲當中，那也是我在達爾文所有著作中最喜歡的幾句話。」

接著弗蘭克停下來，以一種崇敬的語氣（那種語氣只能拿一九四〇年代一位廣播名人的語調來相提並論）引述了《物種起源》尾聲最後那幾句話：

凝視錯綜糾結的邊岸是很有趣的，那裡穿戴著許多不同種類的植物，矮樹叢上鳥兒歌唱，各種昆蟲飛來飛去，蠕蟲在潮溼的土壤上爬行；思考這些精心構建的形態亦然，它們彼此如此不同，並以如此複雜的方式相互依賴，而這一切都是由在我們周圍產生作用的定律造就而成。這些定律從最宏大的意義來看就是「伴隨繁殖的成長」；「遺傳」，這幾乎就隱含在繁殖中；「變異性」，這是產生自生活條件的間接和直接作用，以及肇因於使用和廢用；「增長比例」，當它相當高時就會激發「生存鬥爭」，從而導致「自然選擇」，產生了「特徵的分歧」和「較不完善形式的滅絕」。因此，從自然界的鬥爭、飢荒和死亡中，我們能夠想像出的最崇高目標，即高等動物的誕生，也就隨之而來。這種生命觀點中具有偉大的壯麗，它的各種力量最初是由造物主注入一些或者一個形式；而這個行星則根據固定不變的重力定律不斷旋轉，從如此簡單的開始中演化出了最美麗、最奇妙的無盡形式，並且還繼續不斷演化。

就在這段篇幅裡面，達爾文談到他感悟到生命歷經演化並且仍在不斷進化。我將達爾文的生活和著作中的這一時刻視為一個關於「敬畏」的故事。它是以對世界某種根本真理的新見解為本。這段文字依循「敬畏」的常見開展方式呈現：驚奇的體驗（「凝視……是很有趣的」）、浩瀚的範圍（「許多不同種類的植物」、「無盡形式」）、神祕感（「複雜的方式」），以及善良（「最美麗」）。就像我們讀過的其他關於「敬畏」的故事一樣，達爾文採用了隱喻——「穿載著許多植物」，造物主「注入」力量使生命開始存在。就像傳統生態知識一樣，達爾文看到了物種之間深刻的相互依存關係。我們在這裡找到了「令人敬畏的」和「可怕的」的調和，即「自然界的鬥爭」孕育出「最美麗的無盡形式」。當達爾文觀察到河邊的糾結邊岸、鳥兒的歌唱、蟲子的飛舞，和蠕蟲在溼土中進行堆肥工作時，他看到了演化、生長、繁殖、遺傳、變異性和滅絕的規律。在敬畏中，達爾文發現了「這種生命觀點中具有偉大的壯麗」。

生命的糾結邊岸

敬畏是關乎認識、感知、看見和理解根本真理，它引領促成對生命中的八種驚奇產生頓悟，徹底改變我們對世界本質的看法。威廉・詹姆士稱此為神祕敬畏的「知悟性」（noetic）維度。愛默生在大自然中的靈性體驗，揭示了他心目中生命意義的最深刻真理，那就是「萬法之法」。珍牧師在教堂中的感悟告訴她，她是蒙受上帝所愛的。文學研究中也談到感悟，例如吳爾芙的《航向燈塔》，或者詹姆士・喬伊斯（James Joyce）的《一個青年藝術家的畫像》（*A Portrait of the Artist as a Young Man*）書中人物史蒂芬・迪達勒斯（Stephen Dedalus）的經歷，其中社會現狀的意義被剝奪，而有關我們社會生活的本質真理則得到了闡發。就托妮・莫里森而言，在讓善良自主發聲的感悟中，我們也開始理解自己。

敬畏感悟的實質和結構是什麼？它的重大理念是什麼？在敬畏的經驗中，我們獲得什麼形式的自我認識？在我們的研究和所遇到的敬畏故事中，人們最明確表達的是：「我是某種比我自己更宏大事物的一部分。」對於貝琳達・坎波斯來說，是她的前輩接連做出重大犧牲，才讓她獲得了博士學位。對於斯泰西・貝爾來說，是在一次誤入歧途的軍事行動中扮演一顆小齒輪。對於路易斯・斯科特來說，是看到自己的生活遭受這個國家「立國根基」的種族歧視歷史所禁錮。對於由美・肯德爾來說，是感受到自己是音樂歷史的一部分。敬畏將我們定位在比我們本身更宏大的力量之中。

就這種與比自己更宏大事物相連的感受，英語能用來捕捉的詞彙並不是很豐富，我們有很嚴重的個人主義。（對於講日語的人士而言，這項使命就容易得多，因為在日語中，「自我」的翻譯之一是「自分」（jibun），意指「共享的生活空間」。）因此，講英語的人士便求助於抽象、隱喻、新字詞或神祕的語言，來描述敬畏的這項重大理念。威廉・詹姆士稱之為「最基本的存在」，瑪格麗特・富勒則以「一切存在」相稱。惠特曼和梭羅稱之為「架構」，愛默生稱之為「透明的眼球」，引來大眾的嘲弄。對於由美・肯德爾來說，敬畏是一床聲音的羊絨毯。就費雪而言，那是神聖的幾何結構。對於珍牧師來說，它是一個永恆的宗教堆肥化循環。還有就曾經向我們講述敬畏故事的許多人士──他們在心智和心靈事務的描述上，一般都很

純熟、幹練——好比克萊爾・托蘭、羅伯特・哈斯、史蒂夫・
科爾、尤里婭・切利德溫和馬爾科姆・楊等，他們只是指向一
處空間，在那裡面，敬畏觸及他們、圍繞他們、擁抱他們、融
入他們心中。

敬畏將我們連接到比自我更宏大的事物是指什麼？它是否
起初是看不見的，但在敬畏的經驗中變得可見？它是否不受描
述、不受規範，但就像一個影像或整體模式那般現形，如同當
默認的自我對知覺的掌握減弱和消散之時，達爾文對著生命中
一處錯綜糾結的邊岸景象夢幻般的覺醒？

我的答案是：這是個系統。我明白「系統」並沒有「努
祕」（編按：來自拉丁語「numen」一詞，意即「精神或宗教
情緒的激發」、「神祕而令人敬畏」。）的神祕性質，也沒有
「透明的眼球」那般放肆得令人瞠目，更不用提「聲音的羊絨
毯」的詩意之美或「把宗教做成堆肥」的隱喻深度。然而，在
幾乎所有的探究領域中，從細胞的研究到舞蹈、音樂、儀式和
藝術的正式分析；到宗教、監獄、政治和知識運動的研究；乃
至於針對我們理解這些事物的腦部所做研究，人們都藉助系統
的概念來理解生命中驚奇的深層結構。值得注意的是，系統思
維是一種原住民科學的核心要素，如今已有數千年歷史。它是
一種古老的重大理念。它有可能是我們這個物種的重大感悟。

系統是以相互關聯的元素共組而成，協同運作以達成某項目
目的之實體。當我們透過系統的視角來看待生命時，我們是以
關係而非獨立物件的觀點來感知事物。在政治遊行中感覺受到

啟發時，我們可能就會注意到我們的抗議呼聲和揮舞的拳頭與他人相互連繫，並與講者的話語同步結合。當我們注意到一首歌曲如何讓我們背脊發涼之時，我們也就感受了音符如何以動態、開展的模式彼此相互關聯。

透過這樣的思考方式，我們感知了**相互依存的**關係模式。這裡很有必要引述達爾文的論述：「這些精心構建的形態，它們彼此如此不同，並彼此相互依賴。」目前我們正學習得知，從我們細胞中的DNA到我們社群中的個體，各種形式的生命不斷地相互影響、互助合作並彼此配合。觀察人們穿越馬路的流動，或是球場上五位隊友的動作，或是畫作中顏色、線條、形式和質地的相互作用，或是對生態系統中的生命驚訝讚嘆，我們能夠從全方位的角度感知整體的各個部分是如何共同運作，朝著實現某個目標而努力。

依循系統思維，我們注意到現象是演化和開展的**歷程**。生命是變化的。我們的社群不斷演化。大自然涉及生長、改變、死亡和腐朽。音樂和藝術在激發我們心靈和身體的改變中不斷轉化。我們的靈性信仰和實踐，都不斷腐朽、提煉和成長。

我們的預設心靈傾向聚焦於確定和可預測的事物——世上各種固定不變的、確實的本質。敬畏在我們感受到變化時產生。當我們察覺日落從橘色轉變為深紫藍色時，雲彩在移動穿越地平線時如何改變；一個只有膝蓋高的兩歲孩子，如何在牙牙學語的片刻之後，開始用完整句子和你交談；一場非暴力的食鹽進軍是如何改變歷史。同時還體認到，如今誕生和成長的，也會衰老和死亡。

最後，透過系統觀點，無論是活生生或是創造出的現象，都由**特性**所驅動，而這些特性都根據統一目的，將種種殊異元素結合在一起。這或許是某個人的道德之美，而且那個人的生命能讓你感動落淚。這也可能是音樂的節奏，藉由舞蹈將我們與他人同步。這也或許是關於人類靈魂的信念。或是大自然中的求生競爭，造就出了世界上最美麗的無盡形式，也就是世上的眾多物種。這也可以是藝術中表達的敬畏感受。

我們以整體性、直覺、意象和隱喻方式，來感知系統中驅動他者的特性，好比史蒂夫・科爾所描述的金色光浪、由美・肯德爾的聲音的羊絨毯、珍牧師的腐朽化為滋養的宗教、尤里婭・切利德溫對瀕臨死亡意識的詩意描寫。達爾文的錯綜糾結邊岸，則是連同樹木，成為他所做論述的中心隱喻，連同他的觀察所見，結合形成他對生命形式演化的理解。敬畏讓我們能夠看到作為生命中驚奇體驗之基礎的根本系統，並在那當中找到自己的相對位置。

系統的驚奇體驗

生命中的八種驚奇本身就是系統。道德之美的行動體現了我們的倫理系統。一致行動的種種形式，好比舞蹈、日常儀式和籃球等，都是由理念驅動的運動系統，能夠讓民眾在集體歡騰中團結一致。自然界由相互連鎖的系統組成，從我們身體的細胞到花園、森林、海洋乃至於山脈。音樂、藝術、電影和建築是創作的系統，它們運用符號和表徵模式，來表達身分認同和文化的重大理念。宗教是種信仰、儀式、符號、影像、音樂、故事和典禮的系統，能集結民眾形成社群。生命是個系統，它驅動他者的特性遵循著生長和腐朽的動力學。系統的概念本身也是個系統，這是一組抽象命題，能夠將觀察和解釋組織成一個條理相干的整體。

我們發展出一套對生命的系統觀，循此來應對我們極高度社會性演化的核心挑戰。系統思維讓我們能夠追蹤對弱勢幼兒的共同照顧表現、定義我們與朋友關係的聯盟網路、我們改為採納的更具流動性的社會等級制度，以及構成我們日常生活的各種集體活動——食物分享、共同勞動、防禦和慶祝。系統思維出現在我們與自然的關係中，構成了傳統生態知識的基礎。我們的生存，取決於我們對本身所隸屬之社會系統——社群的認識以及我們與生態系統的關係；我們的心智發展出了一種以社交大腦的嶄新神經結構為基礎的系統理解方式。許多原住民族在數千年前就發展出了這種觀點來看待生命的宏偉。

正如安德列雅·沃爾芙（Andrea Wulf）在她令人驚嘆的《博物學家的自然創世紀》中所描述的那樣，系統思維對於敬畏、科學和藝術的核心地位在十九世紀科學家洪保德的生平故事中便已體現。洪保德會被安地斯山脈的驚奇體驗精神所吸引，並提筆將自然描述為一個生命之網路——每一種生命形式都存在於「一個力量和相互關係的網路」之中。他為厄瓜多欽博拉索山（Chimborazo）海拔兩萬英尺的生態、氣候和地質繪製的地圖，後來便在西方思想中孕育出了生態系統的概念。系統是洪保德的重大理念，影響了達爾文（他帶著洪保德的書籍搭乘小獵犬號航行）、梭羅和愛默生他們關於自然的著述、高第（Gaudí）的有機建築奇觀如聖家堂（Sagrada Família）、環境保護主義者和革命家如西蒙・玻利瓦（Simón Bolívar）（洪保德對奴隸制度深惡痛絕），以及柯勒律治和華茲渥斯等詩人。系統思維總是不斷地製造堆肥。

我們的預設心智讓我們對這項基本真理視而不見，看不出我們的社會、自然、物理和文化世界，都是由相互交鎖的系統構組而成。敬畏的經驗讓我們敞開心扉，使我們意識到這一項重大理念。敬畏讓我們轉採系統觀點來看待生活。

新研究致力把這種做法記錄下來。這些結果的模式表明，敬畏將我們的思維從較偏向化約論的模式（以分離性和獨立性來看待事物），轉變為以交互關聯和相互依存的觀點來看待現象。例如，短暫的敬畏經驗使我們從二十世紀和二十一世紀的錯覺中甦醒，不再認為自己是分離的自我，並意識到我們是嵌入在複雜社會網路中的相互依存的個體。敬畏使我們感受到自己是自然界的一部分，是眾多物種中的一員，棲身在一個物種相互依賴求生存的生態系統當中。敬畏讓我們睜開雙眼，意識到適應相互依存的複雜系統，造就了構成生物界的數百萬物種。敬畏甚至讓我們能夠看到一種系統般的代理模式，見識它如何組織隨機數字序列。

敬畏讓我們看出生命是種歷程，所有最美的無盡形式都深深相互關聯，並涉及改變、變革、無常和死亡。

找出我們在生命系統中的位置

自從那天在保羅・艾克曼的庭院平台上，受他引領指出「敬畏」的方向，我便開始著手勾勒「敬畏」的系統，並講述它的科學故事。

敬畏起始於我們神奇的眼睛、耳朵、鼻子、舌頭和皮膚對生命中八種驚奇的圖像、聲音、氣味、品味和觸感做出的反應。我們的感官系統用神經化學模式來呈現這些遭遇，這些模式能依循路徑傳遞至前額葉皮質，在那裡由我們以語言和文化等象徵性系統，來解釋生命中的這些驚奇。受敬畏感動會觸發催產素和多巴胺的釋放、鎮定與壓力相關的生理反應，以及迷走神經反應，這是數以百萬計的細胞共同運作，來使我們能夠連接他者、敞開心胸，並進行探索的系統。面部、身體和發聲器官肌肉構成的複雜系統，使我們能夠向他人傳達我們發現的美妙事物。淚水和顫慄，這些本身由眼睛和皮膚下方的系統所造就的信號，向我們的意識心智傳達信號，提示世上存有必須我們與他人融合才能適應、理解的浩大力量。身為文化動物，我們借助不斷演變的文化系統，如吟誦、歌曲和音樂；繪畫、雕刻、雕塑和設計；詩歌、小說和戲劇；以及超自然解釋和靈性實踐——我們的敬畏典藏——來引領他人分享對生命中驚奇體驗的共同認識。

　　但是敬畏的終點是什麼？它的統一目的是什麼？這裡提出我的答案。敬畏將我們融入生命的體系中——包括社群、集體、自然環境以及音樂、藝術、宗教等文化形式，還有我們為求理解所有思想網路投入的心智努力。敬畏所帶來的感悟是，這種體驗將我們的個別自我與生命的宏大力量聯繫在一起。在敬畏之中，我們明白自己是許多遠比自己更加宏大之事物的一部分。

　　參與這個關於敬畏的科學故事，讓我深知我們這個物種的演化，把一種情緒納入了我們的腦部和身體，而這也正是我們這個物種的特有熱情，使我們能夠一起對生命中的重大問題同感驚奇：生命是什麼？我為什麼活著？為什麼我們都會死去？這一切的目的是什麼？當我們心愛的人離開，我們如何能夠找到敬畏？我們對敬畏的經驗暗示了這些永恆問題的模糊解答，並驅使我們投入探索生命中的奧祕和驚奇。

謝辭

　　想起在敬畏科學領域與我協同合作的浩瀚人脈網路，心中就感到十分溫暖，他們包括：克雷格・安德森、白洋、貝琳達・坎波斯、瑟琳娜・陳（Serena Chen）、丹尼爾・科爾達羅、蕾貝嘉・科羅納（Rebecca Corona）、艾倫・科文、丹特・迪克森、愛咪・戈登、莎拉・戈特利布（Sara Gottlieb）、克里斯托夫・格林（Kristophe Green）、喬・海特（Jon Haidt）、奧利弗・約翰（Oliver John）、內哈・約翰──亨德森、麥可・克勞斯（Michael Kraus）、丹尼爾・勒夫（Daniel Loew）、蘿菈・馬魯斯金（Laura Maruskin）、蓋倫・麥克尼爾（Galen McNeil）、瑪莉亞・夢羅伊（Maria Monroy）、約瑟夫・奧坎波（Joseph Ocampo）、克里斯・奧維斯（Chris Oveis）、保羅・皮夫、迪莎・索特（Disa Sauter）、蘭妮・蕭塔、艾米利亞娜・西蒙──托馬斯（Emiliana Simon-Thomas）、埃夫提基亞・斯坦庫（Eftychia Stamkou）、丹尼爾・史坦卡托、珍妮佛・斯特拉、陶德・思拉什（Todd Thrash）、潔西卡・崔西（Jessica Tracy）、翁澤・烏格爾魯（Ozge Ugurlu）、埃弗雷特・韋奇勒（Everett Wetchler）、大衛・亞登、費麗西婭・澤爾瓦斯（Felicia Zerwas）和張佳偉。這門科學能夠在各方面取得長足進展，得力於克里斯托弗・斯塔夫斯基（Christopher Stawski）以及約翰・坦普爾頓基金會（John Templeton Foundation）的勇敢支持。對於與我分享他們的敬畏時

間與故事的敬畏先驅們，在此我要深致謝忱。對於仔細閱讀我
論述的人，我要感謝巴里・博伊斯（Barry Boyce）、尤里婭・
切利德溫、娜塔莉・肯特納 —— 麥克尼爾（Natalie Kelt-
ner-McNeil）、莫莉・麥克尼爾（Mollie McNeil）、麥可・波倫
和安德魯・蒂克斯（Andrew Tix）。而且我感到十分開心能與
眾多人士討論敬畏，包括：克里斯・博阿斯（Chris Boas）、納
森・布羅斯特羅姆（Nathan Brostrom）、丹尼爾・科布（Dan-
ielle Krettek Cobb）、奇普・康利（Chip Conley）、克萊爾・費
拉里（Claire Ferrari）、瓊恩・荷里法斯禪師、傑夫・哈莫伊
（Jeff Hamaoui）、塞拉菲娜・肯特納——麥克尼爾（Serafina
Keltner-McNeil）、卡士柏・特奎勒（Casper ter Kuile）、麥
可・路易斯（Michael Lewis）、伊凡・夏普（Evan Sharp）、
丹・席格爾（Dan Siegel）、傑森・席爾瓦（Jason Silva）、馬
蒂亞斯・塔爾諾波爾斯基（Matias Tarnopolsky）、喬恩・泰加
（Jon Tigar）和尼克・尤仁。感謝傑森・馬什（Jason Marsh）
在至善科學中心（Greater Good Science Center）創造了這麼多
有關敬畏的對話。原先我對寫這本書深感猶豫，起初也不知道
該採用哪種形式。我的經紀人蒂娜・班尼特（Tina Bennett）
引領我尋得了本書的結構和靈魂；在日常交流文書中，依循歷
史、文學和文化脈絡，向我指出敬畏的種種流派，並在各不同
版本草稿中，向我提出挑戰。如今想到這些，我依然感到激動
不已。與我的編輯安・戈多夫（Ann Godoff）共事製作本
書——我能說的只有「哇嗚」。這真是個令人謙卑、敞開心扉

的經驗。謝謝妳，安，感謝妳對超驗的興趣，感謝妳用閃電般的感悟，來引導我提筆論述這種神祕的情緒，也感謝妳讓我超越數據、數字和假設，促使我深入理解敬畏的本質。

圖片來源

頁46：由影片激發的情緒經驗圖示。copyright ©Alan S. Cowen, 2017。

頁62：逐漸消失的敬畏感受研究所採用的研究材料和研究發現。由白洋提供。

頁148：「敬畏漫步」研究參與者的自拍。由維吉尼亞‧斯圖姆提供。

頁167：沒有皮膚的男子雕塑，出自古生物學與比較解剖學美術館（Galerie de Paléontologie et D'anatomie Comparée）。由本書作者提供。

頁177：一項荒野敬畏研究的參與者。由克雷格‧安德森和瑪莉亞‧夢羅伊提供。

頁179：一項研究的參與者。照片提供人保羅‧皮夫。

頁227：《淚水的地形學》書中的〈依戀與釋放之間的拉扯〉。© Rose-Lynn Fisher, published by Bellevue Literary Press 2017, blpress.org.

頁235：柏林街頭藝術。由本書作者提供。

頁242：《現代馬雅──皮皮爾人的移徙》（1997），以藍圖紙為底的複合媒材作品。藝術家麗達‧拉莫斯。「麗達‧拉莫斯選集」，現藏於加州州立大學洛杉磯分校圖書館，中美洲歷史記憶檔案特藏部門。

註釋

4 「玄之又玄」: Tzu, Lao. *Tao Te Ching*. Translated by Witter Bynner. New York: Perigee, 1944.

緒論

18 **我的身體疼痛**：有關失落之痛如何活化神經系統不同分支的解釋，請參閱：Eisenberger, Naomi I., and Matthew D. Lieberman. "Why Rejection Hurts: A Common Neural Alarm System for Physical and Social Pain." *Trends in Cognitive Sciences* 8 (2004): 294–300.

18 **蒂蒂安……描述的幻覺**：有關悲痛如何促使思維和感知模式出現變化並（起碼就經驗上）接近幻覺體驗的可靠記述，請參閱：Didion, Joan. *The Year of Magical Thinking*. New York: Vintage Books, 2007.

18 **我們的心思是相關聯的**：Andersen, Susan, and Serena Chen. "The Relational Self: An Interpersonal Social-Cognitive Theory." *Psychological Review* 109 (2002): 619–45.

19 **我……生命中遇到的最大謎團**：歷史學家斯佩爾曼在他的著作《死亡簡史》中描繪了死亡如何啟迪了重要思想並催生出種種文化形式。依斯佩爾曼所見，縱貫歷史，文化往往採行三種廣闊的信仰體系來理解死亡。就嚴守化約論的人士所見，身體的死亡就是結束；這是個體的終點。不可知論者則對此不明確表態，或就保持開放的態度，承認有可能存在生命之外的事物，不過他們不做確切的承諾。另外，還有大多數人在不同的宗教傳統中講述關於某種來世的故事。Spellman, W. M. *A Brief History of Death*. London: Reaktion Books, 2014. 若想更深入認識我們如何面對死亡的文化歷史，請參閱：Kerrigan, Michael. *The History of Death*. London: Amber Books, 2017.

第一章　生命中的八種驚奇

26 「**我們的熱情卻仍屬未知領域**」: Woolf, Virginia. *Jacob's Room*. London: Hogarth Press, 1922, 105.

27 **每一種人類經驗**：當時我還是個研究生，就讀於史丹佛大學，也就是這場認知革命的一個樞紐核心。我的同學里奇·岡薩雷（Rich Gonzalez）和戴爾·格里芬（Dale Griffin）與我隨身攜帶我們的指導教授最新出版的有關判斷和決策的書籍。當時傳言，這門學術，對理性選擇理論經濟學論述提出這般重大挑戰的研究，終有一天會贏得諾貝爾獎，後來丹尼爾·康納曼和理查·塞勒（Richard Thaler）也驗證了這一點。約三十年過後,這項成果便成為一些暢銷書的論述內容,好比康納曼的《快思慢想》和我的朋友麥可‧路易斯(Michael Lewis)的二〇一六年著述《橡皮擦計畫》(*The Undoing Project*)。一九八〇年代中期,我們的「聖經」是底下這兩本書:Kahneman, Daniel, Paul Slovic, and Amos Tversky. *Heuristics and Biases: Judgments under Uncertainty*. Cambridge, UK: Cambridge University Press, 1982. Nisbett, Richard, and Lee Ross. *Human Inference: Strategies and Shortcomings*. Englewood Cliffs, NJ: Prentice Hall, 1980.

27 **命名為「系統一」思維**:Kahneman, Daniel. *Thinking, Fast and Slow*. New York: Farrar, Strauss and Giroux, 2011.

27 **不過艾克曼很快就會發表**:在情緒科學的早期,艾克曼和大西洋對岸瑞士的舍勒引導這個領域著眼鑽研這些情緒要素:它們的經驗性質、它們的表達方式、它們如何影響思維和行動,以及它們的神經生理模式建構。這些論點形成了許多研究的基礎,為探討敬畏如何有別於恐懼、興趣、美感和驚訝等狀態奠定了根基。Ekman, Paul. "An Argument for Basic Emotions." *Cognition and Emotion* 6, no. 3–4 (1992): 169–200. https://doi.org/10.1080/ 02699939208411068. Scherer, Klaus R. "The Dynamic Architecture of Emotion: Evidence for the Component Process Model." *Cognition & Emotion* 23, no. 7 (2009): 1307–51. https:// doi.org/10.1080/02699930902928969.

28 **科學家描繪了憤怒**:有關艾克曼引發我們關注之六種情緒狀態的出色科學評論文章,請參閱:Lench, Heather C., Sarah A. Flores, and Shane W. Bench. "Discrete Emotions Predict Changes in Cognition, Judgment, Experience, Behavior, and Physiology: A Meta-analysis of Experimental Emotion Elicitations." *Psychological Bulletin* 137 (2011): 834–55.

28 **恢復我們在旁人眼中的地位**:Tangney, June P., Rowland S. Miller, Laura Flicker, and Deborah H. Barlow. "Are Shame, Guilt, and Embarrassment Distinct Emotions?" *Journal of Personality and Social Psychology* 70 (1996): 1256–64.

28 **意識到……不只具有**:芭芭拉‧弗雷德里克森是率先注意到這項偏差的第一人,她指出情緒科學的焦點擺在戰或逃反應的狀態,好比憤怒、厭惡或恐懼,卻忽略了正向情緒,請參閱:Fredrickson, Barbara L. "The Value of Positive Emotions." *American Scientist* 91 (2003): 330–35.

28 **「情緒頭腦」**:LeDoux, Joseph E. *The Emotional Brain*. New York: Simon & Schuster, 1996.

28 **愛的祕密**:Gottman, John M. *Why Marriages Succeed or Fail*. New York: Simon & Schuster, 1993.

28 當前道德議題：Haidt, Jonathan. *The Righteous Mind: Why Good People Are Divided by Politics and Religion.* New York: Vintage Books, 2012. Haidt, Jonathan. "The Moral Emotions." In *Handbook of Affective Sciences*, edited by Richard J. Davidson, Klaus R. Scherer, and H. H. Goldsmith, 852–70. London: Oxford University Press, 2003.

28 培養我們的「情緒商數」：Mayer, John D., and Peter Salovey. "The Intelligence of Emotional Intelligence." *Intelligence* 17, no. 4 (1993): 433–42.

28 「情緒時代」：Dukes, Daniel, et al. "The Rise of Affectivism." *Nature Human Behaviour 5* (2021): 816–20.

29 自私基因生存論：二十世紀晚期，演化思想和情緒科學受到了理查‧道金斯（Richard Dawkins）的自私基因假說之形塑影響，該假說十分看重基因，把它當成分析單元，並假定人類演化出競爭性、自我圖利的特質，促成了這些自私基因的繁殖。這種思維在我的領域產生出了一種自我保存的偏差：情緒是關乎個人生存的。到了二十一世紀，演化思維轉向以群體和文化為分析單元。有關幼齡兒童合作傾向的發現；我們普遍傾向分享的意願；我們依戀、歸屬和形成部落的本能；還有同理心、傳染性、鏡像、聯繫、慈悲和探索的神經生理學，披露了一種對人性的新的視角：我們是個極高度社會性的物種，成就了幾乎一切與生存有關的使命，從撫養脆弱的子代到供應食物，而且是以合作的，還往往是利他的群體方式為之。這種推理認為，凡是擅長合作，能醞釀出一種共有認同感的群體，也就更有可能取得優勢並存續下來。而文化——將個體結合為社群的信念和實踐體系——是儲藏共有知識和經驗的不斷演變的寶庫，那是一組集體心智，讓我們能夠共同適應我們的自然和社會環境中的挑戰和機遇。

30 研擬敬畏的一項定義：Keltner, Dacher, and Jonathan Haidt. "Approaching Awe, a Moral, Aesthetic, and Spiritual Emotion." *Cognition & Emotion* 17 (2003): 297–314.

30 我們閱讀有關神聖……的論述：Kaufman, Scott B. *Transcend: The New Science of Self-Actualization.* New York: TarcherPerigee, 2020.

30 暴民受政客煽惑：Weber, Max. *Economy and Society: An Outline of Interpretive Sociology.* (Based on 4th German ed., various translators.) Edited by Guenther Roth and Claus Wittich. Berkeley: University of California Press, 1978.

32 感知到的威脅也會給敬畏體驗增添風味：我們的思想在部份程度上乃是以神經科學為本：當我們感受威脅時，腦中一處稱為杏仁核的杏仁狀細小腦區便喚起你身體的戰或逃反應，而且若是在敬畏中被活化，它可能會將恐懼融入經驗之中。有關這種戰或逃生理作用，有一篇很出色的評論著述，請參閱：Rodrigues, Sarina M., Joseph E. LeDoux, and Robert M. Sapolsky. "The Influence of Stress Hormones on Fear Circuitry." *Annual Review of Neuroscience* 32 (2009): 289–313. 有關杏仁核的新近思維，請參閱：FeldmanHall, Oriel, Paul Glimcher, Augustus L. Baker, NYU PROSPEC Collaboration, and Elizabeth A. Phelps. "The Functional Roles of the Amygdala and Prefrontal Cortex in Processing Uncertainty." *Journal of Cognitive Neuroscience* 11 (2019): 1742–54. 在以威脅為本的敬畏方面，愛咪·戈登發現，當敬畏涉及感知的威脅時，感覺就沒有那麼好，還會提高你的心率，並減損你的幸福感。根據該研究與其他論述，我們發現，以威脅為本的敬畏約占了我們四分之一的敬畏體驗。Gordon, Amie M., Jennifer E. Stellar, Craig L. Anderson, Galen D. McNeil, Daniel Loew, and Dacher Keltner. "The Dark Side of the Sublime: Distinguishing a Threat-based Variant of Awe." *Journal of Personality and Social Psychology* 113, no. 2 (2016): 310–28.

32 **對威脅的知覺**：Nakayama, Masataka, Yuki Nozaki, Pamela Taylor, Dacher Keltner, and Yukiko Uchida. "Individual and Cultural Differences in Predispositions to Feel Positive and Negative Aspects of Awe." *Journal of Cross-Cultural Psychology* 51, no. 10 (2020): 771–93. 關於日本的這種以尊重為本的、受了恐懼渲染的敬畏，請參閱：Muto, Sera. "The Concept Structure of Respect-Related Emotions in Japanese University Students." *Shinrigaku Kenkyu* 85, no. 2 (2014): 157–67. https://doi.org/10.4992/jjpsy.85.13021. PMID: 25016836.

33 **情緒就像故事**：這個想法我真的要歸功於基思·奧特利。基思不僅是位世界級的認知科學家暨情緒科學的領導理論學家，還是位獲頒殊榮的小說家。基於對文學的熱愛和對情緒的研究，他提出了確鑿觀點，說明情緒具有故事般結構。Oatley, Keith. *Emotions: A Brief History.* Malden, MA: Blackwell, 2004.

33 **定義敬畏之後**：關於與我們數位時代相符的精彩敬畏故事，請參閱：Jason Silva's "Shots of Awe." https://www.thisisjasonsilva.com/.

33 **理解神祕敬畏**：James, William. *The Varieties of Religious Experience: A Study in Human Nature: Being the Gifford Lectures on Natural Religion Delivered at Edinburgh in 1901–1902.* New York; London: Longmans, Green, 1902.

34 **敬畏故事**：Bai, Yang, and Dacher Keltner. "Universals and Variations in Awe" (manuscript under review).

34 **顧慮採得「怪異」樣本**：只涉及「怪異」樣本的研究結果不能類推到非「怪異」個體，也就是世界上的大多數民眾。Henrich, Joseph, Steve Heine, and Ara Norenzayan. "The Weirdest People in the World?" *Behavioral and Brain Sciences* 33, no.

2–3 (2010): 61–83.

35 激勵人心的主題:Edmundson, Mark. *Self and Soul: A Defense of Ideals*. Cambridge, MA: Harvard University Press, 2015.

36 集體歡騰:Durkheim, Emile. *The Elementary Forms of the Religious Life.* Translated by J. W. Swain. New York: Free Press, 1912.

37 許多人都提到夜空:Marchant, Jo. *Human Cosmos: Civilization and the Stars.* New York: Dutton Press, 2020.

37 我們體驗驚奇的能力:Drake, Nadia. "Our Nights Are Getting Brighter, and Earth Is Paying the Price." *National Geographic*, April 3, 2019. https://www.national geographic.com/science/2019/04/nights- are-getting-brighter-earth-paying-the-price-light-pollution-dark-skies/.

37 自然敬畏的經驗有個共通點:Pollan, Michael. "The Intelligent Plant: Scientists Debate a New Way of Understanding." *New Yorker*, December 16, 2013.

38 音樂帶來了:關於在不同文化和宗教中發現的種種吟誦形式以及它們在儀式和典禮中所扮演的地位,請參閱一份精彩概述:Gass, Robert. *Chanting: Discovering Spirit in Sound*. New York: Broadway Books, 1999. 在世界各地,從古到今,吟誦始終是人們傳頌他們如何與神祕力量遭遇的交流方式。有個很有趣的觀察結果,那就是看我們用來表達情緒(好比慈悲和敬畏)的聲音,有多少交織納入了吟誦當中。經由對呼吸的影響,特別是就呼氣方面,因為這通常會伴隨發出言語和情感交流的聲音。吟誦能減緩心率、活化迷走神經、降低血壓並促成一種身體上的開放和驚奇狀態。

39 珠寶的視覺設計:Huxley, Aldous. *The Doors of Perception: And Heaven and Hell*. New York: Harper & Row, 1963.

43 沒有人提到他們的筆電:這點我們也實在不應該感到驚訝,因為就一般來講,我們花在智慧型手機、臉書和其他數位平台上的時間,往往會稍稍減損我們的身心健康。Tangmunkongvorakul, Arunrat, Patou M. Musumari, Kulvadee Thongpibul, Kriengkrai Srithanaviboonchai, Teeranee Techasrivichien, S. P. Suguimoto, Masako Ono-Kihara, and Masahiro Kihara. "Association of Excessive Smartphone Use with Psychological Well-Being among University Students in Chiang Mai, Thailand." *PloS ONE* 14, no. 1 (2019): e0210294. https://doi.org/10.1371/journal.pone.0210294.

43 超脫世俗的國度:許多學者都將我們有可能視為神聖的事物和平凡的世俗事物區隔開來。在瑪莉・道格拉斯看來,這種區分是著眼於什麼是潔淨的和純潔的(神聖的),

以及什麼是不潔的和骯髒的。Douglas, Mary. *Purity and Danger: An Analysis of Concepts of Pollution and Taboo*. New York: Routledge, 2004. 魯道夫・奧托區分現象層面（我們對眼前物理世界的感官經驗）和神靈層面（超越感官的領域）。Otto, Rudolf. *The Idea of the Holy*. Translated by J. W. Harvey. 2nd ed. New York: Oxford University Press, 1950. 菲利普・泰特洛克、珍妮佛・勒納和他們的同事完成了令人稱奇的研究成果，顯示當人們遇上以金錢來換取他們認定為生命中神聖事物的提議之時，心中會感到道德上的激憤。Tetlock, Philip E., Orie Kristel, Beth Elson, Melanie C. Green, and Jennifer S. Lerner. "The Psychology of the Unthinkable: Taboo Trade-Offs, Forbidden Base Rates and Heretical Counterfactuals." *Journal of Personality and Social Psychology* 78, no. 5 (2000): 853–70.

44 情緒經驗研究：有關情緒科學中這種狹隘焦點源出何方的概述，以及從這種狹隘焦點萌生的大量統計和推理問題，請參閱：Cowen, Alan, Disa Sauter, Jessica Tracy, and Dacher Keltner. "Mapping the Passions: Toward a High-Dimensional Taxonomy of Emotional Experience and Expression." *Psychological Science in the Public Interest* 20, no. 1 (2019): 69–90. https://doi.org/10.1177/1529100619850176.

44 使用最廣泛的情緒經驗問卷：Watson, David, Lee A. Clark, and Auke Tellegen. "Development and Validation of Brief Measures of Positive and Negative Affect: The PANAS Scales." *Journal of Personality and Social Psychology* 54, no. 6 (1988): 1063–70.

44 情感豐富的GIF：Cowen, Alan S., and Dacher Keltner. "Self-Report Captures 27 Distinct Categories of Emotion with Gradients between Them." *Proceedings of the National Academy of Science* 114, no. 38 (2017): E7900-E7909.

46 在後續以相仿方法進行的映像研究中：Cowen, Alan, and Dacher Keltner. "Emotional Experience, Expression, and Brain Activity Are High-Dimensional, Categorical, and Blended." *Trends in Cognitive Science* 25, no. 2 (2021): 124–36.

47 日常敬畏：Bai, Yang, Laura A. Maruskin, Serena Chen, Amie M. Gordon, Jennifer E. Stellar, Galen D. McNeil, Kaiping Peng, and Dacher Keltner. "Awe, the Diminished Self, and Collective Engagement: Universals and Cultural Variations in the Small Self." *Journal of Personality and Social Psychology* 113, no. 2 (2017): 185–209. Gordon, A. M., J. E. Stellar, C. L. Anderson, G. D. McNeil, D. Loew, and D. Keltner. "The Dark Side of the Sublime: Distinguishing a Threat-Based Variant of Awe." *Journal of Personality and Social Psychology* 113, no. 2 (2016): 310–28.

52 自我超越狀態：Stellar, Jennifer E., Amie M. Gordon, Paul K. Piff, Craig L. Anderson, Daniel Cordaro, Yang Bai, Laura Maruskin, and Dacher Keltner. "Self-Transcendent

Emotions and Their Social Functions: Compassion, Gratitude, and Awe Bind Us to Others through Prosociality." *Emotion Review* 9, no. 3 (2017): 200–7.

第二章　內隱外現的敬畏

56 「最美體驗」：Einstein, Albert. *Ideas and Opinions, Based on Mein Weltbild*. Edited by Carl Seelig. New York: Bonzana Books, 1954, 11.

56 「一種不滅的驚奇感」：Carson, Rachel. "Help Your Child to Wonder." *Woman's Home Companion,* July 1956, 46.

56 一名十一歲女孩：有關情緒科學在《腦筋急轉彎》片中如何開展的更廣泛討論，請參閱：Keltner, Dacher, and Paul Ekman. "The Science of *Inside Out*." *New York Times*, July 6, 2015.

57 情緒如何運作：有關情緒科學的一份概括文獻，請參閱：Keltner, Dacher, Keith Oatley, and Jennifer Jenkins. *Understanding Emotions*. 4th ed. Hoboken, NJ: Wiley & Sons, 2018.

57 電腦螢幕上找到蜘蛛：關於情緒如何影響決策元素的評論綜述，請參閱：Lerner, Jennifer S., Ye Li, Piercarlo Valdesolo, and Kassam S. Karim. "Emotion and Decision Making." *Annual Review of Psychology* 66 (2015): 799–823.

57 我們的心思經過調校：短暫的恐懼感也促使人們支持較偏保守的移民和恐怖主義對策。就種種社會議題表示自己態度趨於保守的人士，通常在總體上比較容易感到恐懼，比較常做惡夢，而且受到驚嚇時會表現出比較強烈的錯愕反應（眨眼睛）。Oxley, Douglas R., Kevin B. Smith, John R. Alford, Matthew V. Hibbing, Jennifer L. Miller, Mario Scalora, Peter K. Hatemi, and John R. Hibbing. "Political Attitudes Vary with Physiological Traits." *Science* 321, no. 5896 (2008): 1667–70. https://doi.org/10.1126/science.1157627. PMID:18801995.

57 《*Inside Out*》的「out」：這項理念是達爾文影響力深遠之情緒表達相關記述的基礎。在他眼中，我們今天觀察到的表情——好比憤怒時雙唇緊抿並咬牙切齒——是我們哺乳類動物過往經歷——攻擊咬噬——的行為殘跡。Darwin, Charles. *The Expression of Emotions in Man and Animals*. 3rd ed. New York: Oxford University Press, 1872/1998.

57 是五種情緒：這些構想是彼特、羅尼和我探討哀傷與這種情緒在影片中所扮演角色的部份談話內容。當彼特目睹自己的女兒進入青春期時表現出哀傷情緒之時，他就開始構思那部影片；青春期是充滿了莫名哀傷的時期，童年的安逸和歡欣，就在這個階段消褪無蹤。彼特和羅尼希望那部片子的主角是哀傷性格，結果遭執行團隊回絕，他們認為，悲傷太過抑鬱、會成為票房毒藥。在那次談話當中，我們聊到了哀傷和憂鬱的差別；憂鬱有別於哀傷，它通常是平淡的、沒有色彩的，而且毫無熱情和關懷的。我們深入哀傷的「內隱」，探究哀傷如何讓生活放慢腳步，讓我們得以反思，並重新定位生命事項的輕重緩急，考量我們所面臨的損失。我們斟酌哀傷的「外現」，淚水如何將其他人帶來我們身邊。彼特和羅尼贏了，將哀傷擺到了《腦筋急轉彎》的核心。

57 **系列行動**：這種情緒觀點根源自人類學和社會學的情緒分析。這些理念通常都根植於對情緒在社會生活劇當中是如何開展的豐富見識當中，這就揭示了情緒不只是心中瞬息萬變的狀態；情緒牽涉到個體之間在協商社會關係時表現的系列行動。Lutz, Catherine, and Geoffrey M. White. "The Anthropology of Emotions." *Annual Review of Anthropology* 15 (1986): 405–36. Clark, Candace. "Emotions and the Micropolitics in Everyday Life: Some Patterns and Paradoxes of 'Place.'" In *Research Agendas in the Sociology of Emotions,* edited by Theodore D. Kemper, 305–34. Albany: State University of New York Press, 1990. Shields, Stephanie A. "The Politics of Emotion in Everyday Life: 'Appropriate' Emotion and Claims on Identity." *Review of General Psychology* 9 (2005): 3–15. Parkinson, Brian, Agneta H. Fischer, and Anthony S. R. Manstead. *Emotion in Social Relations: Cultural, Group, and Interpersonal Processes*. Philadelphia: Psychology Press, 2004.

58 **我們的個別自我退讓了**：有關迷幻藥體驗的第一人稱表白記述，請造訪 https://www.erowid.org/.

58 **《聖愛啟示》**：Norwich, Julian. *The Revelations of Divine Love of Julian of Norwich*. Translated by John Skinner. New York: Doubleday, 1996. 關於諾里奇的朱利安的精彩生平歷史、神學以及對世界的影響，請參閱：Turner, Denys. *Julian of Norwich, Theologian*. New Haven, CT: Yale University Press, 2011.

58 **這種自我的消融**：Popova, Maria. *Figuring*. New York: Pantheon Press, 2019.

59 **「沒有自我」**：Fuller, Margaret. Edited by Michael Croland. *The Essential Margaret Fuller*. Mineola, NY: Dover Thrift Edition, 2019, 11.

59 **消失的自我，或「自我死亡」**：Pollan, Michael. *How to Change Your Mind: What the New Science of Psychedelics Teaches Us about Consciousness, Dying, Addiction, Depression, and Transcendence*. New York: Penguin Books, 2019, 263.

60 **赫胥黎稱之為**：Huxley, Aldous. *The Doors of Perception: And Heaven and Hell*. New York: Harper Perennial Classics, 2009, 53.

60 **這種默認之自我**：Vohs, Katherine D., and Roy R. Baumeister, eds. *The Self and Identity, Volumes I–V*. Thousand Oaks, CA: Sage, 2012.

60 當我們的默認之自我統治：Twenge, Jean M. *iGen: Why Today's Super-Connected Kids Are Growing Up Less Rebellious, More Tolerant, Less Happy—and Completely Unprepared for Adulthood*. New York: Atria Books, 2017.

60 當默認之自我過度活躍：Keltner, Dacher, Aleksandr Kogan, Paul K. Piff, and Sarina R. Saturn. "The Sociocultural Appraisal, Values, and Emotions (SAVE) Model of Prosociality: Core Processes from Gene to Meme." *Annual Review of Psychology* 65 (2014): 425–60.

61 接觸了來自四十二個國家的1,100位遊客：Bai, Yang, Laura A. Maruskin, Serena Chen, Amie M. Gordon, Jennifer E. Stellar, Galen D. McNeil, Kaiping Peng, and Dacher Keltner. "Awe, the Diminished Self, and Collective Engagement: Universals and Cultural Variations in the Small Self." *Journal of Personality and Social Psychology* 113, no. 2 (2017): 185–209.

61 「那就像橫臥在」："Theodore Roosevelt and Conservation." National Parks Service, U.S. Department of the Interior, April 10, 2015, https://nps.gov/thro/learn/historyculture/theodore-roosevelt-and-conservation.htm.

62 敬畏如何將我們的自我感受從感覺獨立擴展到：Shiota, Michelle N., Dacher Keltner, and Amanda Mossman. "The Nature of Awe: Elicitors, Appraisals, and Effects on Self-Concept." *Cognition & Emotion* 21 (2007): 944–63.

62 感受敬畏的民眾則指出他們與旁人有哪些共通特性：Fiske, Alan. P. *Structures of Social Life*. New York: Free Press, 1991.

63 鐘樓：Stellar, Jennifer E., Amie M. Gordon, Craig L. Anderson, Paul K. Piff, Galen D. McNeil, and Dacher Keltner. "Awe and Humility." *Journal of Personality and Social Psychology* 114, no. 2 (2018): 258–69.

63 「地球是個巨大的有機體」：Holmes, Richard. *The Age of Wonder: The Romantic Generation and the Discovery of the Beauty and Terror of Science*. New York: Vintage Books, 2008.

63 總觀效應：Yaden, David B., Jonathan Iwry, Kelley J. Slack, Johannes C. Eichs-taedt, Yukun Zhao, George E. Vaillant, and Andrew B. Newberg. "The Overview Effect: Awe and Self-Transcendent Experience in Space Flight." *Psychology of Consciousness: Theory, Research, and Practice* 3, no. 1 (2016): 1–11.

63 底下是一九六四年太空人艾德‧吉布森：White, Frank. *The Overview Effect: Space Exploration and Human Evolution*. 2nd ed. Reston, VA: American Institute for

326

Aeronautics and Astronautics, 1998, 41.

63 **預設模式網路**：Hamilton, J. P., Madison Farmer, Phoebe Fogelman, and Ian H. Gotlib. "Depressive Rumination, the Default-Mode Network, and the Dark Matter of Clinical Neuroscience." *Biological Psychiatry* 78, no. 4 (2016): 224–30. https://doi.org/10.1016/j.biopsych.2015.02.020. Epub February 24, 2015. PMID: 25861700; PMCID: PMC4524294. 講得更明確一點，預設模式網路包括腹內側前額葉皮質，這是當人們評估朝向個人目標推展時介入運作的區域，還有後扣帶皮層，這是當我們回想我們過往記憶，或者設想如何從我們本身的視角做空間導航之時活化的區域。

64 **帶有威脅性的敬畏**：Takano, Ryota, and Michio Nomura. "Neural Representations of Awe: Distinguishing Common and Distinct Neural Mechanisms." *Emotion.* Advance online publication. https://doi.org/10.1037/emo0000771.

64 **DMN活化程度降低**：依循相同脈絡，管芳和同事在一項中國的研究中發現並論述表示，感受較多日常敬畏，且在處理生活日常時時保持開放心態並充滿驚奇體驗的人士，後扣帶皮層（預設模式網路的重要部份）會表現出較低程度的活化作用。Guan, Fang, Yanhui Xiang, Chen Outong, Weixin Wang, and Jun Chen. "Neural Basis of Dispositional Awe." *Frontiers of Behavioral Neuroscience* 12 (2018): 209. https://doi.org/10.3389/fnbeh.2018.00209.

65 **DMN和……杏仁核**：戈登的研究結果與這些腦部發現趨於一致，她發現了以威脅為本的敬畏觸發體內的戰或逃生理作用，表現為手部腺體中汗液的釋出和心率的提高。Gordon, Amie M., Jennifer E. Stellar, Craig L. Anderson, Galen D. McNeil, Daniel Loew, and Dacher Keltner. "The Dark Side of the Sublime: Distinguishing a Threat-Based Variant of Awe." *Journal of Personality and Social Psychology* 113, no. 2 (2016): 310–28.

65 **值得注意的是**：Barrett, Frederick S., and Roland R. Griffiths. "Classic Hallucinogens and Mystical Experiences: Phenomenology and Neural Correlates." *Current Topics in Behavioral Neurosciences* 36 (2018): 393–430. https://doi.org/10.1007/7854.

65 **隨著我們的默認之自我消失**：Bai, Yang, Laura A. Maruskin, Serena Chen, Amie M. Gordon, Jennifer E. Stellar, Galen D. McNeil, Kaiping Peng, and Dacher Keltner. "Awe, the Diminished Self, and Collective Engagement: Universals and Cultural Variations in the Small Self." *Journal of Personality and Social Psychology* 113, no. 2 (2017): 185–209.

65 「我讚美我自己」：Whitman, Walt. *Song of Myself: 1892 Edition*. Glenshaw, PA: S4N Books, 2017, 1.

65 《好奇年代》：Holmes, Richard. *Age of Wonder: The Romantic Generation and the Discovery of the Beauty and Terror of Science*. New York: Vintage Books, 2008.

66 「天文學擴大了」：Holmes, Richard. *Age of Wonder: The Romantic Generation and the Discovery of the Beauty and Terror of Science*. New York: Vintage Books, 2008, 106.

67 驚奇是種……的心理狀態：哲學家傑西‧普林斯（Jesse Prinz）以發人深省的方式撰寫了有關驚奇的演化和文化史論述：Prinz, Jesse. "How Wonder Works." *Aeon*, June 21, 2013. https://aeon.co/essays/why-wonder-is-the-most- human-of-all-emotions。關於過去較早期的思考，請參閱：Keen, Sam. *Apology for Wonder*. New York: HarperCollins, 1969.

67 生活中帶有驚奇體驗：Shiota, Michelle N., Dacher Keltner, and Oliver P. John. "Positive Emotion Dispositions Differentially Associated with Big Five Personality and Attachment Style." *Journal of Positive Psychology* 1, no. 2 (2006): 61–71.

67 認可其他人的長處和美德：Stellar, Jennifer E., Amie M. Gordon, Craig L. Anderson, Paul K. Piff, Galen D. McNeil, and Dacher Keltner. "Awe and Humility." *Journal of Personality and Social Psychology* 114, no. 2 (2018): 258–69.

67 我們的色彩體驗：史帝夫‧帕爾默做出精彩成果，測繪了色彩的情緒意義。Palmer, Steve E., and Karen B. Schloss. "An Ecological Valence Theory of Color Preferences." *Proceedings of the National Academy of Sciences* 107, no. 19 (2010): 8877–82. https://doi.org/10.1073/pnas.0906172107.

68 實驗室研究掌握了：Griskevicius, Vlad, Michelle N. Shiota, and Samantha L. Neufeld. "Influence of Different Positive Emotions on Persuasion Processing: A Functional Evolutionary Approach." *Emotion* 10 (2010): 190–206.

68 我們將種種自然現象……視為：Gottlieb, Sara, Dacher Keltner, and Tania Lombrozo. "Awe as a Scientific Emotion." *Cognitive Science* 42, no. 6 (2018): 2081–94. https://doi.org/10.1111/cogs.12648. 這項研究發現，感受到更多日常敬畏的人，不太可能投身所謂的目的論推理；他們較不可能將現象歸因於可能起作用的狹隘目的。目的論心智認為，「有蜜蜂是為了幫植物傳粉」，還有「閃電釋出電力是為了傳播」，而樹液的迷人品質則是為了引誘我們保護樹木。也請參閱：Valdesolo, Piercarlo, Jun Park, and Sara Gottlieb. "Awe and Scientific Explanation." *Emotion* 16, no. 7

(2016): 937–40. 哲學家丹尼爾‧丹尼特在他的傑出著作當中指出，這項洞見或許就是達爾文最富革命性的概念，世界的演化並不是某些超驗的或神聖的意志所創造出的結果，而是肇因於演化力量的複雜體系。Dennett, Daniel. *Darwin's Dangerous Idea: Evolution and the Meanings of Life.* New York: Simon & Schuster, 1995.

68 關懷圈：Singer, Peter. *The Expanding Circle: Ethics and Sociobiology*. Oxford: Clarendon Press, 1981.

69 其他參與者則觀賞……可笑荒唐舉止：Piff, Paul K., Pia Dietze, Matthew Feinberg, Daniel M. Stancato, and Dacher Keltner. "Awe, the Small Self, and Prosocial Behavior." *Journal of Personality and Social Psychology* 108, no. 6 (2015): 883–99.

69 孟菲斯大學張佳偉教授：Zhang, Jia W., Paul K. Piff, Ravi Iyer, Spassena Koleva, and Dacher Keltner. "An Occasion for Unselfing: Beautiful Nature Leads to Prosociality." *Journal of Environmental Psychology* 37 (2014): 61–72.

70 她的崇敬對象珍古德：我要感謝出色的靈長類動物學家法蘭斯‧德瓦爾（Frans de Waal），他對我的人類性善與社會性方面的思想發揮了十分深遠的影響，並引導我觀看這段影片。"Waterfall Displays." *Jane Goodall's Good for All News*, http://bit.ly/2r2iZ3t, accessed February 15, 2022.

第三章　靈魂的演化

74 「倘若身體」：Whitman, Walt. "I Sing the Body Electric." In *Walt Whitman: Selected Poems*. New York: Dover, 1991, 12.

75 我不知所措：眼淚標誌著我們對生命中神聖力量，特別是對聖人的認可。這點在一段很值得觀看的精彩影片中展現出來。這段影片長一分鐘，講述一個九個月大的嬰兒戴上新的助聽器，第一次聽到母親說話聲的故事。短片中那位媽媽以音樂語調般的「親子交流語」發出「嗨……」、「你要哭了嗎？」和「我愛你」。嬰兒先是露出微笑並睜大明亮的雙眼，接著淚水湧出，並發出了高音的「啊」聲，很顯然是因為第一次聽到母親的聲音，感到不知所措。Christy Keane Can. "My baby hears me for the first time and is almost moved to tears!" YouTube video, 1:05, October 14, 2017. https://www.youtube.com/watch ? v=-_Q5kO4YXFs.

75 我們的嚮導是查爾斯‧達爾文：有關達爾文的生活、他的思想和他如何形塑世界的一部出奇精彩、必讀的傳記：Browne, Janet. *Charles Darwin.* Vol. 1, *Voyaging.* New York: Alfred Knopf; London: Jonathan Cape, 1995. Browne, Janet. *Charles Darwin*. Vol. 2, *The Power of Place.* New York: Alfred Knopf, 2002.

76 **惠特曼注意到**：Wineapple, Brenda, ed. *Walt Whitman Speaks: His Final Thoughts on Life, Writing, Spirituality, and the Promise of America as Told to Horace Traubel.* New York: Random House, 2019.

77 **就情感的淚水提出了一種分類法**：Lutz, Tom. *Crying: The Natural and Cultural History of Tears*. New York: W. W. Norton, 1999. 這本書是一項出色的研究成果，鑽研如何透過生物學和文化歷史來追蹤情緒行為。

77 **艾倫·菲斯克提出所見**：Fiske, Alan P. *Structures of Social Life*. New York: Free Press, 1991. 菲斯克認為，我們是以四種基本方式之一（以及以其組合形式）來與他人交往：以集體公有的方式；以市場為本的交換方式；以等級制度方式，如同在軍事或宗教組織中一樣；以平等為基礎的方式，就像處於良好友誼中的情況。這種思維對我們的情感研究產生了深遠的影響。它促使我們思索，情感如何藉由形塑社交互動（如調情、逗弄或儀式）成為我們人際關係的基本語言。

77 **這種相互關聯的方法……十分重要**：這些研究是菲斯克尋求理解「情感的觸動」（kama muta）的部分成果，那是由於與他人建立關聯，或者因為見識了其他人的相互關聯愈益緊密，受了感動所湧現的感覺。Seibt, Beate, Thomas W. Schubert, Janis H. Zickfeld, and Alan P. Fiske. "Touching the Base: Heart-Warming Ads from the 2016 U.S. Election Moved Viewers to Partisan Tears." *Cognition and Emotion* 33 (2019): 197–212. https://doi.org/10.1080/02699931.2018.1441128. Zickfeld, Janis H., Patricia Arriaga, Sara V. Santos, Thomas W. Schubert, and Beate Seibt. "Tears of Joy, Aesthetic Chills and Heartwarming Feelings: Physiological Correlates of Kama Muta." *Psychophysiology* 57, no. 12 (2020):e13662. https://doi.org/10.1111/psyp.13662. Blomster Lyshol, Johanna K., Lotte Thomsen, and Beate Seibt. "Moved by Observing the Love of Others: Kama Muta Evoked through Media Fosters Humanization of Out-Groups." *Frontiers in Psychology* (June 24, 2020). https://doi.org/10.3389/fpsyg.2020.01240.

78 **那麼，淚水的湧現**：Vingerhoets, Ad. *Why Only Humans Weep: Unravelling the Mysteries of Tears*. New York: Oxford University Press, 2013.

78 **孩子們的哭聲是飢餓……的信號**：Parsons, Christine E., Katherine S. Young, Morten Joensson, Elvira Brattico, Jonathan A. Hyam, Alan Stein, Alexander Green, Tipu Aziz, and Morten L. Kringelbach. "Ready for Action: A Role for the Human Midbrain in Responding to Infant Vocalizations." *Social Cognitive and Affective Neuroscience* 9 (2014): 977–84. http://dx.doi.org/10.1093/scan/ nst076.

79 **二十一世紀令人不安的不適感**：美國衛生局長維韋克·穆爾蒂將孤獨稱為一種「社交

衰退」（social recession），把它看成影響國家健康的因素，並能與經濟衰退相提並論。Murthy, Vivek. *Together: The Healing Power of Connection in a Sometimes Lonely World*. New York: HarperCollins, 2020.

80　**她經常在黎明前就清醒過來**：有關睡眠在我們生活中的重要地位，還有睡眠不足的成因和該如何應對的論述，請參閱：Walker, Matthew. *Why We Sleep*. New York: Scribner, 2017.

80　**進行照護行為的影片**：一九九〇年，研究所畢業後一年，我在《紐約客》雜誌上讀了厄普代克的《崔斯坦和伊索德》短篇小說，這是我頭一次接觸到敘述自主性感官經絡反應的文學作品。故事中，旁白者去牙科診所，由牙醫助理清潔他的臼齒（「從多年來不假思索的消耗毀損中，勉強挽救回來的腐朽殘骸」）；由於當時正值愛滋病流行的時代，助手是戴著手套操作。透過助手的肉體碰觸和近距離檢視、俯看、緊盯凝望，雙方相隔僅只數寸，旁白者感覺自己被端詳、被寬恕、被了解，甚至還有一種靈性的體驗。他們在牙科看診時分享的親密經歷就像「超市小報或哈雷奎因羅曼史小說的情節」；他指出「她的靈魂與他的靈魂交織在一起」。Updike, John. "Tristan and Iseult." *New Yorker*, December 3, 1990.

81　**起源於身體感官**：就我們情感的身體地圖方面有一系列出色的研究成果，請參閱：Nummenmaa, Lauri, Enrico Glerean, Riitta Hari, and Jari K. Hietanen. "Bodily Maps of Emotions." *Proceedings of the National Academy of Sciences* 111, no. 2 (2014): 646–51. 亞瑟‧克雷格投注他的事業生涯，致力去理解我們的主觀情緒經驗是如何出現在身體感官之中，並發現了這種體現如何與前島葉皮層牽連上關係。Craig, A. D. *How Do You Feel?: An Interoceptive Moment with Your Neurobiological Self*. Princeton, NJ: Princeton University Press, 2015. 對體現具有影響力的早期論述之一是由柏克萊的語言學和哲學教授萊考夫所提出。他指出，我們對隱喻的傾向，深切影響我們對世界的理解，並且一般都源出身體經驗。試舉一例，我們談論情緒相關的「波浪」、「湧動」和「潮起潮落」，乃是肇因於這些隱喻性描述根源自對於心血管生理和血液在體內分布如何與情緒相關變動之感受進行理解所致。Lakoff, George, and Mark Johnson. *Metaphors We Live By.* Chicago: Chicago University Press, 1980.

81　**就詹姆士來講**：James, William. "What Is an Emotion?" *Mind* 9 (1884): 188–205.

81　**與身體反應相關連**：Winkielman, Piotr, Paula Niedenthal, Joseph Wielgosz, Jiska Wielgosz, and Liam C. Kavanagh. "Embodiment of Cognition and Emotion." In *APA Handbook of Personality and Social Psychology.* Vol. 1, *Attitudes and Social Cognition*, edited by Mario Mikulincer, Philip R. Shaver, Eugene E. Borgida, and John A. Bargh, 151–75. Washington, DC: American Psychological Association, 2015.

81 **收縮壓的變化**：這項嚴謹的研究是由莎拉‧加芬克爾和雨果‧克里奇利執行，他們
費盡心思測量了收縮壓和舒張壓，以及風險評估等認知活動，精確到毫秒等級，來
測定心臟的收縮和血液在體內的分佈（收縮壓）如何影響風險的感知。Garfinkel,
Sarah N., and Hugo D. Critchley. "Threat and the Body: How the Heart Supports
Fear Processing." *Trends in Cognitive Sciences* 20, no. 1 (2016): 34–46. Garfinkel,
Sarah N., Miranda F. Manassei, Giles Hamilton-Fletcher, Yvo In den Bosch, Hugo
D. Critchley, and Miriam Engels. "Interoceptive Dimensions across Cardiac and
Respiratory Axes." *Philosophical Transactions of the Royal Society B* 371, no. 1708
(2016): 20160014. Garfinkel, Sarah N., Claire Tiley, Stephanie O'Keeffe, Neil A.
Harrison, Anil K. Seth, and Hugo D. Critchley. "Discrepancies between Dimensions
of Interoception in Autism: Implications for Emotion and Anxiety." *Biological
Psychology* 114 (2016): 117–26.

82 **特定情緒……的配置**：Niedenthal, Paula M., Piotr Winkielman, Laurie Mondillon,
and Nicolas Vermeulen. "Embodiment of Emotional Concepts: Evidence from
EMG Measures." *Journal of Personality and Social Psychology* 96 (2009): 1120–36.

82 **單是採行憤怒時的皺眉**：Keltner, Dacher, Phoebe C. Ellsworth, and Kari Ellsworth.
"Beyond Simple Pessimism: Effects of Sadness and Anger on Social Perception."
Journal of Personality and Social Psychology 64 (1993): 740–52.

82 **你的直覺感受**：關於這種準確得令人驚訝的直覺感受有篇評論文章，請參閱：
Hertenstein, Matthew. *The Tell: The Little Clues That Reveal Big Truths about Who
We Are*. New York: Basic Books, 2013.

82 **這時也會引發寒顫**：Kone ni, Vladimir J. "The Aesthetic Trinity: Awe, Being Moved,
Thrills." *Bulletin of Psychology and the Arts* 5 (2005): 27–44.

82 **「儘管我們是用心智來閱讀」**：Nabokov, Vladimir. *Lectures on Literature.* Boston,
MA: Houghton Mifflin Harcourt, 2017, 64.

83 **「天啊」**：Vignola, Michael, and Stuart Gwynedd. "If Carl Bernstein Has Chills
About the Trump Impeachment, He's Not Saying So." *Los Angeles Magazine*,
October 29, 2019, https://www.lamag.com/citythinkblog/carl-bernstein-trump/.

83 **與神明相遇**：Job 4: 12–17. King James Version (KJV).

83 **在瑜伽傳統中**：Vasu, S. C., trans. *The Gheranda Samhita: A Treatise on Hatha
Yoga*. Bombay: Theosophical, 1895.

84 「顫慄」……的種種不同意涵：Maruskin, Laura A., Todd M. Thrash, and Andrew J. Elliot. "The Chills as a Psychological Construct: Content Universe, Factor Structure, Affective Composition, Elicitors, Trait Antecedents, and Consequences." *Journal of Personality and Social Psychology* 103, no. 1 (2012): 135.

84 令人想起但丁的地獄：Ehrman, Bart D. *Heaven and Hell: A History of the Afterlife*. New York: Simon & Schuster, 2020.

84 一種古怪又意想不到的空虛：關於怪誕和奇特事項的精彩討論，請參閱：Fisher, Mark. *The Weird and the Eerie*. London: Sheperton House, 2016. 在這本書中，費雪細述釐清了詭異（基於奇怪的存在）和怪誕（根植於空缺感受）的不同之處。基於這種區別，費雪接著引領讀者考察這些狀態在眾多文學影視創作者的作品中所扮演的重要角色，他們包括：H. G. 威爾斯（H. G. Wells）、瑪格麗特・愛特伍（Margaret Atwood）、大衛・林區（David Lynch）、史丹利・庫柏力克（Stanley Kubrick）、布萊恩・伊諾（Brian Eno）和菲利浦・狄克（Philip K. Dick）等人。狄克的著作包括《仿生人會夢見電動羊嗎？》（*Do Androids Dream of Electric Sheep?*），而這部小說也正是引人敬畏的電影《銀翼殺手》的創作基礎，許多住在柏克萊的人都感到自豪，因為他是從柏克萊高中畢業的，還與娥蘇拉・勒瑰恩（Ursula K. Le Guin）同時期就讀。

85 高度社會性的哺乳動物：Hans IJzerman, James A. Coan, Fieke M. A. Wagemans, Marjolein A. Missler, Ilja van Beest, Siegwart Lindenberg, and Mattie Tops. "A Theory of Social Thermoregulation in Human Primates." *Frontiers in Psychology* 6 (2015): 464. https://doi.org/10.3389/fpsyg.2015.00464.

85 堅持不懈並相互協調：社會性哺乳類動物經常會藉由與附近其他哺乳類動物建立緊密關係來應付威脅和危險。這個論點最初是雪萊・泰勒和她的同事提出，後來它對我們情緒生活的認識還發揮了深遠的影響。泰勒認為，我們面對危險和威脅時的反應不止於戰或逃，而在她的思想提出之前，首要考量焦點就是戰或逃。她認為，面臨危險之時，人們（或許女性還更常）「親近與結交」：我們與他人合作、相互關懷並建立關係來面對危險。Taylor, Shelley E., Laura C. Klein, Brian P. Lewis, Tara L. Gruenewal, Regan A. R. Gurung, and John A. Updegraff. "Biobehavioral Responses to Stress in Females: Tend-and-Befriend, not FightorFlight." *Psychological Review* 107 (2000): 411–29.

85 釋出催產素：有關催產素文獻的一些精彩評論文章，揭示了催產素釋出在多大程度上取決於背景脈絡，並根據個體的個性而改變，請參閱：Bartz, Jennifer. A. "Oxytocin and the Pharmacological Dissection of Affiliation." *Current Directions in Psychological Science* 25 (2016): 104–10. Bartz, Jennifer. A., Jamil Zaki, Nial

Bolger, and Kevin N. Ochsner. "Social Effects of Oxytocin in Humans: Context and Person Matter." *Trends in Cognitive Sciences* 15 (2011): 301–9.

85 活化迷走神經：Gordon, Amie M., Jennifer. E. Stellar, Craig. L. Anderson, Galen D. McNeil, Daniel Loew, and Dacher Keltner. "The Dark Side of the Sublime: Distinguishing a Threat-Based Variant of Awe." *Journal of Personality and Social Psychology* 113, no. 2 (2016): 310–28.關於迷走神經和慈悲心的相關證據，請參閱：Stellar, Jennifer E., Adam Cowen, Christopher Oveis, and Dacher Keltner. "Affective and Physiological Responses to the Suffering of Others: Compassion and Vagal Activity." *Journal of Personality and Social Psychology* 108 (2015): 572–85.

86 他的顫抖和顫慄：Sartre, Jean-Paul. *Nausea*. Norfolk, CT: New Directions, 1949.

86 「美麗的生理法則」：Wrobel, Arthur. "Whitman and the Phrenologists: The Divine Body and the Sensuous Soul." *PMLA* 89, no. 1 (1974): 24.

87 彩虹激發了牛頓和笛卡兒：Fisher, Philip. *Wonder, the Rainbow, and the Aesthetics of Rare Experiences*. Cambridge, MA: Harvard University Press, 1998.

87 雙彩虹：Yosemitebear62. "Yosemitebear Mountain Double Rainbow 18 10." YouTube video, 3:29, January 8, 2010. https://www.youtube.com/watch?v=OQSNhk5ICTI.

87 我們如何警示他人注意生命中的驚奇：臉部、語音和身體的情感表達不僅只是向旁人發送情緒信號；它們還是種社會互動的語言。情感表達提供有關於個人感受、意圖和態度的重要資訊。它們召喚他人做出反應；比方說，哭喊常能激起他人的同情反應。情感相關的臉部表情和語音傳達也提供環境是否隱含威脅或者是否值得探索的相關資訊。Keltner, Dacher, and Ann M. Kring. "Emotion, Social Function, and Psychopathology." *Review of General Psychology* 2 (1998): 320–42.

88 達爾文細述了我們情緒表達的演化：Darwin, Charles. *The Expression of the Emotions in Man and Animals*. Chicago: University of Chicago Press, 1965.

88 我的耶魯大學協同夥伴，丹尼爾・科爾達羅：Cordaro, Daniel T., Rui Sun, Dacher Keltner, Shanmukh Kamble, Niranjan Huddar, and Galen McNeil. "Universals and Cultural Variations in 22 Emotional Expressions across Five Cultures." *Emotion* 18, no. 1 (2018): 75–93.

89 語音爆發的曲目表：有關人類情感和非人類表情行為之間相似性的評論文章，請參閱：Cowen, Alan, and Dacher Keltner. "Emotional Experience, Expression,

and Brain Activity Are High-Dimensional, Categorical, and Blended." *Trends in Cognitive Science* 25, no. 2 (2021): 124–36.

90 **當我們播放這些聲音**：Cordaro, Daniel T., Dacher Keltner, Sumjay Tshering, Dorji Wangchuk, and Lisa M. Flynn. "The Voice Conveys Emotion in Ten Globalized Cultures and One Remote Village in Bhutan." *Emotion* 1 (2016): 117–28.

90 **早期人類及其祖先的敬畏特徵**：史丹利．庫柏力克的《2001太空漫遊》片中「人類的黎明」的蒙太奇表現手法就是這種概念的藝術呈現。這段蒙太奇是受到珍古德研究的啟發拍出的，內容描繪我們人科類群的先祖，在非洲莽原上一處水坑附近與另一個團體遭遇。他們的回應是一段瀑布舞蹈展示：他們毛髮豎立，接著轉變成一波一致行動的集體威脅，發出兇猛的尖叫和咆哮聲。接下來是他們在洞穴裡面相互依偎睡覺，醒來卻發現外面來了一塊灰色的平滑方尖碑──或許代表文化或宗教的概念──於是他們恭敬地碰觸探索。下一幕，這個部落的一個成員發現了一塊骨頭，以及它的破壞力量，於是在下一次兩個部落在水坑旁遭遇時，他就用骨頭殺死一個敵手。那根骨頭被拋上高空，化為一個太空站。我們將敬畏的片刻轉變成文化，既良善，而又暴力。

91 **考古紀錄顯示**：Pagel, Mark. *Wired for Culture: Origins of the Human Social Mind*. New York: W. W. Norton, 2012.

91 **與敬畏相關連的身體傾向**：Dutton, Dennis. *The Art Instinct: Beauty, Pleasure, and Human Evolution*. London: Bloomsbury, 2009.

92 **傳奇詩人松尾芭蕉**：Matsuo, Basho, and Makoto Ueda. *Basho and His Interpreters: Selected Hokku with Commentary.* Stanford, CA: Stanford University Press, 1995, 102.

93 **這首關於詩人鄰居的俳句**：Matsuo, Basho, and Makoto Ueda. *Basho and His Interpreters*, 411. 就像許多人，我也把亞佛烈德．希區考克（Alfred Hitchcock）的《後窗》（*Rear Window*）列為我的十大電影之一，我想這在很大程度上是由於它描繪了好奇尋思他人生活之時，我們體驗到的敬畏之情。片中主角由詹姆士．史都華（James Stewart）飾演，他由於腳傷困居家中，每天只能從後窗眺望自己那處紐約公寓大樓的天井周圍住戶，好奇尋思那些人的種種遭遇。當我們好奇尋思旁人的生活和心思時，就能找到一種日常敬畏。

93 **他注意到她對死亡和哀傷的持久興趣**：Dickinson, Emily. *Final Harvest: Emily Dickinson's Poems*. Selections and Introduction by Thomas H. Johnson. New York: Little Brown, 1961.

94 **「冬日午後」**：Dickinson, Emily. *The Poems of Emily Dickinson: Reading Edition*. Cambridge, MA: Harvard University Press, 2005, 142.

95 文學、戲劇、散文和詩歌：Ashfield, Andrew, and Peter de Bolla. *Sublime: A Reader in British Eighteenth-Century Aesthetic Theory*. Cambridge, UK: Cambridge University Press, 1996. Kim, Sharon. *Literary Epiphany in the Novel, 1850–1950: Constellations of the Soul*. New York: Palgrave Macmillan, 2012.

95 學生首先被問到：Thrash, Todd M., Laura A. Maruskin, Emil G. Moldovan, Victoria C. Oleynick, and William C. Belzak. "Writer-Reader Contagion of Inspiration and Related States: Conditional Process Analyses within a Cross-Classified Writer × Reader Framework." *Journal of Personality and Social Psychology*. Advance online publication. http://dx.doi.org/10.1037/pspp0000094.

97 這種……對於神祕敬畏的紀錄：相關摘述請參閱：Walter Stace's excellent surveys of mysticism across religions. Stace, Walter T. *Mysticism and Philosophy*. New York: St. Martin's Press, 1960. Stace, Walter T. *The Teachings of the Mystics*. New York: Mentor, 1960.

97 大致上成為了一種宗教情感：Armstrong, Karen. *The Great Transformation: The Beginning of Our Religious Traditions*. New York: Alfred Knopf, 2006.

97 例如，莎士比亞的戲劇：Platt, Peter. *Reason Diminished: Shakespeare and the Marvelous*. Lincoln: University of Nebraska Press, 1997.

98 他們將啟迪美國超驗主義者：若想深入研究瑪格麗特・富勒對十九世紀文化和我們對超驗之理解所做的貢獻，請參閱：Popova, Maria. *Figuring*. New York: Pantheon Press, 2019.

第四章　道德之美

104 「隨著時間推移」：Morrison, Toni. "Toni Morrison: 'Goodness: Altruism and the Literary Imagination,' " *New York Times*, August 7, 2019, https://www.nytimes.com/2019/08/07/books/toni-morrison-goodness-altruism-literary-imagination.html.

104 囚徒主導的修復式正義：有關修復式正義在全世界監獄中應用情況的摘述文獻，請參閱：Johnstone, Gerry. "Restorative Justice in Prisons: Methods, Approaches and Effectiveness." Report to the European Committee on Crime Problems, September 29, 2014. https://rm.coe.int/16806f9905. 有關修復式正義如何紓解受害者的怒氣和犯罪者的再犯狀況的部份證據，請參閱：McCullough, Michael E. *Beyond Revenge: The Evolution of the Forgiveness Instinct*. San Francisco: Jossey-Bass, 2008.

106 「這不是祕密」：2Pac. "Changes." *Greatest Hits.* Amaru, Death Row, and Interscope Records, 1998.

108 童年不良經歷：在你生命的前十八年間：1. 你是否曾遭你的父母或某個成年人對你咒罵或羞辱？2. 你是否曾被父母或某個成年人粗暴對待或毆打？3. 是否曾有超過五歲的人對你動手性碰觸？4. 你是不是曾覺得你的家人並不愛你或者並不互相支持？5. 你是否曾經吃不飽或只能穿骯髒衣物，或者你父母是否經常嗑藥或酗酒過量，結果當你必須看醫師時，卻不能帶你去？6. 你的父母是否分居或離婚了？7. 你的母親或繼母是否曾遭毆打、暴力對待、推撞牆壁或者面臨刀、槍威嚇？8. 家裡有沒有成年人酗酒或使用「硬毒品」成癮？9. 你家裡有沒有成年人抑鬱或者有沒有人罹患嚴重的精神疾病？10. 你家裡有沒有成年人入獄？

108 妨礙了前程發展，還會讓人短命：就這方面有篇很出色的摘述文章，請參閱：Miller, Gregory E., Edith Chen, and Karen J. Parker. "Psychological Stress in Childhood and Susceptibility to the Chronic Diseases of Aging: Moving toward a Model of Behavioral and Biological Mechanisms." *Psychological Bulletin* 137 (2011): 959–97. I review some of this evidence in Keltner, Dacher. *The Power Paradox: How We Gain and Lose Influence*. New York: Penguin Press, 2016.

109 財富較少的人：Piff, Paul K., and Jake P. Moskowitz. "Wealth, Poverty, and Happiness: Social Class Is Differentially Associated with Positive Emotions." *Emotion* 18, no. 6 (2018): 902–5. 在這項涉及一組全國代表性樣本的研究中，低收入的參與者較常表示他們感受較多日常之愛、慈悲心和敬畏，富裕的參與者則較常感受自豪和娛樂興味。

109 我們在不同國家執行的每日日記研究：Bai, Yang, Laura A. Maruskin, Serena Chen, Amie M. Gordon, Jennifer E. Stellar, Galen D. McNeil, Kaiping Peng, and Dacher Keltner. "Awe, the Diminished Self, and Collective Engagement: Universals and Cultural Variations in the Small Self." *Journal of Personality and Social Psychology* 113, no. 2 (2017): 185–209.

115 在監獄的單獨監禁期間：Shakespeare, William. *Julius Caesar*. Edited by Roma Gill. 4th edition. Oxford School Shakespeare. London: Oxford University Press, 2001. 關於榮譽的價值及其在個人的道德觀和行為中所發揮作用的啟發性論述，請參閱：Nisbett, Richard E., and Dov Cohen. *Culture of Honor: The Psychology of Violence in the South (New Directions in Social Psychology)*. Boulder, CO: Westview Press, 1996.

116 地下學者計畫：MacFarquhar, Larissa. "Building a PrisontoSchool Pipeline." *New*

Yorker, December 4, 2016. https://www.newyorker.com/magazine/2016/12/12/ theexcon-scholarsofberkeley.

116 這些原本很難上大學的人：美國約兩百萬曾遭監禁人士當中，有四成沒有完成高中學業。每八人中約有一人曾經嘗試進大學，這個比例只有美國全人口的比例的四分之一。

116 我們……找到我們的道德指南針：海特強調我們的道德判斷如何根植於慈悲和敬畏的情感以及我們如何與他人交流這些道德熱情，從而徹底改變了道德研究。 Haidt, Jonathan. "The Emotional Dog and Its Rational Tail: A Social Intuitionist Approach to Moral Judgment." *Psychological Review* 108 (2001) 814–34. Haidt, Jonathan. "The Moral Emotions." In *Handbook of Affective Sciences*, edited by Richard J. Davidson, Klaus R. Scherer, and H. H. Goldsmith, 852–70. London: Oxford University Press, 2003. Haidt, Jonathan. "The New Synthesis in Moral Psychology." *Science* 316 (2007): 998–1002. Greene, Joshua, and Jonathan Haidt. "How (and Where) Does Moral Judgment Work?" *Trends in Cognitive Science* 6 (2002): 517–23. Haidt, Jonathan, and Jesse Graham. "When Morality Opposes Justice: Conservatives Have Moral Intuitions That Liberals May Not Recognize." *Social Justice Research* 20 (2007): 98–116.

116 「內在道德法則」：Kant, Immanuel, and John H. Bernard. *Kant's Critique of Judgement*. London: Macmillan, 1914.

116 衛生專業人員……感到疲憊不堪：Berg, Sara. "Physician Burnout: Which Medical Specialties Feel the Most Stress." American Medical Association, January 21, 2020. https:// www.ama- assn.org/ practice-management/physician-health/ physician-burnout-which-medical-specialties-feel-most-stress.這項調查研究發現，超過五成的醫師表示，他們在工作中感到精疲力盡。

117 感 悟 …… 的 力 量：Kim, Sharon. *Literary Epiphany in the Novel, 1850–1950: Constellations of the Soul*. New York: Palgrave Macmillan, 2012.

118 見證……能產生何等力量：Thomson, Andrew L., and Jason T. Siegel. "Elevation: A Review of Scholarship on a Moral and Other-Praising Emotion." *Journal of Positive Psychology* 12, no. 6 (2017): 628–38. https://doi.org/10.1080/17439760.2 016.1269184.

118 這些遭遇讓民眾感到：Aquino, Karl, Dan Freeman, Americus Reed II, Vivien K. G. Lim, and Will Felps. "Testing a Social Cognitive Model of Moral Behavior: The Interaction of Situational Factors and Moral Identity Centrality." *Journal of Personality and Social Psychology* 97 (2009): 123–41. Johnson, Sara K., et al.

338

"Adolescents' Character Role Models: Exploring Who Young People Look Up To as Examples of How to Be a Good Person." *Research in Human Development* 13 (2016): 126–41. https://doi.org/10.1080/15427609.2016.1164552.

118 他們經常模仿他人：就此有一則哲學論證，見於普林斯一篇刊載在下面這本書中的文章，請參閱：Prinz, Jesse J. "Imitation and Moral Development." In *Perspectives on Imitation: From Neuroscience to Social Science*. Vol. 2, *Imitation, Human Development, and Culture*, edited by Susan E. Hurley and Nick E. Chater, 267–82. Cambridge, MA: MIT Press, 2005. 最近一篇評論文章檢視了世界各地總共涉及兩萬五千名參與者的八十八項研究，結果記錄了我們模仿他人的利社會行為、分享、合作以及在需要時提供協助的傾向是多麼強烈。Jung, Haesung, Eunjin Seo, Eunjoo Han, Marlone D. Henderson, and Erika A. Patall. "Prosocial Modeling: A Meta-analytic Review and Synthesis." *Psychological Bulletin* 146, no. 8 (2020): 635–63. https://doi.org/10.1037/bul0000235.

118 分享道德之美的故事：Song, Hyunjin, Homero G. de Zúñiga, and Hajo G. Boomgaarden. "Social Media News Use and Political Cynicism: Differential Pathways through 'News Finds Me.' " *Perception, Mass Communication and Society* 23, no. 1 (2020): 47–70. https://doi.org/10.1080/15205436.2019.1651867.

118 她的父母在悲痛中：Freeman, Dan, Karl Aquino, and Brent McFerran. "Overcoming Beneficiary Race as an Impediment to Charitable Donations: Social Dominance Orientation, the Experience of Moral Elevation, and Donation Behavior." *Personality and Social Psychology Bulletin* 35 (2009): 72–84. 這項研究使用了艾米・比爾故事的一幅寫照來誘發道德之美（或就是敬畏）的感受。

119 「社會支配傾向」：Pratto, Felicia, Jim Sidanius, and Shana Levin. "Social Dominance Theory and the Dynamics of Intergroup Relations: Taking Stock and Looking Forward." *European Review of Social Psychology* 17 (2006): 271–320.

119 目睹其他人表現出勇氣……的舉止：Wang, Tingting, Lei Mo, Ci M. Li, Hai Tan, Jonathan S. Cant, Luojin Zhong, and Gerald Cupchik. "Is Moral Beauty Different from Facial Beauty? Evidence from an fMRI Study." *Social Cognitive and Affective Neuroscience* 10, no. 6 (2015): 814–23. https://doi.org/10.1093/scan/nsu123.

119 釋出催產素：Piper, Walter T., Laura R. Saslow, and Sarina R. Saturn. "Autonomic and Prefrontal Events during Moral Elevation." *Biological Psychology* 108 (2015): 51–55. https://doi.org/10.1016/j.biopsycho.2015.03.004. Epub March 23, 2015. PMID: 25813121.

121 尤伊最新的一本書：Morales, Yuyi. *Dreamers*. New York: Neal Porter Books, 2019.

121 當我和尤伊談話時：尤伊的感謝信是快樂科學的一種強大實踐。Brown, Joshua, and Joel Wong. "How Gratitude Changes You and Your Brain." *Greater Good*, June 6, 2017. "A Thank-You to Librarians Who Make Everyone Feel Welcome." Gratefulness.org. Greater Good Science Center. Accessed March 4, 2022. https:// gratefulness.org/ resource/a-thank-you-to-librarians-who-make-everyone-feel-welcome/.

122 尤伊的威謝信：Woodruff, Paul. *Reverence: Renewing a Forgotten Virtue*. New York: Oxford University Press, 2002.

122 微妙的是日常崇敬：Brown, Penelope, and Steven J. Levinson. *Politeness: Some Universals in Language Usage*. Cambridge, UK: Cambridge University Press, 1987.

122 傳達恭順的尊重：Keltner, Dacher, Randall C. Young, and Brenda N. Buswell. "Appeasement in Human Emotion, Personality, and Social Practice." *Aggressive Behavior* 23 (1997): 359–74. Gordon, Amie M., Emily A. Impett, Aleksandr Kogan, Christopher Oveis, and Dacher Keltner. "To Have and to Hold: Gratitude Promotes Relationship Maintenance in Intimate Bonds." *Journal of Personality and Social Psychology* 103 (2012): 257–74.

122 只須溫暖地抓握：Gordon, Amie M., Emily A. Impett, Aleksandr Kogan, Christopher Oveis, and Dacher Keltner. "To Have and to Hold: Gratitude Promotes Relationship Maintenance in Intimate Bonds." *Journal of Personality and Social Psychology* 103 (2012): 257–74.

123 編輯一位作家撰寫的影評：Algoe, Sara B., Patrick C. Dwyer, Ayana Younge, and Christopher Oveis. "A New Perspective on the Social Functions of Emotions: Gratitude and the Witnessing Effect." *Journal of Personality and Social Psychology* 119, no. 1 (2019): 40–74. https://doi.org/10.1037/pspi0000202.

123 其他人的崇敬舉止：有關這種模擬和模仿的一項解釋，請參閱：Preston, Stephanie, and Frans de Waal. "Empathy: Its Ultimate and Proximate Bases." *Behavioral and Brain Sciences* 25 (2002): 1–20. https://doi.org/10.1017/S0140525X02000018.

124 對於在這些機構下卑躬屈膝的人而言：Mendoza- enton, Rodolfo, Geraldine Downey, Valerie J. Purdie, Angelina Davis, and Janina Pietrzak. "Sensitivity to Status-Based Rejection: Implications for African American Students' College Experience." *Journal of Personality and Social Psychology* 83 (2002): 896–918.

https:// doi.org/ 10.1037 / 00223514.83.4.896. Rheinschmidt-Same, Michelle, Neha A. John-Henderson, and Rodolfo Mendoza-Denton. "Ethnically-Based Theme House Residency and Expected Discrimination Predict Downstream Markers of Inflammation among College Students." *Social Psychological and Personality Science* 8 (2017): 102–11.

125 他是唯一……的受刑人：路易斯擁有一個網站，網址為http://www.louisavilscott.com/。

125 修復式正義建立在：Hand, Carol A., Judith Hankes, and Toni House. "Restorative Justice: The Indigenous Justice System." *Contemporary Justice Review* 15, no. 4 (2012): 449–67. https:// doi.org/ 10.1080/ 10282580.2012.734576. De Waal, Frans. *Peacemaking among Primates*. Cambridge, MA: Harvard University Press, 1989.

126 一位名叫克里斯的白人因犯：路易斯訪問克里斯的內容可參見："When Loyalty Is Misguided." San Quentin Public Radio, June 3, 2015. https:// www.kalw.org/ post / sqpr-when-loyalty-misguided#stream/ 0.

127 臉紅是我們道德之美的展現：Keltner, Dacher. "The Signs of Appeasement: Evidence for the Distinct Displays of Embarrassment, Amusement, and Shame." *Journal of Personality and Social Psychology* 68 (1995): 441–54.

127 「阿什克訴加利福尼亞州州長案」："Ashker v. Governor of California." Center for Constitutional Rights. Updated February 3, 2022. https://ccrjustice.org/home/ whatwedo/our-cases/ashkervbrown. Center for Constitutional Rights. "The United States Tortures before It Kills: An Examination of the Death Row Experience from a Human Rights Perspective." Position paper, October 10, 2011, https:// ccrjustice.org/sites/default/files/assets/files/deathrow_torture_postition_paper. pdf.

128 一位囚徒巧妙總結：Haney, Craig. "Mental Health Issues in Long-term Solitary and 'Supermax' Confinement." *Crime & Delinquency* 49 (2003): 124–56. Haney, Craig. "The Psychological Effects of Solitary Confinement: A Systematic Critique." In *Crime and Justice: A Review of Research*, edited by Michael Tonry, 365–416. Vol. 47. Chicago: University of Chicago Press, 2018.

128 單獨監禁是多麼難受：底下是阿什克談論特殊收容單位和他的絕食抗議經歷的一段影片。Thee L.A. Timez. "ALLEGED A.B. MEMBER TODD ASHKER INTERVIEW ON PELICAN BAY SOLITARY EFFECTS, HUNGER STRIKE AND SHU." YouTube video, 36:47, February 25, 2020. https://www.youtube.com/watch?v=GuFwEKr5XOs.

第五章　集體歡騰

134 「當個體聚集在一起時」：Alexander, Jeffrey C., and Philip Smith, eds. *The Cambridge Companion to Durkheim*. Cambridge, UK: Cambridge University Press, 2005, 183.

134 火人祭：Ehrenreich, Barbara. *Dancing in the Streets: A History of Collective Joy*. New York: Holt, 2007.

136 表示自己遭受孤獨之苦：類似這種統計的綜合呈現，請參閱：Murthy, Vivek H. *Together: The Healing Power of Human Connection in a Sometimes Lonely World*. New York: HarperCollins, 2020.

136 這種社群意識的消退：Eisenberger, Naomi I., and Matthew D. Lieberman. "Why Rejection Hurts: A Common Neural Alarm System for Physical and Social Pain." *Trends in Cognitive Sciences* 8 (2004): 294–300.

137 在他的一九一二年著述：Durkheim, Émile. *The Elementary Forms of the Religious Life: A Study in Religious Sociology*. London; New York: G. Allen & Unwin; Macmillan, 1915.

137 我們的社交禁忌：Zimbardo, Philip G. "The Human Choice: Individuation, Reason, and Order versus Deindividuation, Impulse, and Chaos." In *1969 Nebraska Symposium on Motivation*, edited by W. J. Arnold and D. Levine, 237–307. Lincoln: University of Nebraska Press, 1970.

138 就像離岸外海的浪濤：Fisher, Len. *The Perfect Swarm: The Science of Complexity in Everyday Life*. New York: Basic Books, 2007. 這門研究一致移動或結群行動的新科學有一項驚人發現，那就是它的數學原理竟然是這麼簡單。舉例來說，許多形式的集體運動──鳥兒群飛、牛羚結群奔跑、人類徒步遊行或政治遊行──都能以幾項簡單原則來解釋：和在你前面以及在你側邊移動的個體保持固定距離，跟著你前方那個人去的方向移動。

139 重金屬音樂會：Silverberg, Jesse L., Matthew Bierbaum, James P. Sethna, and Itai Cohen. "Collective Motion of Humans in Mosh and Circle Pits at Heavy Metal Concerts." *Physical Review Letters* 110 (May 31, 2013): 228701.

139 四個月大的嬰兒會模仿：Bernieri, Frank, and Rachel Rosenthal. "Coordinated Movement in Human Interaction." In *Fundamentals of Nonverbal Behavior*, edited by R. S. Feldman and B. Rime, 401–32. New York: Cambridge University Press, 1991.

139 做為成年人，我們會模仿：Lakin, Jessica, Valerie Jefferis, Clara Cheng, and Tanya Chartrand. "The Chameleon Effect as Social Glue: Evidence for the Evolutionary Significance of Nonconscious Mimicry." *Journal of Nonverbal Behavior* 27 (2003): 145–62. https://doi.org/10.1023/A:1025389814290.

139 人體的這種「孔隙性」：Gay, Ross. *The Book of Delights.* Chapel Hill, NC: Algonquin Books, 2019, 56.

139 我們的生物節律也與其他人同步：McClintock, Martha K. "Synchronizing Ovarian and Birth Cycles by Female Pheromones." In *Chemical Signals in Vertebrates 3*, edited by D. Muller-Schwarze and R. M. Silverstein, 159–78. New York: Plenum Press, 1983.

139 體育迷……的心律：Maughan, Ronald, and Michael Gleeson. "Heart Rate and Salivary Cortisol Responses in Armchair Football Supporters." *Medicina Sportiva* 12, no. 1 (2008): 20–24. https://doi.org/10.2478/v10036-008-0004z.

140 聖佩德羅曼里克的村民：Konvalinka, Ivana, Dimitris Xygalatas, Joseph Bulbulia, Uffe Schjødt, Else-Marie Jegindø, Sebastian Wallot, Guy Van Orden, and Andreas Roepstorff. "Synchronized Arousal between Performers and Related Spectators in a Fire-Walking Ritual." *Proceedings of the National Academy of Sciences* 108, no. 20 (May 2011): 8514–19. https://doi.org/10.1073/pnas.1016955108.

140 情緒感染研究：Anderson, Cameron, Dacher Keltner, and Oliver P. John. "Emotional Convergence between People over Time." *Journal of Personality and Social Psychology* 84 (2003): 1054–68.

140 童年期間同步的社交行為：Tomasello, Michael. *Becoming Human. A Theory of Ontogeny*. Cambridge, MA: Belknap Press of Harvard University Press, 2019.

140 集體意識：Paul, Annie M. *The Extended Mind: The Power of Thinking outside of the Brain.* New York: Houghton Mifflin Harcourt, 2021. 這本書就有關我們心智運作的哲學和新科學相關理念進行了精彩的討論，內容談到了心智運作不只存在於顱骨內部，還延展到了背景脈絡和情境當中。

141 這種心智的趨同：Rimé, Bernard, Dario Páez, Nekane Basabe, and Francisco Martínez. "Social Sharing of Emotion, Post-traumatic Growth, and Emotional Climate: FollowUp of Spanish Citizen's Response to the Collective Trauma of March 11th Terrorist Attacks in Madrid." *European Journal of Social Psychology* 40 (2010): 1029–45. https://doi.org/10.1002/ejsp.700.

142 我們……轉變為雙足行走：Solnit, Rebecca. *Wanderlust: A History of Walking*. New York: Penguin, 2001.

143 人浪中所採動作：Hill, Michael R. *Walking, Crossing Streets and Choosing Pedestrian Routes: A Survey of Recent Insights from the Social/ Behavioral Sciences* (University of Nebraska Studies, no. 66). Lincoln: University of Nebraska, 1984.

143 關於齊步行走的研究：Jackson, Joshua C., Jonathan Jong, David Bilkey, Harvey Whitehouse, Stefanie Zollmann, Craig McNaughton, and Jamin Halberstadt. "Synchrony and Physiological Arousal Increase Cohesion and Cooperation in Large Naturalistic Groups." *Science Reports* 8 (2018): 127. https://doi.org/10.1038/s41598-017-180234.

143 齊步行走能激發：集體運動在特定條件下還可能產生更多的一致性，不過也會減少創造性思考，這點很值得注意。Gelfand, Michele J., Nava Caluori, Joshua C. Jackson, and Morgan K. Taylor. "The Cultural Evolutionary Trade-Off of Ritualistic Synchrony." *Philosophical Transactions of the Royal Society B* 375 (2020): 20190432. http://dx.doi.org/10.1098/rstb.2019.0432.

144 慶典民眾談到他們是……的一部分：Khan, Sammy S., Nick Hopkins, Stephen Reicher, Shruti Tewari, Narayanan Srinivasan, and Clifford Stevenson. "How Collective Participation Impacts Social Identity: A Longitudinal Study from India." *Political Psychology* 37 (2016): 309–25. https://doi.org/10.1111/pops.12260.

144 部隊行軍：McNeill, William H. *Keeping Together in Time: Dance and Drill in Human History.* Cambridge, MA: Harvard University Press, 2008.

144 走路的文化史：Solnit. *Wanderlust*.

144 類似敬畏的意識形式：Sturm, Virginia E., et al. "Big Smile, Small Self: Awe Walks Promote Prosocial Positive Emotions in Older Adults." *Emotion.* September 2020. Advance online publication, https://doi.org/10.1037/emo0000876.

145 這也只是起個名字：O'Mara, Shane O. *In Praise of Walking: A New Scientific Exploration*. New York: W. W. Norton, 2019. 這本書對於步行就心理上和生理上帶來的所有益處提出了令人信服的綜合論述。

146 從約五十五歲開始：Graham, Carol, and Julia Ruiz Pozuelo. "Happiness, Stress, and Age: How the UCurve Varies across People and Places." Forthcoming in the *Journal of Population Economics*, 30th Anniversary Issue. *Journal of Population Economics* 30, no. 1 (2017): 611. https://doi.org/10.1007/s00148-016-06112.

146 享樂適應定律：Lyubomirsky, Sonja. "Hedonic Adaptation to Positive and Negative Experiences." In *Oxford Library of Psychology: The Oxford Handbook of Stress, Health, and Coping*, edited by S. Folkman, 200–204. New York: Oxford University Press, 2011.

147 散步讓他：*Søren Kierkegaard's Journals and Papers*, ed. and trans. Howard V.Hong and Edna H. Hong. Bloomington, IN: Indiana University Press, 1978, 6:113.

148 珍‧雅各……的論點：Jacobs, Jane. *The Death and Life of Great American Cities*. New York: Random House, 1961.

148 當上了金州勇士隊教練：Jackson, Phil. *Sacred Hoops: Spiritual Lessons of a Hardwood Warrior*. New York: Hachette Book Group, 2006. 根據我們的幾度交談，情況清楚顯示，史帝夫從菲爾‧傑克森那裡學到了許多團隊合作相關事項。

152 一批批飛鳥：Fisher, Len. *The Perfect Swarm: The Science of Complexity in Everyday Life*. New York: Basic Books, 2007.

152 就人類來講也同樣如此：Gelfand, Caluori, Jackson, and Taylor. "The Cultural Evolutionary Trade-Off of Ritualistic Synchrony."

152 打板球時，若隊友的歡笑：Totterdell, Peter. "Catching Moods and Hitting Runs: Mood Linkage and Subjective Performance in Professional Sport Teams." *Journal of Applied Psychology* 85 (2000): 848–59. https://doi.org/10.1037/ 0021-9010.85.6.848.

152 成功的共享感受：Mukherjee, Satyam, Yun Huang, Julia Neidhardt, Brian Uzzi, and Noshir Contractor. "Prior Shared Success Predicts Victory in Team Competitions." *Nature Human Behaviour* 3, no. 1 (2019): 74–81. https://doi.org/10.1038/s41562-018-0460y. 關於這種團隊默契的詳細描述，請參閱：Ryan, Joan. *Intangibles: Unlocking the Science and Soul of Team Chemistry*. New York: Little, Brown and Company, 2020.

152 就體育之外：Chang, Andrew, Steven R. Livingstone, Dan J. Bosnyak, and Laurel J. Trainor. "Body Sway Reflects Leadership in Music Performance." *Proceedings of the National Academy of Sciences* 114, no. 21 (2017): E4134–41. https://doi.org/10.1073/pnas.1617657114.

153 匹茲堡鋼人隊球迷：Cottingham, Marci. "Interaction Ritual Theory and Sports Fans: Emotion, Symbols, and Solidarity." *Sociology of Sport Journal* 29 (2015): 168–85. https://doi.org/10.1123/ssj.29.2.168.

153 「一個面容嚴肅的男子」：Cottingham. "Interaction Ritual Theory and Sports Fans: Emotion, Symbols, and Solidarity."

154 當歐洲殖民者第一次前往：Ehrenreich, Barbara. *Dancing in the Streets: A History of Collective Joy*. New York: Holt, 2007.

155 一項高明的解答：Muni, Bharata. *Natyasastra: English Translation with Critical Notes,* translated by A. Rangacharya. Bangalore: IBH Prakashana, 1986.

156 一項在巴西做的研究：Tarr, Bronwyn, Jacques Launay, Emma Cohen, and Robin Dunbar. "Synchrony and Exertion during Dance Independently Raise Pain Threshold and Encourage Social Bonding." *Biological Letters* 11 (2015): 20150767. http://doi.org/10.1098/rsbl.2015.0767.

156 就連十二個月大的嬰兒：Trainor, Laurel, and Laura Cirelli. "Rhythm and Interpersonal Synchrony in Early Social Development." *Annals of the New York Academy of Sciences* 1337 (2015). https://doi.org/10.1111/nyas.12649.

157 西歐人都能清楚分辨：Hejmadi, Ahalya, Richard J. Davidson, and Paul Rozin. "Exploring Hindu Indian Emotion Expressions: Evidence for Accurate Recognition by Americans and Indians." *Psychological Science* 11 (2000): 183–87.

第六章　荒野敬畏

160 「棲身……的科學家」：Carson, Rachel. "Help Your Child to Wonder." *Woman's Home Companion*, July 1956, 48.

160 細胞激素會讓你的身體增溫：Eisenberger, Naomi I., Mona Moieni, Tristen K. Inagaki, Keely A. Muscatell, and Michael R. Irwin. "In Sickness and in Health: The Coregulation of Inflammation and Social Behavior." *Neuropsychopharmacology* 42, no. 1 (2017): 242. Dickerson, Sally S., Margaret E. Kemeny, Najib Aziz, Kevin H. Kim, and John L. Fahey. "Immunological Effects of Induced Shame and Guilt." *Psychosomatic Medicine* 66 (2017): 124–31.

160 當成一種入侵的病原體：社會排擠和加劇的炎症之間的這種關聯，對於我們如何看待種族歧視、霸凌、性別歧視、性騷擾以及出身較低社會階層背景所帶來的污名，都有深遠的影響，顯示這些社會歷程對引發疾病的生物路徑具有直接影響。John-Henderson, Neha A., Jennifer E. Stellar, Rodolfo Mendoza-Denton, and Darlene D. Francis. "Socioeconomic Status and Social Support: Social Support Reduces

Inflammatory Reactivity for Individuals Whose Early-Life Socioeconomic Status Was Low." *Psychological Science* 26, no. 10 (2015): 1620–29. John-Henderson, Neha A., Jennifer E. Stellar, Rodolfo Mendoza-Denton, and Darlene D. Francis. "The Role of Interpersonal Processes in Shaping Inflammatory Responses to Social-Evaluative Threat." *Biological Psychology* 110 (2015): 134–37. Muscatell, Keely A., Mona Moeini, Tristen K. Inagaki, Janine D. Dutcher, Ivana Jevtic, Elizabeth C. Breen, Michael R. Irwin, and Naomi I. Eisenberger. "Exposure to an Inflammatory Challenge Enhances Neural Sensitivity to Negative and Positive Social Feedback." *Brain, Behavior, and Immunity* 57 (2016): 21–29. Muscatell, Keely A., Katarina Dedovic, George M. Slavich, Michael R. Jarcho, Elizabeth C. Breen, Julienne E. Bower, Michael R. Irwin, and Naomi I. Eisenberger. "Neural Mechanisms Linking Social Status with Inflammatory Responses to Social Stress." *Social Cognitive and Affective Neuroscience* 11 (2016): 915–22. Marsland, Anna L., Catherine Walsh, Kimberly Lockwood, and Neha A. John-Henderson. "The Effects of Acute Psychological Stress on Circulating and Stimulated Inflammatory Markers: A Systematic Review and Meta-analysis." *Brain Behavioral Immunology* 64 (August 2017): 208–19. https://doi.org/10.1016/j.bbi.2017.01.011. Epub January 12, 2017. PMID: 28089638; PMCID: PMC5553449

161 預測出較低的炎症程度：Stellar, Jennifer E., Neha John-Henderson, Craig L. Anderson, Amie M. Gordon, Galen D. McNeil, and Dacher Keltner. "Positive Affect and Markers of Inflammation: Discrete Positive Emotions Predict Lower Levels of Inflammatory Cytokines." *Emotion* 15, no. 2 (2015): 129.

161 深刻體察人類苦難：Angell, Marcia. "The Epidemic of Mental Illness: Why?" *New York Review of Books*, June 23, 2011. Angell, Marcia. "The Illusions of Psychiatry. *New York Review of Books*, July 14, 2011.

164 約四分之一的老兵經常大量飲酒： "State of Veteran Mental Health and Substance Abuse." American Addiction Centers, 2019, https://americanaddictioncenters. org/learn/stateofveterans/, accessed on February 15, 2022.

165 浪漫主義誕生了：Blanning, Tim. *The Romantic Revolution*. New York: Random House, 2012, 7.

166 一種全面性的科學：Holmes, Richard. *The Age of Wonder: The Romantic Generation and the Discovery of the Beauty and Terror of Science*. New York: Vintage Books, 2008.

166 拉爾夫‧愛默生受了……感召：Richardson, Robert D. *Emerson: The Mind on Fire*. Berkeley: University of California Press, 1995.

168 「我要當個博物學家」：Emerson, Ralph W. *The Journals and Miscellaneous Notebooks of Ralph Waldo Emerson*. Volume IV, 1832–1834. Edited by Alfred R. Ferguson. Cambridge, MA: Belknap Press of Harvard University Press, 1964, 272–75.

168 「最美的無盡形式」：Ball, Philip. *Patterns in Nature: Why the Natural World Looks the Way It Does*. Chicago: University of Chicago Press, 2016. 這本書提出了一個令人驚嘆的例子，顯現大自然的神聖幾何結構及其深遠的演化設計，還有它們是如何涉及縝密的推理模式，而這正是愛默生長久以來的興趣。自然界的碎形圖案，好比見於山脈的模式，揭示了在不同尺度上的重複形式就是種生命法則。螺旋圖案引發對於成長之時間模式的思考，生命中眾多事項以及生命本身，都起始於某一時刻，接著向外螺旋形開展至於浩瀚無垠。自然的部分與整體關係，或能揭示我們始終是隸屬更大體系的一部分。

168 「奇特的情感共鳴」：Wilson, E. O. *Biophilia: The Human Bond with Other Species*. Cambridge, MA: Harvard University Press, 1984.

169 結成了強大的社群：我們對自然界不同部分的敬畏之情，激發了科學發現、終身的熱情和關係深厚的社群。加文‧普雷托爾——平尼秉持他對雲的敬畏和驚奇體驗，創辦了一個賞雲社（Cloud Appreciation Society）來追蹤記錄這些奇觀，還發表了這本引人敬畏的書：Pretor-Pinney, Gavin. *The Cloudspotter's Guide: The Science, History, and Culture of Clouds.* New York: Penguin Books, 2006. 華萊士‧尼可斯則秉持他對水和衝浪的熱愛，開創了一項促進並研究靠近水域所得益處的運動。Nichols, Wallace J. *Blue Mind: The Surprising Science That Shows How Being Near, In, On, or Under Water Can Make You Happier, Healthier, More Connected, and Better at What You Do*. New York: Little Brown and Company, 2014.

169 還有庭園：由於在一八五〇年代克里米亞戰爭期間協助傷兵的工作經驗，佛蘿倫絲‧南丁格爾（Florence Nightingale）開始將庭園視為一種健康照護的形式。今天，科學家已經記錄了園藝工作帶來的許多益處，包括從增加維生素D到減輕壓力相關的腦電圖活動等。Thompson, Richard. "Gardening for Health: A Regular Dose of Gardening." *Clinical Medicine (London)* 18, no. 3 (June 2018): 201–5. https://doi.org/10.7861/clinmedicine.183201. PMID: 29858428; PMCID: PMC6334070.

169 當你在園中見到花朵：Haviland- ones, Jeanette, Holly H. Rosario, Patricia Wilson, and Terry R. McGuire. "An Environmental Approach to Positive Emotions: Flowers." *Evolutionary Psychology* 3 (2005): 104–32.

348

169 庭園裡的芳香：Soudry, Y., Cedric Lemogne, D. Malinvaud, S. M. Consoli, and Pierre Bonfils. "Olfactory System and Emotion: Common Substrates." *European Annals of Otorhinolaryngology, Head and Neck Diseases* 128, no. 1 (2011): 18–23. https://doi.org/10.1016/j.anorl.2010.09.007. Epub January 11, 2011. PMID: 21227767.

170 或者是偏向社交的需求：Anderson, Cameron, John A. D. Hildreth, and Laura Howland. "Is the Desire for Status a Fundamental Human Motive? A Review of the Empirical Literature." *Psychological Bulletin* 141, no. 3 (2015): 574–601.

170 基本的、演化出的需求：Baumeister, Roy, and Mark Leary. "The Need to Belong: Desire for Interpersonal Attachments as a Fundamental Human Motivation." *Psychological Bulletin* 117 (1995): 497–529. https://doi.org/10.1037/0033-2909.117.3.497.

170 我們對於「歸屬」的生物需求：茱莉安·霍特——倫斯塔德審閱大量文獻並進行開創性評論，結果發現，與朋友、家人和同事的健康社交關係，對我們的身體健康所做貢獻，能與你的醫師會關切的任何風險因子相提並論。而這也就部分解釋了為什麼敬畏能帶來健康效益，因為我們經常在我們認定為社群的人群中體驗到這種情感。Holt-Lunstad, Julianne, Timothy B. Smith, Mark Baker, Tyler Harris, and David Stephenson. "Loneliness and Social Isolation as Risk Factors for Mortality: A Meta-analytic Review." *Perspectives on Psychological Science* 10, no. 2 (2015): 227–37. Holt-Lunstad, Julianne, Timothy B. Smith, and J. B. Layton. "Social Relationships and Mortality Risk: A Meta-analytic Review." In *PLoS Medicine* 7, no. 7 (2010): e1000316. https://doi.org/10.1371/journal.pmed.1000316.

170 我們……這般漫長的童年：Gopnik, Alison. *The Gardener and the Carpenter*. New York: Farrar, Strauss and Giroux, 2016.

171 荒野敬畏的神經生理學：Kuo, Ming. "How Might Contact with Nature Promote Human Health? Promising Mechanisms and a Possible Central Pathway." *Frontiers in Psychology* 6 (2016): 1093. https://doi.org/10.3389/fpsyg.2015.01093.

171 我們的荒野敬畏需求：這項假設的證據普見於佛羅倫絲·威廉斯的《大自然治癒力》（*The Nature Fix*）一書，該書綜述身處自然環境對你身心的種種好處。Williams, Florence. *The Nature Fix: Why Nature Makes Us Happier, Healthier, and More Creative.* New York: W. W. Norton, 2017.

171 當我們的荒野敬畏需求得到滿足：Berman, Marc G., John Jonides, and Stephen Kaplan. "The Cognitive Benefits of Interacting with Nature." *Psychological*

Science 19 (2008): 1207. https://doi.org/10.1111/j.1467-9280.2008.02225.x.

172 **科學先驅法蘭西斯．郭**：Kuo, Frances E., and Taylor A. Faber. "A Potential Natural Treatment for Attention-Deficit/Hyperactivity Disorder: Evidence from a National Study." *American Journal of Public Health* 94, no. 9 (2004): 1580–86.

172 **走出戶外親近大自然**：James, William. *The Principles of Psychology*. Vol. 1. New York: H. Holt, 1890, 424.

172 **美麗綠色空間**：Green, Kristophe, and Dacher Keltner. "What Happens When We Reconnect with Nature." *Greater Good*, March 1, 2017.

172 **在戶外找到敬畏**：Frumkin, Howard, et al. "Nature Contact and Human Health: A Research Agenda." *Environmental Health Perspectives* 125, no. 7 (2017): 075001. https://doi.org/10.1289/EHP1663.

173 **受了這個想法的啟發**：我最喜愛的有關荒野敬畏的書之一是這本充滿個人敘事、文化歷史、博物描寫和登山科學的作品：Macfarlane, Robert. *Mountains of the Mind: Adventures in Reaching the Summit*. New York: Vintage Books, 2004.

173 **一項荒野敬畏研究**：Anderson, Craig L., Maria Monroy, and Dacher Keltner. "Emotion in the Wilds of Nature: The Coherence and Contagion of Fear during Threatening Group-Based Outdoors Experiences." *Emotion* 18, no. 3 (2017): 355–68. Anderson, Craig L., Maria Monroy, and Dacher Keltner. "Awe in Nature Heals: Evidence from Military Veterans, AtRisk Youth, and College Students." *Emotion* 18, no. 8 (2018): 1195–202.

174 **在貧困中長大**：我在下面這本書的第五章中回顧了這門科學。Keltner, Dacher. *The Power Paradox: How We Gain and Lose Influence*. New York: Penguin Press, 2017.

177 **「在森林裡，我們回歸」**：Emerson, Ralph W. "Nature." In *Ralph Waldo Emerson, Selected Essays*. New York: Penguin, 1982, 39.

177 **「刻薄的本位主義」，在很多方面**：Twenge, Jean M. *Generation Me: Why Today's Young Americans Are More Confident, Assertive, and Entitled—and More Miserable Than Ever Before*. New York: Atria, 2006. Sansone, Randy A., and Lori A. Sansone. "Rumination: Relationships with Physical Health." *Innovations in Clinical Neuroscience* 9, no. 2 (2012): 29–34.

177 **世界已經變得更加自戀**：Twenge, Jean M., and W. Keith Campbell. *The Narcissism Epidemic: Living in the Age of Entitlement.* New York: Atria, 2010.

178 愛默生提出的「刻薄的本位主義」假設：Piff, Paul K., Pia Dietze, Matthew Feinberg, Daniel M. Stancato, and Dacher Keltner. "Awe, the Small Self, and Prosocial Behavior." *Journal of Personality and Social Psychology* 108, no. 6 (2015): 883–99. 我不禁要指出這項研究的一個明顯限制：儘管尤加利樹十分引人敬畏，但在北加州它卻屬於入侵物種，由於它們的葉片和種子都富含油質，造成了許多問題。我們有可能對引誘我們誤入歧途的驚奇事物感到敬畏，包括入侵物種、威權領袖、假先知和散播虛假資訊的人，而且我們也確實經常如此。

178 在樹林裡：Wohlleben, Peter. *The Hidden Life of Trees: What They Feel, How They Communicate— iscoveries from a Hidden World*. Vancouver; Berkeley: Greystone Books, 2016. Haskell, David G. *The Songs of Trees: Stories from Nature's Great Connectors*. New York: Viking, 2017. Sheldrake, Merlin. *Entangled Life: How Fungi Make Our Worlds, Change Our Minds, and Shape Our Futures*. New York: Random House, 2020.

178 我們那組感受了荒野敬畏的參與者：在另一項相關的研究中，僅只觀看十張引人敬畏的自然圖像，就使參與者在一場信任遊戲中更願意與陌生人分享資源。Zhang, Jia W., Paul K. Piff, Ravi Iyer, Spassena Koleva, and Dacher Keltner. "An Occasion for Unselfing: Beautiful Nature Leads to Prosociality." *Journal of Environmental Psychology* 37 (2014): 61– 2.

179 敬畏的體驗使我們：Stellar, Jennifer E., Amie M. Gordon, Craig L. Anderson, Paul K. Piff, Galen D. McNeil, and Dacher Keltner. "Awe and Humility." *Journal of Personality and Social Psychology* 114, no. 2 (2018): 258–69.

179 一些背包客……完成了：Atchley, Ruth A., David L. Strayer, and Paul Atchley. "Creativity in the Wild: Improving Creative Reasoning through Immersion in Natural Settings." *PLoS ONE* 7, no. 12 (2012): e51474. https://doi.org/10.1371/journal.pone.0051474.

180 兩極分化：傑西‧夏皮羅記錄了美國政治兩極化現象的興起及其根源（網際網路使用並不是其中之一！）底下是他最近的一篇著述：Boxell, Levi, Matthew Gentzkow, and Jesse Shapiro. "Cross-Country Trends in Affective Polarization." NBER Working Paper No. 26669, June 2020, revised November 2021. https://doi.org/10.3386/w26669.

180 我們假定自己是理性：Robinson, Robert, Dacher Keltner, Andrew Ward, and Lee Ross. "Actual versus Assumed Differences in Construal: 'Naive Realism' in Intergroup Perception and Conflict." *Journal of Personality and Social Psychology* 68 (1995): 404–17.

180 荒野敬畏體驗是否可能緩解：Stancato, Daniel, and Dacher Keltner. "Awe, Ideological Conviction, and Perceptions of Ideological Opponents." *Emotion* 21, no. 1 (2021): 61–72. https://doi.org/10.1037/emo0000665.

181 美國人經常在自然中感受到神明：Froese, Paul, and Christopher D. Bader. *America's Four Gods: What We Say about God— and What That Says about Us.* New York: Oxford University Press, 2010.

181 民眾表示……湧現了靈性體驗：Marsh, Paul, and Andrew Bobilya. "Examining Backcountry Adventure as a Spiritual Experience." *Journal of Outdoor Recreation, Education, and Leadership* 5 (2013): 74–95. https://doi.org/10.7768/1948-5123.1188.

182 社會學家逐一評估了……自然美景：Ferguson, Todd W., and Jeffrey A. Tamburello. "The Natural Environment as a Spiritual Resource: A Theory of Regional Variation in Religious Adherence." *Sociology of Religion* 76, no. 3 (Autumn 2015): 295–314. https://doi.org/10.1093/socrel/srv029.

182 傳統生態知識：Pierotti, Raymond. *Indigenous Knowledge, Ecology, and Evolutionary Biology.* New York: Routledge, 2011.

182 在荒野敬畏的體驗中：如今，植物生物學家正投入記錄植物如何表現出溝通、適應，甚至還有與其他植物溝通的意圖等各方面的證據，包括它們如何藉由根系或藉由它們被昆蟲取食時釋出的化學物質來交流。對植物意識抱持質疑的觀點，請參閱：Taiz, Lincoln, Daniel Alkon, Andreas Draguhn, Angus Murphy, Michael Blatt, Chris Hawes, Gerhard Thiel, and David Robinson. "Plants Neither Possess nor Require Consciousness." *Trends in Plant Science* 24, no. 8 (2019): 677–87. 就另一種觀點，請參閱：Simard, Suzanne. *Finding the Mother Tree: Discovering the Wisdom of the Forest.* New York: Alfred Knopf, 2020.

183 敬畏體驗：Zhao, Huanhuan, Heyun Zhang, Yan Xu, Jiamei Lu, and Wen He. "Relation between Awe and Environmentalism: The Role of Social Dominance Orientation." *Frontiers in Psychology* 9 (2018): 2367. https://doi.org/10.3389/fpsyg.2018.02367.

183 朱棣文注意到：McMahon, Jeff. "Meat and Agriculture Are Worse for the Climate than Power Generation, Steven Chu Says." *Forbes*, April 4, 2019. https://www.forbes.com/sites/jeffmcmahon/2019/04/04/meat-and-agriculture-are-worse-for-the-climate-than-dirty-energy-steven-chu-says/?sh=12fb475611f9.

184 「靈魂攀升」：Blanning, Tim. *The Romantic Revolution*. New York: Random House, 2012, 139.

184 他的敘事長詩的第六冊：Wordsworth, William. *The Prelude—an Autobiographical Poem*. Bristol, UK: Ragged Hand, 2020, 9.

第七章　音樂敬畏

192 「我以身體聆聽」：Sontag, Susan. *Reborn: Journals and Notebooks, 1947–1963*. Edited by David Rieff. New York: Farrar, Straus, and Giroux, 2008.

193 嬰兒確實有這種情況：Bainbridge, Constance M., Mila Bertolo, Julie Youngers, S. Atwood, Lidya Yurdum, Jan Simson, Kelsie Lopez, Feng Xing, Alia Martin, and Samuel A. Mehr. "Infants Relax in Response to Unfamiliar Foreign Lullabies." *Nature Human Behaviour* 5 (2021): 256–64. https://doi.org/10.1038/s41562-020-00963z.

193 搖籃曲將父母和孩子結合：Collins, Anita. *The Lullaby Effect: The Science of Singing to Your Child*. Self-published, Publicious, 2019.

194 貝多芬是浪漫主義的英雄人物：Hoffman, E. T. A. *Allgemeine musikalische Zeitung (Leipzig), 1810*. Translated by Martyn Clarke. In David Charlton, ed., *E. T. A. Hoffmann's Musical Writings*. Cambridge, UK: Cambridge University Press, 1989, 96–97, 98. 這是霍夫曼在一八一〇年就貝多芬第五號交響曲撰寫的文章。不是只有「高調」音樂的樂評家和音樂家才認為音樂是種敬畏媒介。音樂家尼克·凱夫（Nick Cave）是後龐克樂團尼克·凱夫與壞種子（Nick Cave and the Bad Seeds）的主唱，他針對我們為什麼在音樂中感受敬畏提出了一項極佳的簡明分析：「一首偉大的歌曲讓我們產生的感受是一種敬畏感……敬畏感幾乎完全取決於我們身為人類的侷限。這完全關乎我們身為人類超越自身潛力的大無畏勇氣。」Cave, Nick. "Considering Human Imagination the Last Piece of Wilderness, Do You Think AI Will Ever Be Able to Write a Good Song?" The Red Hand Files, Issue 22, blog post, January 2019. Accessed on February 16, 2022. https://www.theredhandfiles.com/considering-human-imagination-the-last-pieceofwildernessdoyou-thinkaiwill-everbeabletowriteagood-song/.

194 當地的動、植物相：儘管「wonder」和「wander」的詞源不同，第一個詞指稱好奇，第二個則是蜿蜒曲折地行走，不過兩個單詞都成為我們描繪心智和感覺之特性的方式，這無疑是由於它們與敬畏相連所致。"Are 'Wonder' and 'Wander' Etymologically Related?" English Stack Exchange, May 8, 2013. https://english.

stack exchange.com/questions/113411/are-wonder-and-wander-etymologically-related.

194 「我對音樂產生了強烈的興趣」：Darwin, Charles. *The Autobiography of Charles Darwin, 1809–1882*. Edited by Nora Barlow. New York: W. W. Norton, 1958, 61–62.

194 音樂學者：參閱這本書：Rentfrow, Peter J., and Daniel J. Levitin, eds. *Foundations of Music Psychology: Theory and Research*. Cambridge, MA: MIT Press, 2000. 有關音樂與感覺研究的領軍人物，請參閱：Huron, David. *Sweet Anticipation: Music and the Psychology of Expectation*. Cambridge, MA: MIT Press, 2006. 下面這本是在情感和音樂的科學研究領域具有經典地位的書籍：Meyer, Leonard B. *Emotion and Meaning in Music*. Chicago: University of Chicago Press, 1956. 有關更專注於特定情緒的研究成果，請參閱：Gabrielsson, Alf, and Patrik N. Juslin. "Emotional Expression in Music." In *Handbook of Affective Sciences*, edited by Richard J. Davidson, Klaus R. Scherer, and H. H. Goldsmith, 503–34. London: Oxford University Press, 2003. Scherer, Klaus R., and Evandro Coutinho. "How Music Creates Emotion: A Multifactorial Approach." In *The Emotional Power of Music*, edited by Tom Cochrane, Bernardino Fantini, and Klaus R. Scherer, 122–45. Oxford, UK: Oxford University Press, 2013.

195 「什麼？這什麼東西？」：Davis, Miles, and Quincy Troupe. *Miles: The Autobiography*. New York: Simon & Schuster, 1990, 7.

195 「聆聽貝多芬的作品」：Popova, Maria. *Figuring*. New York: Pantheon Press, 2019, 462. 波波娃提出了啟示性論述，記錄了在與敬畏關係密切的偉大知識運動中許多酷兒女性（譯註：非傳統性取向的女性）如瑪格麗特·富勒、瑞秋·卡森等所扮演的角色。

197 她的臉上表情不斷變化：關於這些表情的新近研究成果，請參閱：Cowen, Alan S., and Dacher Keltner. "What the Face Displays: Mapping 28 Emotions Conveyed by Naturalistic Expression." *American Psychologist* 75, no. 3 (2020): 349–64. https://doi.org/10.1037/amp0000488.

199 這種音樂的神經表徵：Trost, Wiebke, Thomas Ethofer, Marcel Zentner, and Patrik Vuilleumier. "Mapping Aesthetic Musical Emotions in the Brain." *Cerebral Cortex* 22 (2012): 2769–83.

199 音樂是如何將我們的身體轉化：Byrne, David. *How Music Works*. New York: Three Rivers, 2012.

199 悅耳、緩慢的音樂：Loomba, Rohit S., Rohit Arora, Parinda H. Shah, Suraj

354

Chandrasekar, and Janos Molnar. "Effects of Music on Systolic Blood Pressure, Diastolic Blood Pressure, and Heart Rate: A Meta-analysis." *Indian Heart Journal* 64, no. 3 (2012): 309–13. https://doi.org/10.1016/S0019-4832(12)600947.

199 較快、較響亮的音樂：Trappe, Hans-Joachim, and Gabriele Voit. "The Cardiovascular Effect of Musical Genres." *Deutsches Ärzteblatt International* 113, no. 20 (2016): 347. PMID: 27294814; PMCID: PMC4906829.

199 多巴胺神經元迴路：Ferreri, Laura, et al. "Dopamine Modulates the Reward Experiences Elicited by Music." *Proceedings of the National Academy of Sciences* 116, no. 9 (2019): 3793–98. https://doi.org/10.1073/pnas.1811878116. PMID: 30670642; PMCID: PMC6397525.

200 音樂敬畏的身體狀態：Konečni, Vladimir J., Rebekah A. Wanic, and Amber Brown. "Emotional and Aesthetic Antecedents and Consequences of Music-Induced Thrills." *American Journal of Psychology* 120 (2007): 619–43.

200 他們的腦部……相互同步：Abrams, Daniel A., Srikanth Ryali, Tianwen Chen, Parag Chordia, Amirah Khouzam, Daniel J. Levitin, and Vinod Menon. "Inter-subject Synchronization of Brain Responses during Natural Music Listening." *European Journal of Neuroscience* 37 (2013): 1458–69. Trost, Wiebke, Sascha Frühholz, Tom Cochrane, Yann Cojan, and Patrik Vuilleumier. "Temporal Dynamics of Musical Emotions Examined through Intersubject Synchrony of Brain Activity." *Social Cognitive and Affective Neuroscience* 10, no. 12 (2015): 1705–21. https://doi.org/10.1093/scan/nsv060.

200 共通的腦活化現象：Henry, Molly J., D. J. Cameron, Dana Swarbick, Dan Bosnyak, Laurel Trainor, and Jessica Grahn. "Live Music Increases Intersubject Synchronization of Audience Members' Brain Rhythms." Presentation to the Cognitive Neuroscience Society Annual Conference, Boston, March 27, 2018.

200 約兩千五百年前：美國航太總署將不同行星發出的能量模式轉換為你聽得到的聲音，還有一些裝置能將植物發出的極緩慢聲音轉換為歌曲。

202 她感受到亮光的觸摸：若想閱讀奧利弗‧薩克斯有關作為音樂和神祕敬畏中的明亮光線和靈魂出竅體驗，以及瀕死經驗之基礎的神經生理學的種種推測，請參閱：Sacks, Oliver. "Seeing God in the Third Millennium." *Atlantic*, December 12, 2012. https://www.theatlantic.com/health/archive/2012/12/seeing-godinthe-third-millennium/266134/.

203 **目的在於使感覺具體化**：Langer, Susanne K. *Feeling and Form: A Theory of Art*. New York: Macmillan, 1953, 374.

203 **「生命之模式」**：Haidt, Jonathan. "The Emotional Dog and Its Rational Tail: A Social Intuitionist Approach to Moral Judgment." *Psychological Review* 108 (2001): 814–34. https://doi.org/10.1037//0033-295X.108.4.814. Graham, Jesse, Brian A. Nosek, Jonathan Haidt, Ravi Iyer, Spassena Koleva, and Peter H. Ditto. "Mapping the Moral Domain." *Journal of Personality and Social Psychology* 101, no. 2 (2011): 366–85, https://doi.org/10.1037/a0021847.

203 **我們的美學情緒體驗**：伊曼努爾‧康德將美學領域稱為「想像力的自由發揮」（free play of the imagination）。Kant, Immanuel. *Critique of Judgment*. Translated by J. H. Bernard. New York: Hafner Press, 1951, 190. 他所說的「自由」是指在藝術中，我們可以擺脫社會束縛和默認之自我的要求限制。他所稱「發揮」則是指我們可以探索、嘗試種種不同想法；我們可以在藝術形式許可的安全範圍內，想像可能存在的事物。

203 **意義領域**：Langer, Susanne. *Feeling and Form*. New York: Charles Scribner's Sons, 1953, 27.

204 **瑞士情緒科學家克勞斯‧舍勒**：Banse, Rainer, and Klaus R. Scherer. "Acoustic Profiles in Vocal Emotion Expression." *Journal of Personality and Social Psychology* 70 (1996): 614–36. Scherer, Klaus R. "Vocal Affect Expression: A Review and a Model for Future Research." *Psychological Bulletin* 99 (1986): 143–65.

204 **這些身體變化會改變**：在這篇文獻所述研究中，科學家專注聲音的不同參數。這就包括「音高」（pitch），也就是聲波的頻率，一首音樂的音高在我們聽來就是音符（note）；好比喜悅的音樂音調較高，而悲傷的音樂音調較低。「節奏」（rhythm）指的是音符的持續時間，以及它們如何群集形成聲音單元。「速度」（tempo）是一首音樂的進行速率；像是雷蒙斯（Ramones）龐克搖滾樂團或者激昂的波爾卡舞曲那樣快速呢，或者像布萊恩‧伊諾的環境音樂那般緩慢？「旋律輪廓」（contour）指聲音的形狀；它是在振奮時刻上行到最後的音符呢，或者在絕望的原音樂章中下降？「音色」（timbre）指稱不同樂器的樂音或歌手的歌聲。大歌唱家──艾瑞莎‧弗蘭克林（Aretha Franklin）、瓊妮‧密契爾（Joni Mitchell）、強尼‧凱許（Johnny Cash）、巴布‧狄倫（Bob Dylan）、湯姆‧威茲（Tom Waits）、德瑞克（Drake）、大衛‧拜恩（David Byrne）和妮姬‧米娜（Nicki Minaj）──的音色只需一、兩個音符你就聽得出來。「響度」（loudness）是指聲波的振幅或能量高低，還有我們感受到的聲量。「拍（子）」（beat）是聲音敲擊所強調的位置，也體現在你傾向以腳來打拍子、搖擺身體、碰撞或者（如果你是個青少年，而且監護人沒有注意時）扭腰擺臀的點位。

356

204 當處於焦慮狀態時：Cowen, Alan S., Petri Laukka, Hillary A. Elfenbein, Runjing Liu, and Dacher Keltner. "The Primacy of Categories in the Recognition of 12 Emotions in Speech Prosody across Two Cultures." *Nature Human Behaviour* 3 (2019): 369–82.

205 喜悅的音樂表達：歷史學家也同樣指出，音樂的聲音如何傳達了時代的生活模式。在奴隸時代，非裔美國人將基督教聖歌和讚美詩，轉變成了唱誦奴隸所處環境和他們對自由之期盼的歌曲。許多歌曲在音高和節奏上都很深沉、緩慢，象徵身為奴隸的無力感和苦難遭遇。這些歌曲的旋律輪廓向上昂揚，想像一種新的黑人集體認同，激起希望、靈感、給予力量並湧現敬畏之情。非裔美國人音樂的這個時期，表現出卑躬屈膝、壓迫、屈從、堅毅不屈、抗議和深植於美國歷史核心的身分認同之轉變。請參見：Barker, Thomas P. "Spatial Dialectics: Intimations of Freedom in Antebellum Slave Song." *Journal of Black Studies* 46, no. 4 (2015): 363–83. https://doi.org/10.1177/0021934715574499. 亦請參閱：Southern, Eileen. *The Music of Black Americans: A History.* 3rd ed. New York: W. W. Norton, 1997. 麥可·戴森追溯了饒舌音樂如何在一九八〇年代，在費城和南布朗克斯區等都會範圍崛起，表達出了一種社會生活模式。饒舌音樂根源自美國年輕非裔男子街頭閒聊的節奏、拍子、音高和旋律輪廓，稱為「十二調侃交鋒」（playing the dozens），這讓年輕人能在種族歧視文化當中培養出一種堅韌的抗議口條。饒舌將這種生活模式的聲音，轉變成一種藝術形式，也成為全世界幾十億民眾仰仗來理解本身對壓迫、自由、認同和力量的感知。Dyson, Michael E. *Know What I Mean?: Reflections on Hip Hop*. New York: Basic Civitas Books, 2007.

205 音樂如何表達敬畏：Cowen, Alan, Xia Fang, Disa Sauter, and Dacher Keltner. "What Music Makes Us Feel: At Least 13 Dimensions Organize Subjective Experiences Associated with Music across Different Cultures." *Proceedings of the National Academy of Sciences* 117, no. 4 (2020): 1924–34. 亦請參見：Schindler, Ines, Georg Hosoya, Winfried Menninghaus, Ursula Beermann, Valentin Wagner, Michael Eid, and Klaus R. Scherer. "Measuring Aesthetic Emotions: A Review of the Literature and a New Assessment Tool." *PLoS ONE* 12, no. 6 (2017): e0178899. https://doi.org/10.1371/journal.pone.0178899.

206 想像出特定情緒的行動：Overy, Katie, and Istvan Molnar-Szakacs. "Being Together in Time: Musical Experience and the Mirror Neuron System." *Music Perception* 26, no. 5 (2009): 489–504. https://doi.org/10.1525/mp.2009.26.5.489.

206 神聖音樂所含力量：Beck, Guy L. *Sacred Sound: Experiencing Music in World Religions*. Waterloo, CAN: Wilfrid Laurier University Press, 2006. 這本書針對不同宗教的神聖聲音提出了一份十分精彩的學術論述。

206 音樂的起源：Bellah, Robert. *Religion in Human Evolution: From the Paleolithic to the Axial Age*. Cambridge, MA: Harvard University Press, 2011.

207 人類走出非洲：Morley, Iain. *The Prehistory of Music: Human Evolution, Archae-ology, and the Origins of Musicality*. Oxford, UK: Oxford University Press, 2013. Wallin, Nils L., Bjorn Merker, and Steven Brown. *The Origins of Music*. Cambridge, MA: MIT Press, 2000.

207 我們最基本的社會往來：Tomlinson, Gary. *A Million Years of Music: The Emergence of Human Modernity.* New York: Zone Books, 2015. 在這本引人入勝、內容複雜的書中，湯姆林森提出所見，主張音樂是一百八十萬年前當人類群在東非製造阿舍利（Acheulean）雙面手斧的時期出現的，那是種狩獵必備工具，用來切砍獵物屍體、挖掘、砍伐木材和自衛。考古學證據顯示，個別手斧製造時必須進行一系列六到八種身體動作。我們的人科類群前輩很可能是一群人以姿勢和聲音來同步身體的動作，共同製造工具。他們的種種聲音──咕噥、哼聲，甚至在見了真正對稱的手斧時，發出的「喔」、「啊」讚嘆聲，以及見到他人的努力成果時，發出的「嗚喔」驚嘆聲──和敲擊石塊製成手斧這種具體成果之間的關聯性是很常見的。據此，湯姆林森主張，工具匠人從中認識了音樂的基本認知架構：不同聲音意味著世界上的不同舉動和不同結果，而聲音的變異性則匹配納入民眾共同發聲的更大體系。

207 音樂成為相聚共處的媒介：這是神經科學家暨音樂家丹尼爾‧列維廷在音樂相關著述的核心命題。Levitin, Daniel. *This Is Your Brain on Music: The Science of a Human Obsession*. New York: Penguin Press, 2013. 就這項假設的相關評價，請參閱：Savage, Patrick, Psyche Loui, Bronwyn Tarr, Adena Schachner, Luke Glowacki, Steven Mithen, and W. Fitch. "Music as a Coevolved System for Social Bonding." *Behavioral and Brain Sciences* 44 (2021): 1–42. https://doi.org/10.1017/S0140525X20000333.

207 從一、兩歲開始：Levitin, Daniel J., J. A. Grahn, and J. London. "The Psychology of Music: Rhythm and Movement." *Annual Reviews in Psychology* 69 (2018): 51–75.

207 在一項具有代表性的研究中：Cameron, D. J., J. Bentley, and Jessica A. Grahn. "Cross-Cultural Influences on Rhythm Processing: Reproduction, Discrimination, and Beat Tapping." *Frontiers in Psychology* 6 (2015): 366. https://doi.org/10.3389/fpsyg.2015.00366.

208 陌生人跟著相同節奏打拍子：Valdesolo, Piercarlo, and David DeSteno. "Synchrony and the Social Tuning of Compassion." *Emotion* 11 (2011): 262–66.

208 **聆聽令我們……的音樂**：Fukui, Hajime, and Kumiko Toyoshima. "Chill-Inducing Music Enhances Altruism in Humans." *Frontiers in Psychology* 5 (2014): 1215. https://doi.org/10.3389/fpsyg.2014.01215.

208 **生命模式典藏**：Savage, Patrick E., Stephen Brown, Emi Sakai, and Thomas E. Currie. "Statistical Universals Reveal the Structures and Functions of Human Music." *Proceedings of the National Academy of Sciences* 112, no. 29 (July 2015): 8987–92. https://doi.org/10.1073/pnas.1414495112. 這項研究分析了來自非洲、亞洲、中東、歐洲、北美洲和非洲南部共三百零四首歌的二十種音樂參數。

208 **青少年受了吸引，趨近……音樂**：Snibbe, Alana C., and Hazel R. Markus. "You Can't Always Get What You Want: Educational Attainment, Agency, and Choice." *Journal of Personality and Social Psychology* 88 (2005): 703–20. https://doi.org/10.1037/0022-3514.88.4.703.

208 **非洲三十九種文化的音樂**：Brown, Steven, Patrick E. Savage, Albert M. S. Ko, Mark Stoneking, Y. C. Ko, J. H. Loo, and Jean A. Trejaut. "Correlations in the Population Structure of Music, Genes and Language." *Proceedings of the Royal Society B: Biological Sciences* 281, no. 1774 (2013): 20132072. https://doi.org/10.1098/rspb.2013.2072. Pamjav, Horolma, Zoltan Juhász, Andrea Zalán, Endre Nemeth, and Bayarlkhagva Damdin. "A Comparative Phylogenetic Study of Genetics and Folk Music." *Molecular Genetic Genomics* 287 (2012): 337–49. https://doi.org/10.1007/s00438-012-0683y. Callaway, Ewen. "Music Is in Our Genes." *Nature*, December 10, 2007. https://www.nature.com/news/2007/071210/full/news.2007.359.html.

210 **「現在我能感受到它」**：https://www.myscience.org/news/wire/berkeley_talks_transcript_how_an_awe_walk_helped_one_musician_reconnect_with_her_home-2019-berkeley.

212 **我僅住**：我的經驗與倫納德・邁爾深具影響力的音樂學理論述相互一致：音樂的主要功能是建立期望，並在挑戰和實現這些期望的過程中啟發想像。Meyer, Leonard B. *Explaining Music: Essays and Explorations.* Berkeley: University of California Press, 1973.

第八章　神聖的幾何結構

216 **「許多藝術作品」**：Murdoch, Iris. *The Sovereignty of Good*. London: Routledge, 1970, 83.

216 在電影中，這些驚奇體驗：人類不乏為了物質利益和身分地位而致力擁有這些令人敬畏的生命驚奇事物並予以商品化的事例。我最喜歡的兩本著述如下：有關富人如何蒐羅世界奇珍（從神祕物種到其他文化的文物）並予以商品化的令人大開眼界的文化歷史，請參閱：Daston, Lorraine, and Katharine Park. *Wonders and the Order of Nature 1150–1750*. New York: Zone Books, 2001. 有關描繪美國之崇高壯麗的地景繪畫運動，其實是種美學狡辯的報導，內容闡述這種畫風如何為美國西進拓展殖民領地導致原住民族流離失所的舉措自圓其說，請參閱：Wilton, Andrew, and Tim Barringer. *American Sublime: Landscape Painting in the United States 1820–1890*. Princeton, NJ: Princeton University Press, 2002.

217 當他向我講述這點：Melville, Herman. *Moby-Dick*. Lexington, KY: Createspace, 2015, 80.

218 藝術讓我們能夠：Murdoch, Iris. *The Sovereignty of Good*. London: Routledge, 1970, 83.

219 考古紀錄顯示：Dutton, Dennis. *The Art Instinct: Beauty, Pleasure, and Human Evolution*. London: Bloomsbury, 2009. Henshilwood, C. S. "Emergence of Modern Human Behavior: Middle Stone Age Engravings from South Africa." *Science* 295, no. 5558 (2002): 1278–80. 有關將洞窟壁畫的起源上溯至六萬五千多年前的碳定年證據，請參閱：Hoffmann, Dirk, et al. "UTh Dating of Carbonate Crusts Reveals Neandertal Origin of Iberian Cave Art." *Science* 359 (2018): 912–15. https://doi.org/10.1126/science.aap7778.

219 如今，我們從視覺藝術中感受到的熱情：Schindler, Ines, Georg Hosoya, Winfried Menninghaus, Ursula Beermann, Valentin Wagner, Michael Eid, and Klaus R. Scherer. "Measuring Aesthetic Emotions: A Review of the Literature and a New Assessment Tool." *PLoS ONE* 12, no. 6 (2017): e0178899. https://doi.org/10.1371/journal.pone.0178899.

219 我們在這裡探討的問題是：Gopnik, Blake. "Aesthetic Science and Artistic Knowledge." In *Aesthetic Science: Connecting Minds, Brains, and Experience*, edited by Art Shimamura and Steve Palmer. New York: Oxford University Press, 2012. 丹尼斯・達頓（Dennis Dutton）和我的同事基思・奧特利稱之為藝術的悖論，說明它們顯然屬於想像力的表現，卻仍能引發感覺很真實，並針對我們生活中多數的道德議題提供豐富資訊的種種情緒。

220 「寧靜革命」：Sutton, Peter C. *Pieter de Hooch, 1629–1684*. Hartford, CT: Wadsworth Atheneum, 1998.

220 蘇珊・蘭格：Langer, Susanne. *Feeling and Form.* New York: Charles Scribner's Sons, 1953, 374.

221 我們以語言為本的理論：Nisbett, Richard E., and Timothy D. Wilson. "Telling More Than We Can Know: Verbal Reports on Mental Processes." *Psychological Review* 84, no. 3 (1977): 231–59. https://doi.org/10.1037/0033-295X.84.3.231. 這篇頗具啟發性的文章會指出，我們的理論、詞語和概念，往往不能完全對應（或映射）於我們比較偏向無意識的、自動的和直覺的理解世界的方式。

221 在腦部研究領域中：有關視覺藝術與腦部的論述，請參閱：Kawabata, Hidekai, and Semir Zeki. "Neural Correlates of Beauty." *Journal of Neurophysiology* 91 (2004): 1699–1705. Nadal, Marcos, and Marcus T. Pearce. "The Copenhagen Neuroaesthetics Conference: Prospects and Pitfalls for an Emerging Field." *Brain and Cognition* 76 (2011): 172–83. Chatterjee, Anjan. *The Aesthetic Brain: How We Evolved to Desire Beauty and Enjoy Art.* New York: Oxford University Press, 2014. Starr, Gabrielle G. *Feeling Beauty: The Neuroscience of Aesthetic Experience.* Cambridge, MA: MIT Press, 2013. Pelowski, Matthew, Patrick S. Markey, Michael Forster, Gernot Gerger, and Helmut Leder. "Move Me, Astonish Me... Delight My Eyes and Brain: The Vienna Integrated Model of Top-Down and BottomUp Processes in Art Perception (VIMAP) and Corresponding Affective, Evaluative, and Neurophysiological Correlates." *Physics of Life Reviews* 21 (2017): 80–125.

222 這些神經化學訊號便傳到了：Pelowski, Markey, Forster, Gerger, and Leder. "Move Me, Astonish Me... Delight My Eyes and Brain." Starr, *Feeling Beauty*.

223 這些激發微小敬畏的出類拔萃之士：Auden, W. H., and Norman Holmes Pearson. *Poets of the English Language.* Vol. 4. New York: Viking Press, 1950, 18.

224 生命模式的幾何結構：Beardsley, Monroe C., Susan L. Feagin, and Patrick Maynard. *Aesthetics.* Oxford, UK: Oxford University Press, 1997.

225 這第一批系列照片：Fisher, Rose-Lynn. *Bee.* New York: Princeton Architecture Press, 2010. 亦請參閱：www.rose-lynnfisher.com.

226 一千多張照片：Fisher, Rose-Lynn. *The Topography of Tears.* New York: Bellevue Literary Press, 2017. 就此系列的幻燈片簡報，請造訪 https://www.newyorker.com/tech/annals-of-technology/slide-show-the-topography-of-tears.

226 身體生理指標：Kreibig, Sylvia D. "Autonomic Nervous System Activity in Emotion: A Review." *Biological Psychology* 84 (2010): 394–421.

227 這本書收錄了：Haeckel, E., O. Briedbach, I. Eibl-Eibesfeldt, and R. P. Hartmann. *Art Forms in Nature: The Prints of Ernst Haeckel*. Munich: Prestel, 1998. 這些科學插圖後來激發許多視覺設計潮流，包括德式青年風格和新藝術運動。

230 再沒有比……更好的嚮導了：Gopnik, Adam. "The Right Man: Who Owns Edmund Burke?" *New Yorker*, July 22, 2013.

230 這本書固然有一些怪異之處：這個觀點顯然太過天真，也必然映現出了伯克的某種個人偏見。情緒和嗅覺共享許多相同的神經通路，這在一定程度上解釋了氣味為什麼能有這般強大的影響又能引人敬畏。Soudry, Y., Cedric Lemogne, D. Malinvaud, S. M. Consoli, and Pierre Bonfils. "Olfactory System and Emotion: Common Substrates." *European Annals of Otorhinolaryngology, Head and Neck Diseases* 128, no. 1 (2011): 18–23. https://doi.org/10.1016/j.anorl.2010.09.007. Epub January 11, 2011. PMID: 21227767.

231 當遇到的事物：Zajonc, Robert B. "Feeling and Thinking: Preferences Need No Inferences." *American Psychologist* 35 (1980): 151–75.

231 臉孔、氣味……的研究：藝評人約翰・伯格在他深具影響力的《觀看的方式》書中告訴我們，為什麼我們該對我們的舒適感、愉悅感和美感抱持質疑。伯格表明，幾百年來，像雷諾瓦（Renoir）和竇加（Degas）這樣的男子一直在繪製女性裸體。在這樣的藝術中，都是男性凝望觀看女性，而女性則是在社會關注下受了控制和約束。藝術便是以這種方式教導我們，如何以一種觀看方式來找到撫慰，這種觀看方式保留了在父權現狀中屈從於性別動態的特質。Berger, John. *Ways of Seeing*. London: Penguin Books, 1972.

231 在視覺藝術中，我們喜歡：Palmer, Stephen E., Karen B. Schloss, and Jonathan S. Gardner. "Hidden Knowledge in Aesthetic Preferences: Color and Spatial Composition." In *Aesthetic Science: Connecting Minds, Brains, and Experience*, edited by Art Shimamura and Steve Palmer, 189– 22. New York: Oxford University Books, 2012.

233 開啟新的「感受可能性」：Langer, Susanne K. *Mind: An Essay on Human Feeling*. Baltimore: Johns Hopkins Press, 1967. Shimamura, Art, and Steve Palmer, eds. *Aesthetic Science: Connecting Mind, Brain, and Experience*. New York: Oxford University Press, 2012. For a more recent history of this idea and others about the evocative powers of art: Berger, Karol. *A Theory of Art*. New York: Oxford University Press, 2000.

362

233 喚起神祕的感覺：Kandinsky, Wassily, and M. T. H. Sadler. *Concerning the Spiritual in Art*. New York: Dover, 1977, 2.

234 一些迷幻藝術家，好比亞歷克斯·格雷：適用於繪畫的，也同樣適用於所有形式的視覺設計：在與浩瀚和神祕感受接觸的過程當中，我們身為參與者會湧現一種與比自我浩大之事物相連的感受。舉例來說，自從一八五〇年代以來，奧斯曼的寬廣、通風和充滿光線的林蔭大道，便將巴黎人整合納入了一種更宏大的身份認同感之中。

234 研究中美洲藝術：Stone, Rebecca. *The Jaguar Within: Shamanic Trance in Ancient Central and South American Art*. Linda Schele Series in Maya and Pre-Columbian Studies. Austin: University of Texas Press, 2011.

234 某些人口中所稱薩滿教：Winkelman, Michael. *Shamanism.* 2nd ed. Santa Barbara, CA: Praeger Press, 2010.

236 藝術作品會活化腦中的多巴胺網路：Nadal, Marcos, and Marcus T. Pearce. "The Copenhagen Neuroaesthetics Conference: Prospects and Pitfalls for an Emerging Field." *Brain and Cognition* 76 (2011): 172–83. Chatterjee, Anjan. *The Aesthetic Brain: How We Evolved to Desire Beauty and Enjoy Art*. New York: Oxford University Press, 2014.

236 壁面以畫作來美化時：An, Donghwy, and Nara Youn. "The Inspirational Power of Arts on Creativity." *Journal of Business Research* 85 (2018): 467–75. https://doi.org/10.1016/j.jbusres.2017.10.025. Antal, Ariane B., and Ilana N. Bitran. "Discovering the Meaningfulness of Art in Organizations." *Journal of Cultural Management and Cultural Policy / Zeitschrift für Kulturmanagement und Kulturpolitik* 4, no. 2 (2018): 55–76. https://doi.org/10.14361/zkmm-2018-0203.

236 一項令人印象深刻⋯⋯的研究：Van de Vyver, Julie, and Dominic Abrams. "The Arts as a Catalyst for Human Prosociality and Cooperation." *Social Psychological and Personality Science* 9, no. 6 (2018): 664–74. https://doi.org/10.1177/1948550617720275.

236 丹麥一項新近研究：Nielsen, Stine L., Lars B. Fich, Kirsten K. Roessler, and Michael F. Mullins. "How Do Patients Actually Experience and Use Art in Hospitals? The Significance of Interaction: A User-Oriented Experimental Case Study." *International Journal of Qualitative Studies on Health and Well-Being* 12, no. 1 (2017): 1267343. https://doi.org/10.1080/17482631.2016.1267343.

236 從照片判斷⋯⋯的城市中：Seresinhe, Chanuki I., Tobias Preis, and Helen S. Moat.

"Quantifying the Impact of Scenic Environments on Health." *Scientific Reports* 5 (2015): 1–9. https://doi.org/10.1038/srep16899.

236 有些城市為市民提供步行通道：Jackson, Laura. "The Relationship of Urban Design to Human Health and Condition." *Landscape and Urban Planning* 64 (2003): 191–200. https://doi.org/10.1016/S0169-2046(02)00230X.

236 單只是接近主教座堂：Shariff, Azim F., Aiyana K. Willard, Teresa Andersen, and Ara Norenzayan. "Religious Priming: A Metanalysis with a Focus on Prosociality." *Personality and Social Psychology Review* 20 (2016): 27–48. 來自智利的一項研究發現，人們在小禮拜堂比在講堂中更願意與陌生人合作。一項清楚明白的解釋是小禮拜堂具有宗教意義，這讓人們更加親和。然而，這些對聖潔傾向的影響，也可能與小禮拜堂的設計所誘發的敬畏感受有關。Ahmed, Ali, and Osvaldo Salas. "Religious Context and Prosociality: An Experimental Study from Valparaíso, Chile." *Journal for the Scientific Study of Religion* 52, no. 3 (2013): 627–37. https://doi.org/10.1111/jssr.12045.

239 用來單獨囚禁戰俘……的盒子大小：Crile, Susan. *Abu Ghraib: Abuse of Power*. Rome: Gangemi Editore, 2007.

239 在相關的研究中：Mocaiber, Izabela, Mirtes G. Pereira, Fatima S. Erthal, Walter Machado-Pinheiro, Isabel A. David, Mauricio Cagy, Eliane Volchan, and Leticia de Oliveira. "Fact or Fiction? An Event- elated Potential Study of Implicit Emotion Regulation." *Neuroscience Letters* 476, no. 2 (2010): 84–88. 在另一項研究中，引起憤怒的對待（騷擾），被構思成一齣現場戲劇演出或當成一家招聘公司開發的能力測試。觀看同一起社交事件，但把它當成戲劇表演時，參與者所表現的周圍生理反應會比較微弱。Wagner, Valentin, Julian Klein, Julian Hanich, Mira Shah, Winfried Menninghaus, and Thomas Jacobsen. "Anger Framed: A Field Study on Emotion, Pleasure, and Art." *Psychology of Aesthetics, Creativity, and the Arts* 10, no. 2 (2016): 134–46. https://doi.org/10.1037/aca0000029.

242 我們認為當藝術……進展：Stamkou, Eftychia, Gerben A. van Kleef, and Astrid C. Homan. "The Art of Influence: When and Why Deviant Artists Gain Impact." *Journal of Personality and Social Psychology* 115, no. 2 (2018): 276–303. https://doi.org/10.1037/pspi0000131.

243 比較令人驚訝和敬畏的：Berger, Jonah, and Katy Milkman. "What Makes Online Content Viral?" *Journal of Marketing Research* 49, no. 2 (2012): 192–205.

第九章　最基本的存在

248 「當我躺在那裡思索」：Neihardt, John G. *Black Elk Speaks (Complete)*. Lincoln and London: University of Nebraska Press, 2014, 30.

248 「不是我，而是主」：Larson, Kate Clifford. *Harriet Tubman: Portrait of an American Hero*. New York: Little, Brown and Company, 2004, 190.

249 無宗教信仰的人數持續增加：Fahmy, Dahlia. "Key Findings about Americans' Belief in God." Pew Research Center, April 15, 2018. https://www.pewresearch.org/fact-tank/2018/04/25/key-findings-about-americans-beliefingod/. "In U.S., Decline of Christianity Continues at Rapid Pace." Pew Research Center, October 17, 2019. https://www.pewforum.org/2019/10/17/inusdeclineofchristianity-continuesatrapid-pace/.

249 當今民眾卻也深自潛心靈性：依循宗教科學研究的先例，我將使用「宗教」一詞來指代有組織的、正式的宗教機構和教義，並使用「靈性」來指代一個人認定為神性體驗的經歷。

249 人類的深層共通特性：Wright, Robert. *The Evolution of God*. New York: Little, Brown and Company, 2009. 羅伯特・賴特勾勒出上帝在人類社會中的普遍存在，從獵人──採集者群體到現今，以及這種普遍傾向的演化論據。

250 種族主義的創傷：這種現象稱為表觀遺傳學。它揭示了創傷是如何透過改變我們細胞的髓鞘形成過程，以及調節促使基因表現的蛋白質，從而得以被代代相傳。Carey, Nessa. *The Epigenetics Revolution*. New York: Columbia University Press, 2012.

250 數千年來：Eliade, Mircea. *The Sacred and the Profane: The Nature of Religion*. Orlando, FL: Harcourt Brace Jovanovich, 1987.

250 底下是老子：Tzu, Lao, and Charles Johnston. *The Tao Te Ching: Lao Tzu's Book of the Way and of Righteousness*. Vancouver: Kshetra Books, 2016, 11–12.

251 存在數千年：Pollan, Michael. *Second Nature: A Gardener's Education*. New York: Grove Press, 1991.

252 「對這種『萬法之法』的感知」：Emerson, Ralph Waldo. The Divinity School Address: Delivered Before the Senior Class in the Harvard Divinity School Chapel at Cambridge, Massachusetts, July 15, 1838. New York: All Souls Unitarian Church, 1938.

253 恩典座堂的主任牧師：馬爾科姆・楊也為文論述了亨利・梭羅的自然著作如何類似於他那個時代的靈性日記寫作，同時也如同楊的經歷，披露了一種在自然界與神相遇的感覺。Young, Malcolm C. *The Spiritual Journal of Henry David Thoreau.* Macon, GA: Mercer University Press, 2009.

255 詹姆士在⋯⋯中成長：Richardson, Robert D. *William James: In the Maelstrom of American Modernism*. New York: Houghton Mifflin, 2006.

255 「但這感覺就像」：Bronson, Bertrand H. *Johnson Agonistes and Other Essays*. Vol. 3. Berkeley: University of California Press, 1965, 52.

256 聆聽遊方唯靈論者的演講：Tymoczko, Dmitri. "The Nitrous Oxide Philosopher." *Atlantic Monthly*, May 1996.

256 一九〇一年⋯⋯在吉福德講座：James, William. *The Varieties of Religious Experience: A Study in Human Nature: Being the Gifford Lectures on Natural Religion Delivered at Edinburgh in 1901–1902*. New York; London: Longmans, Green, 1902.

256 宗教涉及我們⋯⋯的經驗：詹姆士用以下這些特質來定義神秘敬畏：這種狀態是不可言喻的；是不能以語言道出的。這是純粹理性的，牽涉到對人類存在和對現實本質的深刻體悟。它是稍縱即逝的，根植於瞬息萬變的感覺。而且它是被動的；我們的自我意識和能動性都會減弱。

257 我們可以⋯⋯找到這些感受：Van Cappellen, Patty. "Rethinking Self-Transcendent Positive Emotions and Religion: Perspectives from Psychological and Biblical Research." *Psychology of Religion and Spirituality* 9 (2017): 254–63.

257 還有就馬克吐溫而言：Kripal, Jeffrey J. *The Flip: Epiphanies of Mind and the Future of Knowledge*. New York: Bellevue Literary Press, 2019. 在這本書中，克里帕爾，傑佛瑞考察了眾多不尋常的經歷，這些事蹟形塑了歷代著名學者的靈性信仰。

258 受了神力的引領：有關福音派基督徒如何聽到上帝的聲音，這裡有一份引人入勝的描述，請參閱：Luhrmann, Tanya. *When God Talks Back: Understanding the American Evangelical Relationship with God*. New York: Alfred Knopf, 2012.

258 統稱為妖怪：Foster, Michael D. *The Book of Yokai.* Berkeley: University of California Press, 2015.

258 古老的認知系統：Boyer, Pascal. "Religious Thought and Behaviour as ByProducts of Brain Function." *Trends in Cognitive Science* 7, no. 3 (2003): 119–24. Boyer, Pascal. *Religion Explained: The Evolutionary Origins of Religious Thought.* New

York: Basic Books, 2001. Taves, Ann, Egil Asprem, and Elliott Ihm. "Psychology, Meaning Making, and the Study of Worldviews: Beyond Religion and Non-religion." *Psychology of Religion and Spirituality* 10, no. 3 (2018): 207–17.

258 **我們將不尋常的經歷，歸因於**：Barrett, Justin. "Exploring the Natural Foundations of Religion." *Trends in Cognitive Science* 4, no. 1 (2000): 29–34.

258 **當我們獨自在一處詭異的**：我們對成年人的依戀，乃是基於觸摸、安慰、面對威脅時的撫慰，以及關於龐大、有力的人物——照護者——如何關注我們的需求之種種信念之形成。可以合理推測，我們的依戀經驗是萌生神明信仰的平台。這種思考認為，在特定的文化和家庭背景下，上帝成為一種非實體的依戀對象，是我們成年生活的一處「安全基地」。Cherniak, Aaron D., Mario Mikulincer, Phillip R. Shaver, and Pehr Granqvist. "Attachment Theory and Religion." *Current Opinion in Psychology* 40 (2021): 126–30. Granqvist, Pehr, and Lee A. Kirkpatrick. "Religion, Spirituality, and Attachment." In *APA Handbook of Psychology, Religion, and Spirituality.* Vol. 1, *Context, Theory, and Research,* edited by Kenneth I. Pargament, Julie J. Exline, and James W. Jones, 139–155. American Psychological Association, 2013. https://doi.org/10.1037/14045-007. 下面這篇文章表明，對上帝的穩固依附感能解釋宗教的部分效益，比如減輕壓力。Bradshaw, Matt, Christopher G. Ellison, and Jack P. Marcum. "Attachment to God, Images of God, and Psychological Distress in a Nationwide Sample of Presbyterians." *International Journal for the Psychology of Religion* 20, no. 2 (2010): 130–47. https://doi.org/10.1080/10508611003608049.

259 **加爾默羅會修女回憶**：Beauregard, Mario, and David Leary. *The Spiritual Brain: A Neuroscientist's Case for the Existence of the Soul*. New York: HarperCollins, 2007. Newberg, Andrew. *Neurotheology: How Science Can Enlighten Us about Spirituality*. New York: Columbia University Press, 2018. See also: Sheldrake, Rupert. *Science and Spiritual Practices*. Berkeley: Counterpoint Press, 2018.

259 **這種神祕敬畏的經驗**：這點我們是從潔絲‧霍倫貝克的書《神祕主義：體驗、反應與賦權》（*Mysticism: Experiences, Responses, and Empowerment*）中學來的，內容談到她遊歷了約於兩千五百年前出現的世界諸宗教之神祕敬畏地點，還有南、北美洲不同原住民社會於一萬年前或更早出現的文化和靈性傳統。Hollenbeck, Jess Byron. *Mysticism: Experiences, Responses, and Empowerment.* University Park, PA: Penn State University Press, 1996.

260 **將自己的靈魂視為⋯⋯模式**：Halpern, Paul. *Synchronicity: The Epic Quest to Understand the Quantum Nature of Cause and Effect.* New York: Basic Books, 2020.

261 **非比尋常的經歷**：一九九六年，社會心理學家保羅‧羅津發表了一篇預見了這種思維的創新性論文。他借鑒了演化思想中一個叫預適應（preadaptation）的概念：像情緒這樣的已演化形式，會被拿來派上新的用場，以滿足我們複雜社會生活中不斷變化的語境之需求。身為世界級的厭惡（disgust）研究專家，羅津運用這種思維來說明文化如何將「核心厭惡」元素具體闡述為新的道德和宗教形式。核心厭惡，或者說嫌惡（distaste），其演化是為了確保我們不會攝入有毒物質。我們對於有害氣味和腐爛食物感到憎惡，並會將物質從口腔和胃中排出。依照羅津心中所想，這種嫌惡的核心結構經過預先適應，以擴展或發展為道德厭惡。我們對於有毒和惡臭的感知會觸發嫌惡，進而轉化為宗教或道德層面的道德厭惡表徵——肉體的罪惡、骯髒的心靈、下流的富人、待救的苦命人和敗壞的品格。核心嫌惡的原始衝動，將驅除、清潔和淨化轉化為種種儀式，好比宗教慶典期間在印度的河中沐浴，在日本進入寺廟前先洗手、漱口，還有在美國進行的洗禮。Rozin, Paul. "Towards a Psychology of Food and Eating: From Motivation to Model to Meaning, Morality and Metaphor." *Current Directions in Psychological Science* 5 (1996): 18–24.

261 **從神祕敬畏中**：另有個例子也將道德情感應用於宗教和靈性層面，這起事例見於凱倫‧阿姆斯壯關於諸宗教在約兩千五百年前的軸心時代（Axial Age）期間興起的宏觀歷史著作。阿姆斯壯在她的《大蛻變》書中論稱，縱貫中東、地中海區和亞洲，隨著商務貿易的興盛，傳統社群逐漸崩解。暴力現象增長。為因應這些挑戰，人們開始寫下他們的核心信念，並共同參與儀式和實踐，投入創立了猶太教、基督教、印度教、佛教、道家、儒家和古希臘思想。阿姆斯壯檢證了慈悲、同理心、關照苦難、寬恕和感恩——全都是由我們極高度的社會性演化所形塑的情感歷程——如何成為這些宗教傳統興起的核心要素。Armstrong, Karen. *The Great Transformation: The Beginning of Our Religious Traditions.* New York: Anchor Books, 2007.

261 **瀕死經歷**：Holden, Janice M., Bruce Greyson, and Debbie James. *The Handbook of Near-Death Experiences: Thirty Years of Investigation.* Santa Barbara, CA: Praeger, 2009.

266 **用身體感受到神聖感**：Krishna, Gopi. *Living with Kundalini: The Autobiography of Gopi Krishna.* Edited by Leslie Shepard. Boston and London: Shambhala, 1993, 3.

267 **這樣的儀式帶來了**：哈佛神學院畢業的卡士柏‧特奎勒認為，我們可以回頭在儀式中找到神祕敬畏。在他的傑出著作《個人儀式的力量》書中，特奎勒讓宗教傳統腐朽、分解並提煉滋養，結果發現了底下這些通往神祕敬畏的路徑：
閱讀神聖典籍。
在你的生活中創造安息日，遠離工作、科技和社交生活。
找機會從事可以稱為禱告的活動——靜心反思。

與他人一起進餐。

在大自然中散步。

ter Kuile, Casper. *The Power of Ritual: How to Create Meaning and Connection in Everything You Do.* New York: Harper One, 2020.

267 穆斯林在實踐「薩拉特」時：Van Cappellen, Patty, and Megan E. Edwards. "The Embodiment of Worship: Relations among Postural, Psychological, and Physiological Aspects of Religious Practice." *Journal for the Cognitive Science of Religion* 6, no. 1–2(2021): 56–79.

267 冥想或瑜伽鍛鍊：關於瑜伽的好處以及其科學研究相關論述，請參閱：Broad, William J. *The Science of Yoga*. New York: Simon & Schuster, 2012.

267 靈性投入感：在一篇回顧一百四十五項研究，總共涉及九萬八千人的評論文章中，表示自己有靈性感受的民眾較不容易感到抑鬱。Smith, Timothy B., Michael E. McCullough, and Justin Poll. "Religiousness and Depression: Evidence for a Main Effect and the Moderating Influence of Stressful Life Events." *Psychological Bulletin* 129 (2003): 614–36. https://doi.org/10.1037/0033-2909.129.4.614. 神祕敬畏對我們的健康也有好處。在一項論述明晰的研究中，患染愛滋病的同性戀男子若能經常閱讀靈性文章、祈禱、參與靈性討論並參加宗教儀式，構成身體部分免疫反應的殺手T細胞數量就會較高。Ironson, Gail, and Heidemarie Kremer. "Spiritual Transformation, Psychological Well-Being, Health, and Survival in People with HIV." *International Journal of Psychiatry in Medicine* 32, no. 3 (2009): 263–81. 總結這些研究，一篇評論文章發現，表現宗教取向的人，在生命任何階段的死亡機率都比較低。McCullough, Michael E., William T. Hoyt, David B. Larson, Harold G. Koenig, and Carl Thoresen. "Religious Involvement and Mortality: A Meta-analytic Review." *Health Psychology* 19, no. 3 (2000): 211–22. https://doi.org/10.1037//0278-6133.19.3.211.

267 提增謙卑：Van Cappellen, Patty, Maria Toth-Gauthier, Vassilis Saroglou, and Barbara L. Fredrickson. "Religion and Well-Being: The Mediating Role of Positive Emotions." *Journal of Happiness Studies* 17 (2016): 485–505. Van Cappellen, Patty, Maria Toth-Gauthier, Vassilis Saroglou, and Barbara L. Fredrickson. "Religiosity and Prosocial Behavior among Churchgoers: Exploring Underlying Mechanisms." *International Journal for the Psychology of Religion* 26 (2016): 19–30.

267 孕育這些傾向的群體：Norenzayan, Ara, Azim Shariff, Will M. Gervais, Aiyana K. Willard, Rita A. McNamara, Edward Slingerland, and Joseph Henrich. "The Cultural Evolution of Prosocial Religions." *Behavioral and Brain Sciences* 39

(2015): e1. https://doi.org/10.1017/S0140525X14001356.

267 **更有智慧的設計**：Taves, Ann. *Religious Experience Reconsidered: A Building-Block Approach to the Study of Religion and Other Special Things.* Princeton, NJ: Princeton University Press, 2009. Norenzayan, Shariff, Gervais, Willard, McNamara, Slingerland, and Henrich. "The Cultural Evolution of Prosocial Religions." Wilson, David S. *Darwin's Cathedral: Evolution, Religion, and the Nature of Society*. Chicago: University of Chicago Press, 2002. Bellah, Robert. *Religion in Human Evolution: From the Paleolithic to the Axial Age*. Cambridge, MA: Harvard University Press, 2011.

267 **社群所受毒害**：約書亞・格林在他論述道德的卓越著作中指出，這種部落主義是當今我們這一物種所面臨的核心道德問題。Greene, Joshua. *Moral Tribes: Emotion, Reason, and the Gap between Us and Them*. New York: Penguin Press, 2013.

268 **宗教致幻劑使用經驗**：Lee, Martin A., and Bruce Shlain. *Acid Dreams: The Complete Social History of LSD: The CIA, the Sixties, and Beyond.* New York: Grove Press, 1985. Steven, Jay. *Storming Heaven: LSD and the American Dream.* New York: Grove Press, 1987. Pollan, Michael. *How to Change Your Mind: What the New Science of Psychedelics Teaches Us about Consciousness, Dying, Addiction, Depression, and Transcendence*. New York: Penguin Press, 2019.

269 **搭乘小船到達**：做個有趣的推測，這種螃蟹物種以尺寸龐大的爪鉗來發出信號，威嚇其他螃蟹屈從降服，從而得以提升自己的位階，以及生存和繁殖的機率。或許這是個比我們迄今所考量者，例如珍古德描述的一隻黑猩猩在從事瀑布舞蹈時所表現的行為，還更深層的初始敬畏起源。

270 **神祕主義論學者們**：Hood, Ralph W., Jr., Ghorbani Nima, Paul J. Watson, Ahad F. Ghramaleki, Mark N. Bing, H. K. Davison, Ronald J. Morris, and W. P. Williamson. "Dimensions of the Mysticism Scale: Confirming the Three-Factor Structure in the United States and Iran." *Journal for the Scientific Study of Religion* 40 (2001): 691–705. 胡德的測量法衍生自閱讀華爾特・史泰司針對不同宗教就宗教神祕主義進行的出色調查研究：Stace, Walter T. *Mysticism and Philosophy*. New York: St. Martin's Press, 1960. Stace, Walter T. *The Teachings of the Mystics*. New York: Mentor, 1960.

271 **在改變轉型時刻**：Caspi, Avshalom, and Terrie E. Moffitt. "When Do Individual Differences Matter? A Paradoxical Theory of Personality Coherence." *Psychological Inquiry* 4, no. 4 (1993): 247–71. https://doi.org/10.1207/s15327965pli0404_1.

271 敞開胸懷的人：Connelly, Brian S., Deniz S. Ones, and Oleksandr S. Chernyshenko. "Introducing the Special Section on Openness to Experience: Review of Openness Taxonomies, Measurement, and Nomological Net." *Journal of Personality Assessment* 96, no. 1 (2014): 1–16. https://doi.org/10.1080/00223891.2013.830620.

271 開放性的定義情感：Shiota, Michelle N., Dacher Keltner, and Oliver P. John. "Positive Emotion Dispositions Differentially Associated with Big Five Personality and Attachment Style." *Journal of Positive Psychology* 1 (2006): 61–71.

271 傑西悄悄協助：Griffiths, Roland R., William A. Richards, Una McCann, and Robert Jesse. "Psilocybin Can Occasion Mystical-Type Experiences Having Substantial and Sustained Personal Meaning and Spiritual Significance." *Psychopharmacology* 187, no. 3 (2006): 268–83; discussion 284–92. https://doi.org/10.1007/s00213-006-04575. Epub July 7, 2006. PMID: 16826400.

273 迷幻體驗使我們比較不會：Hendricks, Peter J. "Classic Psychedelics: An Integrative Review of Epidemiology, Therapeutics, Mystical Experience, and Brain Network Function." *Pharmacology and Therapeutics* 197 (2019): 83–102. Chi, Tingying, and Jessica A. Gold. "A Review of Emerging Therapeutic Potential of Psychedelic Drugs in the Treatment of Psychiatric Illnesses." *Journal of the Neurological Sciences* 411 (2020): 116715. Johnson, Matthew W., Albert Garcia-Romeu, Mary P. Cosimano, and Roland R. Griffiths. "Pilot Study of the 5HT2AR Agonist Psilocybin in the Treatment of Tobacco Addiction." *Journal of Psychopharmacology* 28, no. 11: (2014): 983–92. Hendricks, Peter S., Christopher B. Thorne, C. B. Clark, David W. Coombs, and Matthew W. Johnson. "Classic Psychedelic Use Is Associated with Reduced Psychological Distress and Suicidality in the United States Adult Population." *Journal of Psychopharmacology* 29, no. 3 (2015): 280–88.

273 魔法成分就是敬畏：Hendricks, Peter S. "Awe: A Putative Mechanism Underlying the Effects of Classic Psychedelic-Assisted Psychotherapy." *International Review of Psychiatry* 30, no. 4 (2018): 331–42. https://doi.org/10.1080/09540261.2018.1474185.

273 迷幻藥物能夠持續地關閉預設模式網絡：相關實證研究工作請參閱：Carhart- arris, Robin L., et al. "Neural Correlates of the Psychedelic State as Determined by fMRI Studies with Psilocybin." *Proceedings of the National Academy of Sciences* 109, no. 6 (2012): 2138–43.

273 迷幻藥物使人們感受到：Vollenweider, Franz X., and Katrin H. Preller. "Psychedelic

Drugs: Neurobiology and Potential for Treatment of Psychiatric Disorders."
Nature Reviews Neuroscience 21 (2020): 611–24. https://doi.org/10.1038/s41583-
020-03672.

273　**這些化合物使我們**：Hendricks. "Awe: A Putative Mechanism Underlying the Effects
of Classic Psychedelic-Assisted Psychotherapy."

274　**一天午餐時**：有關朝聖和它在我們結伴行走之傾向中的演化根源所做的有趣討論，
以及通過科學的視角來探究靈性實踐的更廣泛討論，請參閱：Sheldrake, Rupert.
Science and Spiritual Practices. Berkeley: Counterpoint Press, 2018.

275　**促使全國都能使用馬桶洗手間**：環境衛生研究所成立之時，只有富裕人家有馬桶洗手
間和盥洗設備。如今則有百分之三十一的印度人擁有。

275　**從這樣一個簡樸的房間**：當然了，我是秉持私心才賦予柏克萊的言論自由抗爭這般重
要的歷史意義，不過就這些抗爭的歷史，它們受了民權運動的什麼影響，還有如何擴
散到反戰抗爭，請參閱：Rosenfeld, Seth. *Subversives: The FBI's War on Student
Radicals and Reagan's Rise to Power*. New York: Farrar, Strauss and Giroux, 2012.

276　**對於特魯普蒂來說，我們的最大錯覺**：這種對於匱乏的觀察，讓我想起我在康乃爾
大學的朋友湯姆‧吉洛維奇（Tom Gilovich）和李夫‧范‧博文（Leaf van Boven）
執行的科學研究，研究結果表明，當我們專注於物質主義時，我們就變得不那麼快
樂；而當我們專注於體驗時，我們就會變得比較快樂。Van Boven, Leaf, Margaret C.
Campbell, and Thomas Gilovich. "The Social Costs of Materialism: On People's
Assessments of Materialistic and Experiential Consumers." *Personality and Social
Psychology Bulletin* 36 (2010): 551–63.

第十章　生與死

282　**「你想」**：Whitman, Walt. *Song of Myself: 1892 Edition*. Glenshaw, PA: S4N Books,
2017, 10.

283　**分娩是人類歷史上最被低估的**：有關分娩在人類演化和社會中所扮演角色的傑出論
述，請參閱：Hrdy, Sarah B. *Mother Nature: A History of Mothers, Infants, and
Natural Selection*. New York: Ballantine, 1999. Epstein, Randi Hutter. *Get Me Out:
A History of Childbirth from the Garden of Eden to the Sperm Bank*. New York: W.
W. Norton, 2010.

284　**在這種驚嘆的狀態下**：Zebrowitz, Leslie. *Reading Faces: Windows to the Soul?*
Boulder, CO: Westview Press, 1997.

285 這些敘事通常都會提到：Feldman, Ruth, Katharina Braugh, and Frances A. Champagne. "The Neural Mechanisms and Consequences of Paternal Caregiving." *Nature Reviews Neuroscience* 20 (2019): 205–24. 另有一精彩的概述，參見：Siegel, Daniel. *The Developing Mind*. 3rd ed. New York: Guilford Press, 2020.

287 這種壽限變化：Hawkes, Kristen, James F. O'Connell, and Nicholas G. Blurton-Jones. "Hazda Women's Time Allocation, Offspring Provisioning, and the Evolution of Long Postmenopausal Life Spans." *Current Anthropology* 38, no. 4 (1997): 551–77. Hawkes, Kristen. "Grandmothers and the Evolution of Human Longevity." *American Journal of Human Biology* 15, no. 3 (2003): 380–400.

288 曾擔任助產士：關於巴達克工作的更多內容，請參閱：https://www.mindfulbirthing.org/. 另外她還在一本書中概述了這項工作，請參閱：Bardacke, Nancy. *Mindful Birthing: Training the Mind, Body, and Heart for Childbirth and Beyond*. New York: HarperCollins, 2014.

289 在合宜的情況下：人類發展的兩大推動力量：交互主體性以及遊戲，強化了童年時期和養兒育女的驚奇體驗。對於母親而言，兩種力量通常表現為安慰、觸摸和「親子交流語」──聲音和語調都著眼於吸引嬰兒注意力的語言──以及正向的情緒表現，如微笑。對於父親來講，兩種力量表現為狂野的探險遊戲，例如將寶寶拋上半空或讓他們在空中搖晃移動，彷彿才剛身著令人振奮的飛行裝從優勝美地的半圓丘向下縱躍。

289 在一項說明性實例研究中：Colantino, Joseph A., and Elizabeth Bonawitz. "Awesome Play: Awe Increases Preschooler's Exploration and Discovery." In *Proceedings of the 40th Annual Conference of the Cognitive Science Society*, 1536–41. Edited by Timothy M. Rogers, Marina Rau, Jerry Zhu, and Chuck Kalish. Madison, WI: Cognitive Science Society, 2018.

289 隨著孩子們成長發育：Anderson, Craig L., Dante D. Dixson, Maria Monroy, and Dacher Keltner. "Are Awe-Prone People More Curious? The Relationship between Dispositional Awe, Curiosity, and Academic Outcomes." *Journal of Personality* 88, no. 4 (2020): 762– 9. https:// doi.org/ 10.1111/ jopy.12524.

290 難怪：Twenge, Jean M. "Increases in Depression, Self- arm, and Suicide among U.S. Adolescents after 2012 and Links to Technology Use: Possible Mechanisms." *Psychiatric Research & Clinical Practice*. Published online March 27, 2020. https:// doi.org/10.1176/appi.prcp.20190015.

290 瑞秋‧卡森就看到了：Popova, Maria. *Figuring*. New York: Pantheon Press, 2019.

290　年輕人如何被剝奪了：Carson, Rachel. "Help Your Child to Wonder." *Woman's Home Companion*, July 1956.

290　〈幫助你的孩子體驗驚奇〉：Carson, Rachel. *The Sense of Wonder: A Celebration of Nature for Parents and Children*. New York: Harper Perennial, 1998.

292　感受森林的土壤：有關這門科學的視覺處理，請參閱：Schwartzberg, Louie, dir. *Fantastic Fungi*. 2019. Los Gatos, CA: Netflix, 2019.

293　患了愛滋病重症垂危的年輕男子：Halifax, Joan. *Being with Dying. Cultivating Compassion and Fearlessness in the Presence of Death*. Boulder, CO: Shambala Publications, 2008.

294　對於苦難……抱持開放的態度：Goetz, Jennifer, Emiliana Simon-Thomas, and Dacher Keltner. "Compassion: An Evolutionary Analysis and Empirical Review." *Psychological Bulletin* 136, no. 3 (2010): 351–74.

294　「那股最深處火焰的搖曳光芒」：Woolf, Virginia. *The Essays of Virginia Woolf*. Edited by Andrew McNeillie. London: Hogarth Press, 2008, 161.

294　為尋求理解那些「搖曳光芒」：Norton, Loretta, Raechelle M. Gibson, Teneille Gofton, Carolyn Benson, Sonny Dhanani, Sam D. Shemie, Laura Hornby, Roxanne Ward, and G. B. Young. "Electroencephalographic Recordings during Withdrawal of Life-Sustaining Therapy until 30 Minutes after Declaration of Death." *Canadian Journal of Neurological Science* 44, no. 2 (2017): 139–45.

295　被押上斷頭台斬首：Taylor, Adam. "How Long Does the Brain Remain Conscious after Decapitation?" *Independent*, May 6, 2019. https://www.independent.co.uk/life-style/health-and-families/health-news/decapitation-survive-peak-anne-boleyn-henry-viii-conscious-brain-a8886126.html.

295　這些都是……的人的敘述：Pearson, Patricia. *Opening Heaven's Door: What the Dying Are Trying to Say about Where They're Going*. New York: Atria, 2014.

296　日本家庭……紀念逝者：Koren, Leonard. *Wabi-sabi: For Artists, Designers, Poets, and Philosophers*. Point Reyes, CA: Imperfect Publishing, 2008.

第十一章　感悟

298　「而這個行星」：Darwin, Charles. *On the Origin of Species by Means of Natural Selection*. London: Murray, 1859, 489.

298 **達爾文的情緒**：Browne, Janet. *Charles Darwin*. Vol. 1, *Voyaging.* New York: Alfred Knopf; London: Jonathan Cape, 1995. *Charles Darwin*. Vol. 2, *The Power of Place.* New York: Alfred Knopf, 2002.

298 **照顧他的十歲大女兒**：Goetz, Jennifer, Emiliana Simon-Thomas, and Dacher Keltner. "Compassion: An Evolutionary Analysis and Empirical Review." *Psychological Bulletin* 136, no. 3 (2010): 351–74.

298 **哺乳動物演化的壯闊故事當中**：Darwin, Charles. *The Expression of Emotions in Man and Animals.* 3rd ed. New York: Oxford University Press, 1998.

298 **他對超過四十種情緒表達的描述**：有關達爾文所作描述的一幅圖表，請參閱：Keltner, Dacher. *Born to Be Good: The Science of a Meaningful Life*. New York: W. W. Norton, 2009, 18–20.

299 **弗蘭克的辦公室**：Gosling, Sam. *Snoop: What Your Stuff Says about You*. New York: Basic Books, 2001.

300 **麥克阿瑟天才獎**：Sulloway, Frank J. *Freud, Biologist of the Mind: Beyond the Psychoanalytic Legend*. New York: Basic Books, 1979.

300 **他寫了暢銷書**：Sulloway, Frank J. *Born to Rebel: Birth Order, Family Dynamics, and Revolutionary Genius.* New York: Pantheon, 1996.

301 **「我經常去」**：Darwin. *On the Origin of Species by Means of Natural Selection,* 489.

302 **「凝視錯綜糾結的邊岸是很有趣的」**：Darwin. *On the Origin of Species by Means of Natural Selection*, 489–90.

304 **文學研究中也談到感悟**：Kim, Sharon. *Literary Epiphany in the Novel, 1850–1950*. New York: Palgrave Macmillan, 2012.

306 **系統的概念**：Capra, Fritjof, and Pier Luigi Luisi. *The Systems View of Life: A Unifying Vision*. Cambridge, UK: Cambridge University Press, 2014. 有關於系統思維的一則早期哲學表述，請參閱：von Bertalanffy, L. *General Systems Theory*. New York: Braziller, 1968.

307 **各種形式的生命**：Nowak, Martin A. "Five Rules for the Evolution of Cooperation." *Science* 314 (2006): 1560–63.

309 **生命的系統觀**：Lent, Jeremy. *The Patterning Instinct: A Cultural History of Humanity's Search for Meaning.* Amherst, NY: Prometheus Books, 2016. 在這本格

局宏偉的書中，傑瑞米・倫特詳細介紹了我們感知模式的能力，如何出現在許多會激發敬畏的社會傾向當中——如一致行動、模擬、集體行為。我們演變成為能感知模式的物種。

309 **我們的生存，取決於**：Lieberman, Matthew D. *Social: Why Our Brains Are Wired to Connect*. Oxford, UK: Oxford University Press, 2013.

309 **許多原住民族**：我的同事理查德・尼斯貝特論稱，不同文化在對待系統性思考的方式上存在差異，東亞文化中的系統思維比西方更為普遍，這種情況是肇因於古典希臘哲學，還有啟蒙時代以及它獨尊還原主義分析之影響。Nisbett, Richard. *The Geography of Thought: Why We Think the Way We Do*. New York: Free Press, 2003.

309 **系統思維……的核心地位**：Wulf, Andrea. *The Invention of Nature: Alexander von Humboldt's New World*. New York: Vintage Books, 2015.

310 **敬畏的經驗讓我們敞開心扉**：有一部引人入勝的文獻，論述非凡感知經驗如何促使人們進入一種（通常帶了精神或宗教性質的）新的思維系統，請參閱：Kripal, Jeffrey J. *The Flip: Epiphanies of Mind and the Future of Knowledge*. New York: Bellevue Literary Press, 2019.

310 **使我們從二十世紀和二十一世紀的錯覺中甦醒**：Bai, Yang, Laura A. Maruskin, Serena Chen, Amie M. Gordon, Jennifer E. Stellar, Galen D. McNeil, Kaiping Peng, and Dacher Keltner. "Awe, the Diminished Self, and Collective Engagement: Universals and Cultural Variations in the Small Self." *Journal of Personality and Social Psychology* 113, no. 2 (2017): 185–209.

310 **適應相互依存的複雜系統**：Wilson, Edward O. *The Meaning of Human Existence*. New York: Liveright Publications, 2014.

310 **系統般的代理模式**：Valdesolo, P., and Jesse Graham. "Awe, Uncertainty, and Agency Detection." *Psychological Science* 25 (2014): 170–78. http://dx.doi.org/10.1177/0956797613501884.

311 **身為文化動物**：Keltner, Dacher, and James J. Gross. "Functional Accounts of Emotion." *Cognition & Emotion* 13, no. 5 (1999): 467–80.

索引

380

386

US 007

敬畏：帶來生命驚奇的情緒新科學
Awe: The New Science of EVERYDAY WONDER
and How It Can TRANSFORM YOUR LIFE

作　　者	達契爾‧克特納（Dacher Keltner）
譯　　者	蔡承志
責任編輯	李冀
美術設計	蘇淑玲

總 經 理	伍文翠
出版發行	知田出版／福智文化股份有限公司
	地址／105407 台北市八德路三段 212 號 9 樓
	電話／(02) 2577-0637
	客服信箱／serve@bwpublish.com
	心閱網／https://www.bwpublish.com
法律顧問	王子文律師
排　　版	陳瑜安
印　　刷	富喬文化事業有限公司
總 經 銷	時報文化出版企業股份有限公司
	地址／333019 桃園市龜山區萬壽路二段 351 號
	服務電話／(02) 2306-6600 #2111
出版日期	2024 年 2 月　初版一刷
定　　價	新台幣 550 元

ISBN　978-626-98251-0-3

敬畏：帶來生命驚奇的情緒新科學／達契爾‧克特納
（Dacher Keltner）著；蔡承志譯 . -- 初版 . -- 臺北市：
知田出版，福智文化股份有限公司 , 2024.02
　400 面；14.8×21×1.9 公分 . --（US；7）
　譯自：Awe : the new science of everyday wonder
　　　and how it can transform your life.

　ISBN 978-626-98251-0-3（平裝）

　1. CST: 情緒　2. CST: 情緒理論

176.52　　　　　　　　　　　　112022734